CHINA LEGAL EDUCATION RESEARCH

教育部高等学校法学类专业教学指导委员会
中国政法大学法学教育研究与评估中心 主办

中国法学教育研究
2020年第1辑

主　编：田士永
执行主编：王超奕

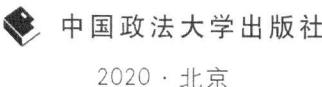

中国政法大学出版社

2020·北京

声 明	1. 版权所有，侵权必究。
	2. 如有缺页、倒装问题，由出版社负责退换。

图书在版编目（CIP）数据

中国法学教育研究.2020年.第1辑/田士永主编.—北京：中国政法大学出版社，2020.8

ISBN 978-7-5620-9591-0

Ⅰ.①中… Ⅱ.①田… Ⅲ.①法学教育－中国－文集 Ⅳ.①D920.4

中国版本图书馆CIP数据核字(2020)第142944号

出 版 者	中国政法大学出版社	
地　　址	北京市海淀区西土城路 25 号	
邮寄地址	北京 100088 信箱 8034 分箱　邮编 100088	
网　　址	http://www.cuplpress.com（网络实名：中国政法大学出版社）	
电　　话	010-58908289(编辑部) 58908334(邮购部)	
承　　印	北京九州迅驰传媒文化有限公司	
开　　本	650mm×960mm　1/16	
印　　张	21	
字　　数	240 千字	
版　　次	2020 年 8 月第 1 版	
印　　次	2020 年 8 月第 1 次印刷	
定　　价	72.00 元	

法学教育

陈 伟 宋坤鹏
法学本科生学术研究能力培养的困境与出路探析……3

袁 钢
我国法学研究生教育制度问题与对策研究……33

谢 伟 刘 薇
湾区背景下广东法学高等教育的适应性变革管见……60

朗·L. 富勒 著 王志勇 译
法学院对于法律人的成长能够贡献什么……77

方桂荣 宋群力
培养涉外法律人才的路径优化……99

杜春燕
新时代背景下上海法学教育创新发展路径探析……116

宋乃龙
中国政法大学在职法治教育的特色与模式创新初探……128

曹 鎏

中小学法治教育的目标构成及方法体系……137

课堂与教学

程 滔

六年制法学实验班课程改革

　　——兼与大陆、台湾一流法学院课程设置相比较……155

张永然　王兰涛

《道德与法治》任课教师专业素养及提升途径初探

　　——基于北京市部分中小学调研的分析……177

谢 波　刘会娜

政法院校法学课程思政建设问题探讨……190

杨锦帆　李永宁

供给侧视域中法学学年论文的课程化建设研究……211

李 蕴

公共外语教学改革视角下的法学

　　（西班牙语）专业建设实践与反思……236

娄 宇

在本科生法学课程考核中引入口试的实践与思考……254

法律职业

谭 娟

嵌入式初任法官培养模式的建构初探

　　——基于C市的个案研究……271

百花园

管 华 秦丽云

新旧《中国共产党问责条例》比较研究……291

王顺安

实践刑法学的扛鼎之作:评"中越边境
　　常见跨国犯罪实务系列研究丛书"……308

胡梦瑶

新时期大学生心理健康教育问题浅析……316

Legal Education

Chen Wei, Song Kunpeng
The Difficulties and Solutions of the Cultivation of the Academic Research Ability of Law Undergraduates ······3

Yuan Gang
Problems and Suggestions on China's Postgraduate Education in Law ······33

Xie Wei, Liu Wei
Research of Guangdong Law Higher Education Adaptability Reformation in the Greater Bay Area Context ······60

Lon L. Fuller   Wang Zhiyong trans.
What the Law Schools Can Contribute to the Making of Lawyers ······77

Fang Guirong, Song Qunli
The Optimization of the Path of Training Foreign Legal Talent ······99

Du Chunyan
An Analysis of Shanghai Law Education Innovation Development Path in the New Era Background ······116

Song Nailong

The Characteristics and Model Innovation of On-the-job Legal Education in China University of Political Science and Law ······128

Cao Liu

The Goal Constitution and Method System of the Rule of Law Education in Primary and Secondary Schools ······137

Curriculum and Teaching

Cheng Tao

Reform on Curriculum of "Experimental Class of the Law School" —And Compared with the Curriculum of Top Law Schools in Mainland and Taiwan······155

Zhang Yongran, Wang Lantao

Research on the Teachers' Professional Qualities in the Course of "Morality and Rule of Law" and Suggestions on the Way to Improve It—An Analysis Based on the Investigation of Some Primary and Middle Schools in Beijing ······177

Xie Bo, Liu Huina

On Construction of Law Courses Including Ideological and Political Education of Political Science and Law University ······190

Yang Jinfan, Li Yongning

Research on the Curriculum Construction of the Academic Thesis of Law Major from the Perspective of Supply-side Reform ······211

Li Yun

Practice and Reflection on the Construction of Law (Spanish) Major from the Perspective of Public Foreign Language Teaching Reform ······236

Lou Yu

Oral Examination of Undergraduate Law Course—Practice and Thinking ……254

Legal Profession

Tan Juan

Preliminary Study on the Construction of the Embedded Training Model for the First Judge—A Case Study Based on City C……271

Spring Garden

Guan Hua, Qin Liyun

A Comparative Study of the New and Old "Accountability Regulations of the Communist Party of China" ……291

Wang Shunan

The Best Work of Practicing Criminal Law: Comment on "Study Series on the Practice of Common Transnational Crimes along the Sino-Vietnamese Border" ……308

Hu Mengyao

A Brief Analysis of the Problems of Mental Health Education for College Students in the New Period……316

法学教育

Legal Education

法学本科生学术研究能力培养的困境与出路探析　陈　伟　宋坤鹏

我国法学研究生教育制度问题与对策研究　袁　钢

湾区背景下广东法学高等教育的适应性变革管见　谢　伟　刘　薇

法学院对于法律人的成长能够贡献什么　朗·L.富勒　著　王志勇　译

培养涉外法律人才的路径优化　方桂荣　宋群力

新时代背景下上海法学教育创新发展路径探析　杜春燕

中国政法大学在职法治教育的特色与模式创新初探　宋乃龙

中小学法治教育的目标构成及方法体系　曹　鎏

法学本科生学术研究能力培养的困境与出路探析[*]

◎陈 伟^{**} 宋坤鹏^{***}

摘 要：在"深化高等法学教育教学改革"的时代大背景之下，推动法学教育内涵式发展和法治人才培养能力稳步提升成为重要目标。把握"卓越法治人才"教育培养与"双一流"建设的良好契机，应当将"教学改革"与"法治人才"孵化培育相结合，有力促进法科学生的学术研究与创新能力的提升。基于法学本科生调查分析报告的实证素材及对其的分析，可以揭示出现阶段法学院校本科生培养所存在的共性问题。应当倡导通过

---

* 本文系2019年度重庆市教育综合改革研究课题"'双一流'建设背景下卓越法律人才学术培养机制研究"（项目编号：19JGY38）；2018年度重庆市研究生教育教学改革研究项目"以过程管理为中心的法学研究生毕业论文指导模式研究"（项目编号：yjg183042）；2018年西南政法大学高等教育教学重大课题"'双一流'建设背景下法科学生的学术创新与写作能力培养研究"（项目编号：2018A01）的阶段性研究成果。

** 陈伟，西南政法大学教授，法学博士，博士生导师。
*** 宋坤鹏，西南政法大学青少年犯罪研究中心研究人员。

营造良好的学术风气提升学生学术研究兴趣与认知水平；通过完善培养模式巩固学生的知识基础与研究能力；通过构建完善的学术研究成果生产传播机制并加强成果运用等有效促进法学本科生的学术研究能力的实质提升，为继续升学或者处理疑难实务问题铺垫基础。

关键词： 教学改革　法学本科生　学术研究能力

全面依法治国离不开良好法治环境的构建，更离不开法治人才的有力保障，离不开法律职业共同体的构建，而这些都无法避开对现在和未来的法律职业人员的教育培养。但这种培养却不能仅仅是对于法律学习者的法律知识灌输，否则便容易使其成为不能灵活应对纷繁复杂现实案例的法律条文的机械搬运者，这显然与我国法治人才的培养目标不相一致。因此，教育部、中央政法委在 2018 年联合发布了《关于坚持德法兼修实施卓越法治人才教育培养计划 2.0 的意见》，强调高校在法学教育中要"推进法学学科体系、学术体系、话语体系创新，鼓励高校组建跨专业、跨学科、跨学院教学团队，整合教学资源"，要求从理论与实践两方面对法科学生进行优化培养，以促进法科学生能够积极地融入并迅速地适应社会实践，为法治社会的发展提供人才保障。由此，法学学科的培养体系、法科学生的素养提升和实践适应能力在贯彻落实全面依法治国战略的今天就显得尤为重要。基于此，笔者以西南政法大学本科生为视角，通过对其学术能力与创新能力进行实证调查与分析，深入了解法学本科生学术研究能力培养的现状、不足的原因以及所面临的困境，从而提出相应的完善对策，探寻能够提高法学本科生学术研究能力的有效路径，以期能够为我国法学院校的教育改革与法科学生的学术创新能力的路径完善提供有价值的借鉴。

一、法学本科生学术研究能力培养的现状考察

笔者在本次调研之中，以西南政法大学本科生为代表，覆盖了从本科一年级至四年级所有四个阶段，共收集了 643 份调查反馈，其中本科一年级学生参与调查有 107 人，本科二年级 290 人，本科三年级 179 人，本科四年级 67 人，分别占比为 16.64%、45.10%、27.84%、10.42%。基于此数据，笔者以该 643 份调查报告所显示的内容为样本，对法学本科生学术能力培养的现状进行分析，并得出了如下结果。

（一）法学本科生进行学术能力锻炼的基本现状

1. 学生对学术能力培养的兴趣较为浓厚

表 1　学生对于学术培养的兴趣

学生兴趣程度	人数	比例
极有兴趣	140	21.77%
较有兴趣	359	55.83%
一般	101	15.71%
兴趣较小	32	4.98%
完全没有	11	1.71%

根据上表可知，在被调查的 643 位法学本科生中，极有兴趣与较有兴趣的分别为 140 人次与 359 人次，分别占比 21.77% 与 55.83%，共占接受调查总人数的 77.6%。上述数据显示出绝大多数法学本科学生对学术创新能力的提升与培养具有较为浓厚的兴

趣。根据笔者的调查，无论其以后是致力投身于学术研究，抑或是进入实务部门进行法律执业，这些学生均希望在本科阶段能够在自己的学术研究能力方面得到相应的提高，因为这既是其在法学本科阶段进行学术能力拓展和锻炼的实质体现，也有助于其基础知识理论的深化与掌握。

2. 学生平时参与学术研究的种类形式较为丰富

表2 学生平时参与学术研究的形式

参与形式	人数	比例
挑战杯项目	127	19.75%
独立申报课题	101	15.71%
参与教师课题	121	18.82%
辩论赛	108	16.8%
学术论文征文	157	24.42%
学术训练	138	21.46%
创新创业项目	219	34.06%
其他	102	15.86%
未做过研究	232	36.08%

说明：被调查的643位法学本科生中部分同学参加过多种形式的学术研究，此处均统计在内，故表2总人数相加超过643人。

从上表我们可以看出，本科学生在校期间参与学术研究的形式还是较为丰富的，在调查的643位同学中，曾参与过学术研究的有411位同学，占比达到63.92%。而在这些同学中，其参与学术研究的形式主要包括挑战杯项目、独立申报或参与教师课题、论辩比赛中的学术训练、参与学术征文、创新创业项目等等。部分学生参与过其中的一种,还有部分学生同时参与了数种形式的活动,学生参与这些活动的积极性相对较高,而学校所提供的形式也是较为多类的。通过这些活动的开展,他们也都能够从中感受到学术研究的魅力及其价值。

（二）本科学生学术研究能力培养的障碍表现

1. 所在院系开设的有关课程不能完全适应学生需求

表3 学术研究能力培养的开设课程情况

开设课程情况	人　数	比　例
开设较多课程	68	10.58%
一般	330	51.32%
开设较少课程	190	29.55%
未开设	55	8.55%

表4 开设法学研究方法类课程情况

是否开设	人　数	比　例
是	279	43.39%
否	364	56.61%

根据表3,指出其所在院系开设了较多有关学术创新能力培养课程的本科学生只有68人,仅占所获调查数据的10.58%。而在表4中,只有279名法学本科生表示所在院系开设了法学研究方法类的课程,占比不足50%。结合上述两表的对比,我们可以发现,无论是针对学生学术能力培养的开设课程情况,抑或是法学研究方法类的课程开设情况,均只有少部分学生对此表示较为满意,而大多数的学生则认为学院开设的有关课程没有涉及此方

面的内容，或者认为其所在院系所开设的有关课程现状难以满足其合理期待。因此，从整体上来说，学生对学术创新能力的需求仍然客观存在，所在院系与专业所开设的有关学生学术研究能力培养的课程未能完全满足这些法学本科生的需求。

2. 课程教学中较为偏重基础知识而忽视学术培育

表 5　课堂教学安排侧重情况

教学侧重点	人　数	比　例
过于偏重基础知识	94	14.62%
较为偏重基础知识	354	55.05%
一般	170	26.44%
过于偏重学术	10	1.56%
较为偏重学术	15	2.33%

从表 5 我们可以看出，认为在平时的课堂教学安排中教师过于偏重基础知识和较为偏重基础知识的分别为 94 人和 354 人，分别占比 14.62% 与 55.05%，而认为过于偏重学术和较为偏重学术的则分别为 10 人和 15 人，共计仅为 25 人，占比 3.89%。由此，我们可以得知，由于受传统教育模式的影响，在法学本科生的课堂上，教师们仍然较为重视对基础知识的灌输，而对学术理论探讨与创新等方面的素质训练较为忽视，学生们被动接受知识仍然是显性化特征。

3. 学生的学术著作阅读状况不佳

表6　学术著作阅读情况

阅读情况	人数	比例
每天阅读	17	2.64%
经常阅读	86	13.37%
偶尔阅读	375	58.32%
基本不阅读	148	23.02%
从未阅读	17	2.64%

根据表6，我们可以发现，在这643份调查结果中，能够做到每天阅读与经常阅读的分别为17人与86人，共计103人，占比仅为16.01%，而绝大多数都是偶尔阅读或基本不阅读，分别达到了375人与148人，合计523人，占比高达81.34%，甚至有17人表示从未进行过相关阅读。这些都说明了法学本科生除了在课堂上接受老师的知识普及教育外，在课外坚持拓展性专业文献阅读的人数仅仅是少数，绝大多数的学生在课外基本不涉及专业知识的深入学习，学生的学术理论研究与学术探讨的自觉性和主动性严重欠缺。

4. 师生之间学术探讨交流较少

表7　师生之间交流与课题参与情况

交流频次	人数	比例	是否参与老师课题	人数	比例
经常交流	33	5.13%	曾参与	115	17.88%
偶尔交流	284	44.17%	未参与	528	82.12%
没有交流	326	50.7%			

根据表 7，通过对比师生间的交流频次与学生参与教师课题情况，我们会发现，在被调查的本科生中经常与授课教师进行学术方面交流与探讨的仅有 33 人，占比 5.13%；偶尔有交流的也仅仅只有 284 人，不足一半；超过一半的人基本没有与自己的授课教师进行过交流。而在老师所主持的课题之中，仅 115 人曾经有所参与，80% 以上的本科生从未参与过教师的课题项目研究。此外，即使偶尔与授课教师有交流的学生，也往往是个别情况下的解疑答惑或其他方面的交流，而非专门的学术探讨。这些都说明了法学本科生在平时与教师的交流极少，对教师课题研究的参与积极性也不是很高，从而导致了师生之间在学术研究方面互相了解不足，也在相当程度上限制了学生在学术研究能力方面的潜力。

5. 学生单独进行学术研究能力欠缺

表 8　本科学生学术研究障碍情况

存在困难	人数	比例
资料收集与获取	113	17.57%
逻辑思维不清晰	175	27.22%
问题意识欠缺	190	29.55%
无法提供有效对策	165	25.66%

上表反映了法学本科生独自进行学术研究存在现实障碍。资料收集与获取困难的有 113 人，占比为 17.57%；逻辑思维不清晰的有 175 人，占比 27.22%；问题意识欠缺和无法提供有效对策的分别为 190 人与 165 人，分别占比为 29.55% 与 25.66%。对比前述数据，我们可以发现，除了"资料收集与获取"这种相对

最易解决的阻碍之外，核心问题仍然在于学生的知识与思维层面，共计达到530人，占比为82.43%。这显示出法学本科生进行学术研究时遇到的困难较大，知识涵养与学术能力的欠缺客观存在，这在相当程度上限制了他们的学术研究活动。

6. 学生学术研究能力训练与提升途径较为单一

表9　学生训练与提升学术研究能力的渠道

途径与渠道	人数	比例
专业必修课程设置	190	29.55%
专业选修课程设置	114	17.73%
自己喜欢而自学	191	29.70%
未进行有意识提升	148	23.02%

根据表9，在接受调查的643位本科学生中，有190人通过专业必修课程以提升自身的学术研究能力，占比29.55%；有114人通过专业选修课程训练自己的学术研究能力，占比17.73%；而因自己喜欢而自主学习的仅为191人，占比29.70%；剩余的则为未主动进行有意识提升的学生，人数为148人，占比23.02%。因此，基于上述数据可以发现，学生有效锻炼自身学术研究能力的途径较为单一，除了通过课程学习、部分自主学习之外，从整体上而言，可以有效训练与提升学术研究能力的路径仍然相对较少。

二、法学本科生学术研究能力不足的原因剖析

根据上述现状的分析，造成法学本科生学术研究能力不足的原因从来就不是单一的，而是多重因素共同作用的结果。在这之

中,学生自己的因素、所在院系专业的因素、学术机制保障的不足等均是导致此现象发生的重要原因。

(一)学生的学习被动性、学术认知偏差与知识储备薄弱是根本动因

1. 学生学术研究能力提升的自觉性与主动性不足

虽然近年来在教育部的倡导之下,全国各地的小学、中学、大学都在大力倡导"素质教育",学生的自主学习能力与创新能力不断地受到重视,其培养成果也有所显现。但是就高等院校的法科学生来看,学生的自觉学习与创新意识并没有得到显著的改善,总体来说仍然较为欠缺。

(1)学生阅读的自觉性欠缺。大多数优秀的研究者都会在记忆中储存大量相关的文献,从而在脑海中形成真正属于自身的不断随学科发展或其研究兴趣而调整与转变的核心文献库。[1] 但根据前述数据分析,能够做到每天阅读本专业学术著作或论文的仅为被调查学生的2.64%,再加上能够做到经常阅读的学生,合计也只不过仅占其中的16.01%,学生在课堂之余自觉阅读本专业学术著作与论文的现状不容乐观。根据学生反馈的导致这种情况的原因,有的是由于课堂任务过重,有的是忙于学生会、社团等工作,有的是忙于学业实习,也有的是忙于其他事情而导致课余时间不足。然而,上述这些活动实际上并不会完全的占用课余时间,仍然存有较多时间供学生自身进行支配。因此从根源上讲,无论是否存在上述理由,这些情况的出现均反映了学生群体中普遍存在的自主学习意识不足的现实情况。

---

[1] [英]戈登·鲁格、玛丽安·彼得:《给研究生的学术建议》,彭万华译,北京大学出版社2009年版,第60页。

（2）学生求知的主动性不足。除课堂教学中的正常互动与交流之外，师生间的交流严重不足，经常与老师交流的只是少部分的本科学生，绝大多数的学生仅偶尔与老师交流，甚至从未与老师进行课堂之余的交流。而在这些交流中，又不可避免地存在着某些非学术性质的谈心，也包括对一些课堂上尚未解决的或是疑惑的某个知识点进行请教的情形。考虑到教师的教学任务、科研任务等往往比较繁重以及学生群体基数庞大等原因，教学过程中难以仅寄希望于教师主动地寻找学生进行学术探讨与交流，而是应当由学生主动地进行请教，从而取得学业、学术上的进步与提升。但实际情况却是，或出于羞涩、紧张的心理原因，或出于对知识浅薄的窘状过于担忧等原因，学生要么选择自己查找相关资料解决问题，要么宁愿保留自己的疑惑也不向任何人请教。这些均是教学实践中较为普遍的不良现象，也实质阻碍了学生进行学术研究的欲望。

（3）学生进行学术研究的动机较为被动。根据笔者的调查结果，学生群体参与学术研究往往是基于学院的各项鼓励措施，相对而言比较被动。即使学生群体中有相当一部分对学术研究表现出极大的兴趣，但落实到实践中的却少之又少。完全基于自身兴趣和提升能力而去从事学术研究的学生仅有一小部分，另外的绝大多数学生往往是基于获得学分、考研、考博、评优、评奖、评先等目的参加学术活动。甚至有相当大比例的学生从事学术研究方面的训练仅仅是因为老师的课堂任务要求，这一占比达到了60%以上。

2. 学生对学术研究的认知存在偏差

根据笔者的调查结果，参与调查的绝大多数学生对学术研究的认知并非想象中的那么清晰，甚至存在着种种误读。总体而言，大致分为以下两个方面：

第一，学生对学术能力的内容认知有较大差异。笔者提供的数项内容主要包括学习能力、沟通能力、实践能力、科研能力、创新能力、逻辑思维能力等。而在询问学生的意见时，笔者获得的结果在沟通能力、实践能力两个方面表现出不同的倾向。有205位学生认为学术能力应当同时包括这两项内容，有400多位同学认为不需包括沟通能力，有200多位学生认为不应包括实践能力，甚至有数十位同学认为二者均无需具备。

第二，学生对学术研究活动本身的认知存在缺陷。在接受调查的643位同学中，有269位同学认为本科阶段进行学术研究对其自身具有较大的负面作用，比例高达41.84%。他们认为的负面影响主要包括：占用课余时间、影响专业课学习、占用社交时间、花费一定资金、研究没有意义等。无论持何种负面影响的观点，总体而言均源自学生对理论知识的忽视与畏难，甚至部分学生产生了"理论无用论"的错误观点。诚然，理论具有一定的抽象性与概括性，但理论并非想象中的晦涩难懂。相反，理论的深入研究与把握是正确适用法律的前提与基础，是整个法律人才培养过程中必不可少的重要环节。本科阶段进行学术研究等方面的训练与提升，虽然不可避免地会产生上述的效应，但这种效应却并不一定全部都是负面的。从整体上而言，对于学生自身知识的巩固、学术能力的培养、未来的学术发展与实践适用，都是有所裨益且终身受益的。

3. 学生的知识基础与思维能力欠缺

法学本科学生往往处于专业课打基础的初级阶段，对法学知识的学习还处于摸索过程之中。但无论是否已经成功培养出对法学学科的兴趣，毫无疑问，学生群体的专业基础知识与专业思维能力都处于极为薄弱的状态。特别是基于法学学科的特性，无论是立法规范的释义模糊性与实务案件的多样性，还是理论观点的复杂性与深邃性，均会对学生的学术认知造成不适与冲击。如果学生刚刚对法律规范有所理解，就从学术研究层面提出与之不同的见解，会导致他们陷入久久困顿之中。如此不断反复的情形之下，学生的思维体系也难以构建，甚至可能导致其丧失学术研究乃至法学学习的动力。其主要表现为以下方面：

第一，学生进行学术研究的逻辑思维不清晰。由于欠缺专门的学术训练，加之知识基础的薄弱，本科学生往往尚未形成严密而体系化的法律思维。这就导致了本科生在试图进行学术研究时往往处于一片混沌、无从下手的焦灼状态。即使对该学术问题有着较大的困惑与浓厚的研究兴趣，但却由于不能把握整个知识框架而无法形成清晰的思路进行调研与行文。

第二，学生进行学术研究的问题意识不足。提出问题是一篇学术性文章不可或缺的重要组成，这就要求研究者对文章的核心焦点与问题有着明确的认识，要求其具有清晰的问题意识。由于缺乏广泛而深入的阅读思考和丰富的实务经验，学生群体往往不能及时找出问题的症结点与总结研究现状，进而难以继续进行学术研究。这在学生群体中表现得极为明显。

第三，学生进行学术研究的对策提出能力欠缺。学生群体在从事学术研究时，即便对研究对象与问题表象有了精准的把握，但在提出解决问题的对策时往往也会遇到较大的阻碍。其主要原因可以归结为：一是基于自身专业基础理论的欠缺，导致不能及时地运用基础知识进行充分论证;二是问题把握不够精准,往往只看到问题的表象而未挖掘出本质问题,导致不能从根本上解决问题;三是实务经验严重欠缺,从而对于对策的可行性分析不足,有效性层面存在相应不足,导致其所提出的对策思路可能仅停留于表面,难以真正发挥实际效用。

(二)部分法学院校的人才培养模式不完备是限制因素

1. 法学人才培养目标定位不明导致学术培养重视不足

表10 所在院系对学术能力培养重视程度

重视程度	人数	比例
极其重视	39	6.07%
较为重视	223	34.68%
一般	301	46.81%
较为不重视	63	9.80%
极其不重视	17	2.64%

上表显示,接受调查的643位同学中有381位同学认为其所在院系对学生的学术能力培养的重视程度不够,比例高达60%左右。尽管这种情况是多种因素相互作用的结果,但是其中重要的一点仍然在于,部分法学院校教育者对于法学人才培养的目标与定位存在偏差。

推及全国来看,我国法学教育培养的模式与本科阶段法学教育的目标长期以来一直处于争论之中。比如,法学教育是培养具有法律职业素质的职业人才,还是培养通识人才?法学教育应该是素质教育还是职业教育?法学教育教学应注重学术性还是职业性？法学教育到底应该是专业教育还是职业教育？[1] 这些问题均暴露出目前我国高校在法学教育与法学人才培养目标的定位上未有定论，致使法学院校的人才培养模式仍然处于探索阶段，在学术能力的培养上自然也呈现出不确定性。

根据教育部编写的《普通高等学校本科专业目录和专业介绍》，对于法学本科专业，教育部确定的培养目标是："培养系统掌握法学知识，熟悉我国法律和党的相关政策，能在国家机关、企事业单位和社会团体，特别是能在立法机关、行政机关、检察机关、审判机关、仲裁机构和法律服务机构从事法律专业工作的高级专门人才"。在这里，教育部着重强调的是技能培养，而未提及法学理论的培养。这也导致了各法学院校在培养本科法学人才时，主要存在两种倾向：一是注重以注释法学为主的部门法的法律知识灌输，忽视法学基础理论教育；二是重视法学专业知识的教育而忽视其他人文学科知识的培养和教育。[2] 特别是部分法学院校单纯地以法律职业资格考试与就业需求为导向对法学本科生进行培养，这一定程度上也反映了功利性的法学人才培养观。在此定位下，不可避免地会导致法学院系在培养法学本科生时侧重规范法学知识的灌输，而忽视对其学术研究能力的培养和法治精神的滋养。

2. 部分高校经费、师资欠缺导致学术支持受限

随着开设法学专业的学校不断增多，法学教育的规模也不断地扩大。然而，虽然法学规模在不断地扩大，但是高校办学的

---

[1] 郭捷等：《中国法学教育改革与法律人才培养——来自西部的研究与实践》，中国法制出版社2007年版，第50页。
[2] 李玉福：《论法科学生的法治精神培养》，载汤唯主编：《法学教育模式改革与方法创新》，中国人民公安大学出版社2009年版，第27页。

人力与物质条件并未明显地增加，特别是一些地方性院校所在的地方政府经费支持力度明显不足，这就必然造成招生规模扩大与经费投入不足的冲突与矛盾。在此情形下，配套设施不能得到相应的完善，高层次人才的引进难度也随之增加，法学本科教育的办学质量并不因教育规模的扩大而随之水涨船高。

同时，受经济发展不平衡的影响，在京高校和东南沿海高校经费充足，成了师生的最佳选择，而这也导致了中西部地区的师资流失问题。高层次的法学人才流动频繁，[1]一定程度上限制了高校科研与教学工作质量的提高。此外，受专业性质与经济利益的驱动，一些高校教师在具有本职工作的同时从事社会兼职，其中以律师居多，也因此造成个别的高校法学教师忽视了自己的本职工作。再者，由于高校的人才培养定位目标问题，使得许多法学院校的教师资源相对倾向于研究生教育与科研投入，而对本科生的学术能力培养无暇顾及，在此形势之下，师资力量的欠缺则会使得这种现象变得更加明显。由上可见，这些情况的出现均会在客观上造成对本科生学术研究与培养计划的现实障碍。

3. 课程设置结构不佳导致学生思维能力匮乏

作为法学本科生培养的最重要的一线单位，学生所在的院系在人才培养方面起着至关重要的作用。但当前的法学专业课程设计仍然明显保留按照小专业培养的特征，即按照法律部门授课，形成了出台一个部门法就必须开设一门专业课的格局。这种课程设置缺乏科学的规划和论证，存在较大随意性，极易导致核心课

---

[1] 唐茂林：《新形势下地方综合性高校法学本科教育的面临的机遇挑战及对策研究》，载王崇敏、王琦主编：《法治化进程中法学教育的探索、实践与创新》，吉林大学出版社2010年版，第94页。

程的数量偏多，压缩学生课余的时间和自由发展空间。[1] 多数综合性大学法学本科专业课程体系主要由四大模块构成，即公共基础课程、专业必修课程、专业选修课程和素质教育通选课程。[2] 虽然覆盖了公共基础知识与专业基础知识的教授，但很多高校在培养学生的学术研究能力方面所开设的课程不甚合理，有关学术研究能力培养的课程开设并未得到应有的重视，这同样制约了我国素质教育的推进与学生学术研究能力质量的提高。其主要表现为以下方面：

（1）学生所在院系有关学术研究能力培养课程数量总体较少。对于本科学生而言，其接收知识与能力提升的最重要方式与途径就是在学校的课堂获取。因此，其学术研究的能力培养也不例外，自然更多的需要依靠课堂。但基于调查现状，只有10%左右的学生表示其所在院系开设了较多的相关课程，接近90%的学生表示开设课程一般或不足。课程开设的欠缺极大地限制了本科学生学术研究能力的训练与提升，也难以有效地培养出他们对学术研究的兴趣。

（2）学生所在院系法学研究方法类课程开设情况不容乐观。掌握科学的法学研究方法是学术研究能力得到较好提升的前提和基础。若无较好的法学研究方法的辅助，阅读文章与提取文章中的有效信息就难以做到得心应手，更遑论学术成果的创作。对于本科生的学术研究能力培养亦是如此，如若不能首先接触与总结法学研究方法，其就不能及时有效地提取信息，自然也难以做到

---

[1] 吴英姿：《"法本法硕"与法学人才培养模式改革》，载《教育与现代化》2010年第3期。

[2] 李龙、李炳安：《我国综合性大学法学本科专业课程体系的调查与思考》，载《政法论坛》2003年第5期。

前述的针对研究对象提出有效的焦点问题与行之有效的解决对策，进而难以形成完整的学术研究成果。然而，根据调查数据，仍然有高达40%以上的本科学生表示从未接触过法学研究方法类的课程。

（3）院系教学安排中知识普及倾向过于明显。长期以来，由于受传统教育思想的影响，各高校均比较重视正规化的理论教育和法学知识的系统传授，久而久之使得法学教师授课的主要任务就成了对不同的法律进行详尽的解释。[1] 诚然，完备的基础知识体系是学生读研深造与实务应用的前提，因此往往也成为本科教学安排中的首要任务。然而，这对于学生学术兴趣与学术研究能力的培养而言显然是不够的，必须增强其他必要方面的深化，例如专著的阅读、理论的深化等，如此方有助于使得学生形成较好的法律思维体系与学术研究基础。根据笔者进行的调查分析，有高达70%的学生认为现有的课程安排过于倾向于知识点的普及与讲解，而这显然不利于对学生学术研究能力的培养。

（三）不完善的学术市场与学术环境是重要消极因素

1. 学术市场的不良竞争与研究者的求成心态限制学术发展

伴随市场经济的高速发展，科教文卫等事业取得了长足进步。学术研究的高速发展期也随之而来，并产生了为不同的部门与机构所创办的学术期刊，带来了学术的繁荣景象。但不可否认的是，学术期刊种类的增多代表了学术市场的兴盛，也必然伴随着期刊质量参差不齐现象的出现，甚至催生了个别牟利性较强的期刊，导致出现了一些专门以代写代发论文为业务的期刊中介，

---

〔1〕 郭捷等：《中国法学教育改革与法律人才培养——来自西部的研究与实践》，中国法制出版社2007年版，第113页。

带来了学术市场一定程度的混乱,影响了学术研究的真正价值所在。也正是如此,很多高校与机构均根据自身的标准与要求制定了一些学术期刊"负面清单",以此将其排除,从而提高自身的发文质量。

法学院校也采取了多种激励学生进行学术研究的政策,比如,本科期间拥有一定的学术研究经历与研究成果对学生的保研、奖学金的获得等均具有较大的促进与帮助作用。但是,部分法学院校对于本科生在本科期间所发表的成果到底刊载于何种期刊未有明确要求与限制。这就可能导致本科生剑走偏锋,将自己的研究成果发表至一些认可度不高的学术期刊上,而忽视自身学术成果的质量。由于从事学术研究必然要倾入大量精力与时间,因此研究者往往迫切希望自己研究的成果能够及时地得到认可并刊发出来。"外部激励"与"内心愿望"的综合,必然会催生一些尚未达到学术标准的"成果"出现,造成一种批量化学术生产的"伪繁荣"现象,不利于学术研究的长远发展,也必然会极大地制约本科学生从事学术研究能力的有效提升。

2. 学术期刊评价与录用机制缺陷限制学术成果的生产与传播

学术期刊是学术界发表学术论文的重要载体,是研究者学术成果传播与转化的重要平台,是推动学术创新的重要途径。对学术期刊进行科学而有效的评价,可以促进学术期刊内在质量的提高,推动高质量学术成果的生产与传播,从而实现学术理论的创新。总体而言,目前学术期刊的评价方法主要包括定性评价、定量评价、定性与定量相结合等。[1] 目前行业内得到普遍认可的

---

[1] 蒋勇青、齐萍:《学术期刊影响力评价方法研究》,载《中国软科学》2017年第3期。

是南京大学的人文社科索引期刊与北大中文核心期刊的评价机制，其采用的是定性加定量的综合方法，大概包括被索量、被摘率、影响因子、被引率、他引率等众多参考指标。[1]

评选核心期刊的目的是为各图书馆采购期刊提供参考和为读者快速检索期刊信息提供依据，但由于遴选体系本身的缺陷，实际上存在一些"优秀期刊"并未被遴选上的情形。[2] 一般而言，学生的学术研究成果质量由于其知识储备的薄弱与思维能力的欠缺而可能存在一定的瑕疵，导致学术期刊或出版社基于其预设的质量要求而拒绝用稿。通常情况下，大多数的学术期刊则会根据现有的学术期刊的影响与评价指标，倾向于录用那些在业内较有影响力的教授、学者等人的文章，一般情形下往往会拒绝录用学生的文章，以此增强本期刊的影响因子与引用率等，促使本期刊在同类期刊之中占有更大的影响力与权威性。也正是如此，学生群体学术研究成果的生产与传播变得较为困难。

三、法学本科生学术研究能力培养的路径构想

（一）营造学术风气——提升学生学术研究兴趣与认知水平

一个人的成长环境对其自身的发展至关重要，甚至在某些情况下可能会产生决定性作用。因此提供一个良好的学术氛围，在校园内形成良好的学术风气，对法学本科生学术研究能力的培养进程将发挥不可替代的作用。基于此，笔者认为学生所在院系可以采取多种形式，营造良好的学术研究风尚。

---

[1] 蒋勇青、齐萍：《学术期刊影响力评价方法研究》，载《中国软科学》2017年第3期。

[2] 朱小平、邹丽莎主编：《当代研究生学术诚信保障体系研究》，西南交通大学出版社2015年版，第137页。

1. 通过多重激励激发学生的学术研究兴趣

兴趣是人们致力于某项事业、实施某些行为的最佳推动力，因此，法学本科学生对学术研究的浓厚兴趣是促使其积极提升学术研究能力的最根本与最基础的因素。然而，对某项事物产生一定的兴趣从来就不是与生俱来的，而是通过后天可以进行培养的一种结果。基于此，笔者认为，本科学生在学期间，其所在院系可以采取下列激励性措施引导学生产生浓厚的学术研究兴趣与动力。

（1）丰富学生参与学术研究的活动形式。现有的校园活动形式相对而言虽然已经较为丰富，包括但不限于举办学术讲座、挑战杯、创新创业项目、申报课题、走访调研、读书会，等等，但这些活动有时却显得过于单调化和形式化。结合本科学生的特点，并且充分考虑到相当部分的学生认为学术研究会占用较多课余时间。对此，笔者认为可以增设一些趣味性或紧跟时事热点的学术活动，例如趣味性专业知识竞赛、热点案例分析与展示，等等，从而以娱促学、以学带娱，使二者充分结合。如此，既可增强学生的参与积极性，也可促进浓厚学术氛围的形成。

（2）加大学生参与学术研究的奖励力度。一般而言，学生参与学术研究往往只有一小部分是基于对学术的求知与热爱，大多数人可能会基于外在的其他动机，譬如综测加分、评奖、评优、评先等，虽然这不是一种发自内心地进行学术研究的动机与倾向，但确实可以对整个院系学术氛围的构建起到较大的推动作用，并且可以对初学者起到积极引导效应。因此，笔者认为在现阶段仍然可以辅之以这种必要的支持方式，例如通过增加立项项目数量、加大科研资金扶持力度、进一步增加综测加分，等等，以鼓励本科生积极申报课题，参与学术研究。

（3）鼓励以学术研究成果获得部分课程学分。鉴于国内目前的法学人才培养模式，本科生现阶段的课程结构相对较为复杂，并且科目繁多。这种课程设置的现状必然导致学生在每年学期末面临着较大的复习压力，疲于应付传统的应试型期末考试。然而，现实情况却是，这种传统的应试型期末考试在对本科生学习质量与水平的检验上所发挥的作用着实有限，并不能达到考试、测试所预设的理想目标。基于此，笔者认为，在本科生教学中可以借教学改革之机，推动本科生期末测验方式的进一步改革，对于某些培养方案内的课程进行改革，并且允许本科生可以以自己的学术研究成果（包括论文、调查报告等）置换相应的学分，一方面可以减轻学生期末的复习压力，另一方面也可以积极有效地激发本科生在平时从事学术研究的动力。

2. 加强引导以弥补学生对学术研究的认知缺陷

对学术研究认知的误读对于有志于从事学术研究的学生来说是一种致命性的伤害，可能会使其在学术研究的过程中屡屡碰壁，进而甚至可能会直接阻断学生学术探索的兴趣，断送其学术研究生涯。因此，对于刚刚接触法律专业的法学本科生来说，对其学术研究认知的错误及时地予以纠正就显得相当重要，也是在本科生学术培养计划中不可缺少的重要一环。

第一，通过有科研经历的学术研究者引导其正确地认识从事学术研究所需要具备的能力。针对本科生认知不足的现状，可以通过举办讲座的方式，做科研经历的分享。讲座的主讲人可以是本学院、学校甚至外校的教师，也可以是学生群体中科研经历丰富的博士、硕士、本科生师兄或师姐。分享与介绍的内容严格围绕"学术研究"这一主旨要素，不局限于职位、职称等，而着重于"科研经历"。揭开学术研究神秘的面纱，让他们初步感受到其间的魅力。

第二，通过教师的正确指导强化其对学术研究理论知识重要性的认识。每个人天生都具有理论思维的能力，晦涩难懂的知识体系并非学生产生畏难情绪进而放弃的正当理由。理论思维简单来说就是"从概念到概念，从理论到理论"的不联系实际的"纸上谈兵"，不同于强调实践的实务性思维。[1] 虽然理论研究最终的目的仍然在于适用，但在尚不具备实务能力与经验的本科阶段具有一定的理论思维，能够更深刻地理解抽象知识，对以后的应用必然产生不可忽视的重大贡献。因此，无论是课内还是课外，教师们均可提供一些正确而必要的引导，纠正学生对理论知识重要性的错误认知。

（二）完善培养模式——巩固学生的知识基础与研究能力

法学教育的使命与责任在于法科生法律素养的养成。[2] 如若单纯地以社会需求与法律职业资格考试作为导向去培养法学人才，而忽视对其法学素养、法律思维、法律能力的培养，显然不能培养出真正符合法治社会需求的人才，更不利于有志于继续求学的法学本科生在此阶段打好一定的研究基础。基于此，现阶段各高校的人才培养方案亟待完善，人才培养措施亟待进一步调整。

---

[1] 韩立收：《如何开展理论课程教学》，载王崇敏、王琦主编：《法治化进程中法学教育的探索、实践与创新》，吉林大学出版社2010年版，第194～196页。

[2] 冷传莉：《养成教育乃法学教育之本》，载王崇敏、王琦主编：《法治化进程中法学教育的探索、实践与创新》，吉林大学出版社2010年版，第17页。

1. 明确法科人才培养的目标与定位并改进培养方案

正如前述，法学本科究竟是培养职业型人才还是研究型人才，各法学院校对其定位并不明确，在两者之间飘忽不定。因此，多数的法学院校现阶段总体上遵循教育部所要求的基本目标，并制定与之密切相关的培养计划。这种做法对不同群体学生的需求未能有效兼顾，实际产生的结果是两者之任一目标均未能较好实现，取得的效果也并不理想。因此，各高校现阶段的法学本科生培养定位与方案亟须进一步地明确与完善。

根据调查所呈现的本科生未来规划结果显示，大多数的学生对学术研究有兴趣，而且认为这一良好学术思维的养成对自己日后的求学和就业均有裨益。虽然部分法学本科生的就业规划会落脚于法律实务，但是仍然有不少法学本科生要继续进行学术深造或者学术研究。基于此，笔者认为，当前阶段，各法学院系可以结合教育部的总体法科人才培养目标定位、社会需求现实以及本科生的实际需要，在向本科学生普及与传授法学专业知识、培养其基本职业素养的基础之上，增加有关学术研究方法、学术研究能力等学术方面的课程设置比重、活动方式等，以此对向致力于未来进行学术研究的本科学生的学术需求作出回应，引导并促成其增强学术思维、问题意识、思辨能力等学术研究活动必备的基本素养与学术技能，从而形成兼顾部分具有学术取向的法学本科生选择需求的培养格局。

2. 改善人才培养配套设施以巩固学术研究基础

本科教育是高等教育最重要的基础，是奠定高层次人才后续教育和终身发展的关键时期。一所优秀且科研产出较高的大学必然会以强有力的本科教育为支撑，以门类齐全的本科教育为基础,进而覆盖整个本科、硕士、博士教育,使得研究生教育与本科教育并重。[1] 因此,面对国内大多数高校学术研究方面本科与研究生教育资源不对等的现状,有必要积极地予以调整。从人才培养的配套设施来讲,一般包括"软性"的配套设施和"硬性"的配套设施。而对于法学这种社会科学而言,需要更为注重的应为"软性"配套设施之完善。

(1) 加强师资引进与投入,优化师资结构与质量。振兴民族的希望在教育,振兴教育的希望在教师,教师是人类灵魂的工程师。教师在教育中的重要地位可见一斑。因此,要培养出一流的学生,必须具有一流的教师。与此呼应,要培养高层次高素质符合社会需求的法治人才,离不开一支一流的教师队伍。基于此,各高校在培养人才之时,需要努力促进与发挥教师在本科教育中的作用与地位,积极引进高质量的师资,提高师资力量。

(2) 加强师生间的学术交流,在大学中以教师为本,在课堂上以学生为主体。努力推动建设"多师同堂"模式与扩大"教授一席谈"规模。[2] "多师同堂"的模式使得学生可以充分了解不同老师之间的观点差异,并在课堂之上体验学术探讨的观点对立,在学习的同时也可以引起他们对学术观点的关注度和兴趣。此外,这种模式不仅对学生有所裨益,参与课堂的教师也可以在与其他老师的观点争议中获得不同角度的思路,也可促进其自身学术能力的提升。"教授一席谈"的模式也有利增强学生与教师

---

〔1〕 陈子辰等:《研究型大学与研究生教育研究》,浙江大学出版社2006年版,第157页。

〔2〕 此为西南政法大学的现行模式,"多师同堂"是指数位教师同时参与同一课堂,针对课堂问题可以产生观点碰撞;定期举办"教授一席谈",教师与学生之间开展座谈会,针对某些学术现象或观点进行探讨与分享,至今已举办多期。

之间的学术交流与互动,拉近师生间的距离,从而形成良好的学术探讨氛围。

(3) 推进本科生导师制,增强师生之间的日常联系与探讨。现代大学生的学习方式经历着从过去的接受性学习向现在的研究性学习转化的过程。这也意味着教师的角色也必然经历着如下转化:从传统的知识传授者转向学生学习的引导者;由传统的问题解决者转化为学生发现问题、创造性解决问题的启发者;由传统的知识的权威者转化为学习的合作者、参与者;从传统的知识复制者转化为研究者。[1] 本科学生囿于自身的眼界与知识基础水平,在研究过程中难免会出现对学术研究的不正确或不完善的认知,此时就需要具有丰富科研经验的教师们在课上课下对其正确的引导与普及,从而促使其形成完全的准确的认知,增强其对学术研究能力提升的兴趣与能力。但对于绝大多数本科学生而言,在学习期间是没有导师进行指导的,往往只能通过自己课余看书、课堂任务等方式,增强自己的专业学术知识,而缺乏更为专业的经验借鉴。实行本科生导师制则可以有效改善此种困境。学生与教师之间近距离交流的机会增多,师生之间互动更为频繁,推进其知识的快速积累。此外,本科生导师制实行之后,本科学生也可更多地参与导师所主持的读书会,充分与高年级的师兄、师姐进行探讨,增长自己思维的体系性,夯实自己的知识基础。学生也可积极参与导师的课题,从而丰富自身的学术研究经验,锻炼自身的学术研究能力,提升自身的学术研究水平。

3. 优化课程结构与授课方式以提升本科生的学术研究能力

如前述,现阶段本科教育的课程设置亟待改善。同时,若要

---

[1] 郭捷等:《中国法学教育改革与法律人才培养——来自西部的研究与实践》,中国法制出版社2007年版,第212~213页。

为本科生提供有效的学术研究能力训练，则必须完善课程设置，适当增加学术研究能力培养的课程占比并优化课程讲授的内容。

（1）增加法学研究方法类课程的设置。对法学研究方法的了解与精准掌握是学生顺利进行法学学科学术研究的前提，但在现实社会之中，滥用研究方法却成了常态，这在本科生的毕业论文中体现得尤为明显。因此各院系极其有必要针对本科生增设有关法学研究方法类的课程，对其进行普及性的介绍与讲解法学学术研究方法，为其之后参与学术活动扫除一定的前期障碍。这些对于本科生学术研究成果的质量和效率均会提供显著改善效果。

（2）改善课程内容讲授侧重，努力促使学术理论与基本知识点趋于均衡，并注重本科生批判思维的训练。正如前述，受多种因素影响，现今的教学中往往更加侧重知识的普及与讲解，忽视学术方面的探讨与讲解。这也造成了某些本科学生有心参与学术研究却无从下手的困扰。因此，若要培养本科学生的学术研究能力，此环节的改善具有极高的必要性。在平时的课堂授课中，授课教师需要适当地进行内容侧重的调整，加大针对学术观点争议的探讨。这也是法学学科理论争议性较大这一现实情况的必然要求。学生可以在全面了解学科理论的发展情况与现状后，通过对比与理解，甚至是主动地求知论证，形成自身的学术观点。这正是具有一定学术研究能力与批判性思维的体现。基于此，笔者认为可以通过课程教学改革实现，通过纯理论知识方面结合研讨式的课程，鼓励学生梳理研究现状、考察学术史、归纳学术观点；通过典型的应用类知识鼓励学生进行实证分析并结合司法实践中的个案进行剖析，进行案例式教学等，促使学生在潜移默化之中形成一种具有思辨性、怀疑性、逻辑性、论述性的学术研究思维方式。

（3）注重开辟实践课堂，通过一定的实习经历为学术研究提供必要支持。对于绝大多数的本科生乃至研究生而言，论文设计中存在着大量的"问题虚无""伪问题"现象，导致学术论文的行文无法正常有效地继续。这往往是研究者实务经验匮乏，无法有效寻找某些理论问题在实践中的症结点，因而无法建立有效的行文逻辑。基于此，笔者认为有必要鼓励学生积极地参加社会实践，深入了解社会，了解司法实践，而不能仅仅停留在学习书本知识。深耕于书籍中的理论知识与理论思维是必要的，立足于实践中的理论探讨也是必需的。这既是学术研究的要求，也是当代法治人才必须具备的综合素质。

（三）加强成果保障——构建完善的学术研究成果生产传播机制

在本科学生从事学术研究的过程中，除了学生本身学术研究基础与学校、院系之间的课程设置等因素所产生的阻力外，学术研究成果成文后的发表与出版，也存在着较多的障碍性因素。学生发表学术成果渠道有限、学术期刊杂志社基于自身考量录用学生成果文章困难等，这些不可避免地都会极大地挫伤学生进行学术研究的积极性，对本科学生学术研究能力的培养起着较大的负面作用。

1. 创办面向本科学生学术成果传播的学术期刊

现今学术市场存在的期刊、杂志等虽名目众多，但仍然多以研究生、高校在职教师等为主体，并发表由他们所产生的学术成果。对于作为高校学生群体最大多数的本科学生而言，成果转化途径极其有限。与各高校正在不断加强发展研究生学术成果转化的刊物不同,如中南财经政法大学主办的《研究生学报》与《中南法律评论》、西南政法大学主办的《西南法律评论》、中国政法大学主办的《研究生法学》等,关注本科生发表学术论文或评论的刊物却鲜少有之。基于此,笔者认为,为促进本科学生学术成果输出,增强其从事学术研究的动力,可以采取以下两种方式:一是在学校固有刊物的基础上增设本科生专栏;二是创办针对本科生的《本科生学报》等刊物。

2. 完善学术论文评价机制与期刊杂志的录用标准

基于前述事实,现今的评价机制与录用标准的弊端导致硕士、博士研究生群体发表论文难度都比较大,更遑论本科学生群体。这势必在一定程度上造成学生群体对学术研究望而却步。笔者认为,学术刊物的主办单位可以逐步地转变和完善所接收文稿的审查标准,有意识地减少甚至排除一些论文质量之外的其他非核心因素。例如,可采用匿名审查、实质审查的方式对文稿质量进行评估以决定是否用稿,之后再查验作者的姓名、单位等基本信息情况,并严格制定并遵循退稿的相关规定,以减少乃至避免非质量因素所引起的退稿情况,从而促使学术期刊杂志的用稿标准逐步转化为以质量论优劣。

3. 加强本科学生学术成果的知识产权保障

本科学生囿于自身学识以及学术成果展示途径不足,在研究感兴趣的问题之后所形成的研究结论,往往会寻找相应专业方向的师长进行请教、审核,以完善自己的学术成果,从而获得学术自信与研究动力。但近些年却接连曝光个别教师剽窃学生学术研究成果的情形,这在一定程度上会对学生的研究积极性产生打击。基于此,笔者认为,高校、学生所在学院甚至是学生群体自身可以利用现有网络条件，将自己有关学术的思考探讨与研究成果，通过公众号的形式进行发表与公布，例如以西南政法大学法学学生为主体创办并已经产生一定影响力的"青苗法鸣"。这在一定程度上也可以促进学生群体学术研究成果知识产权的保障。

结　语

法学本科生作为全国法学教育接受者的最庞大群体，处于法治人才培养的第一阶段。在基础知识的传授与传统课堂的授课之余，其在高校就读期间的学术研究与写作能力的培养不容忽视。法学知识背后隐藏着规范教义及其多元价值的协调与平衡。对现有的规范进行重新解读与梳理、对现实个案进行分析与评判、培养良好的逻辑思维与理性思辨能力，对法科学生来说这些都需要通过学术思考与规范写作的辅助才能得以实现。通过对本校法学本科生学术研究能力培养现状进行深入调查与分析，可以发现本科生学术研究能力的培养与多种因素存在关联，当下法学本科生学术研究能力不足是多种因素综合作用的结果。学生自身的认知与动因不足是制约其学术发展的内在前提，培养模式的不完善与保障机制的欠缺是限制其发展的外在动因。因此，为提升法学本科生的学术研究能力并为研究生阶段的学习打下良好基础，在教学范围内培养模式的完善与改进是必然选择，辅之以其他综合性举措亦是应对的有效之策。

我国法学研究生教育制度问题与对策研究[*]

◎袁 钢[**]

摘 要：我国法学学位与研究生教育制度建立以来，法学学位授权审核制度和学位与研究生教育培养质量保障体系逐步完善，培养了大批高层次高素质法治人才。在法学研究生教育稳步发展的同时也存在以下问题：学术型与专业型硕士研究生培养同质化、专业型硕士研究生面临就业歧视、非全日制法律硕士管理工作问题重重和法学博士生遭遇高等院校设置更高门槛等问题。要解决以上问题，法学学位与研究生教育制度改革可以沿着以下路径继续深化：统一法学学科硕士研究生培养规格、统筹非全日制法律硕士教育、统括法学学术型研究生学位、统管法律专业学位教育制度。

---

[*] 本文系国家社科基金重大委托项目"创新发展中国特色社会主义法治理论体系研究"（项目编号：17@ZH014）的研究成果。

[**] 袁钢，男，中国政法大学法学院教授、法学博士。

关键词： 法学教育　研究生教育　法律职业资格　学位授权审核　专业学位

党的十八届四中全会通过的《中共中央关于全面推进依法治国若干重大问题的决定》以及党的十九大提出要全面推进依法治国，创新法治人才培养机制，培养造就熟悉和坚持中国特色社会主义法治体系的法治人才及后备力量。法学学位与研究生教育制度（以下简称"法学研究生教育"）已成为培养高层次高素质的法治人才的主要途径。

一、法学研究生教育的历史回顾

（一）法学研究生教育制度的建立和恢复，培养大批高层次法治人才

我国法学学位与研究生教育作为高等教育的重要组成部分，从 1950 年开始即招收法学研究生。[1] 1978 年，在我国研究生教育中断 12 年之后，我国恢复招收各类研究生。以"五院四系"为代表的法学高等院校恢复招生，我国法学研究生教育进入规范有序发展阶段。1987 年，中国政法大学授予首批法学博士学位。根据教育部教育数据统计，[2] 全国法学博士、硕士经历较快增长，从 2013 年开始毕业生人数小幅波动至今（图 1）。大批法学硕士、博士学位获得者走向教学和科研第一线，并且投身市场经济主战场。

---

[1] 冯玉军：《孙国华：法是理与力的结合》，载《光明日报》2017 年 6 月 5 日，第 16 版。

[2] 参见教育部发展规划司：《1997 年至 2018 年教育统计数据》，载 http://www.moe.gov.cn/s78/A03/moe_560/jytjsj_2017/。

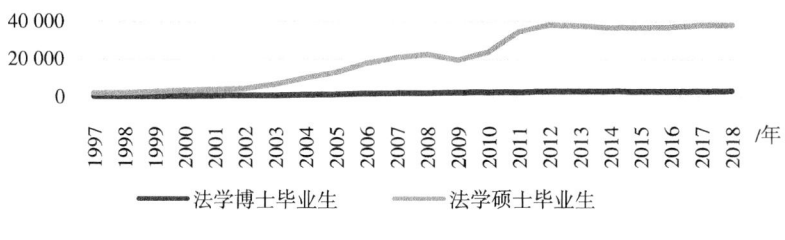

图1 全国法学博士、硕士毕业人数（1997—2018年）

（二）法学学位授权审核制度建立及改革，构建保障培养质量的法学学位体系

1. 法学学位授权审核制度的逐步完善

截至2018年底，全国有权授予法学硕士学位的单位共218个，有权授予法学博士学位的单位共55个，法学博士学位授权一级学科点52个。[1] 经过严格审核的法学学位授予单位及其授权学科、专业点，保证了我国法学硕士生和博士生的培养质量。

2. 法学学科自设二级学科和交叉学科

各法学学位授予单位立足学科发展前沿，积极回应社会需求，法学博士一级学科自主设置了一批二级学科和按二级学科管理的交叉学科，有力推动了新兴交叉学科发展，强化了复合型人才培养。截至2019年5月，全国普通高等学校法学博士一级学科已在法学二级学科目录外自设二级学科81个，法学硕士一级学

---

[1] 数据来源：载全国学位与研究生教育质量信息平台，https://zlxxpt.chinadegrees.cn.本文中的高校数据统计均未包含我国港澳台地区。52个法学博士学位授权一级学科点不包括2014年学位授权点专项评估撤销的同济大学、华南理工大学2个法学博士一级学位授权点，以及"服务西北地区稳定发展与国家安全"的西北政法大学的开展服务国家特殊需求人才培养项目博士点。此外，全国法学博士二级学位授权点有2个，即福州大学环境与资源保护法学以及解放军国防大学政治学院西安校区军事法学。

科自设二级学科40个；全国普通高等学校法学博士、硕士一级学科参与设置交叉学科49个。[1] 具有特色的法学自设二级学科有：中国政法大学"法律职业伦理"、西南政法大学"警察科学""监察法学"和"国家安全学"、云南大学"禁毒法学"、华东政法大学"党内法规"、湖南大学"廉政法学"、浙江大学"司法文明"、中山大学"港澳基本法"、辽宁大学"老年教育与老年法学"等。

3. 设立法律专业学位研究生教育

为拓展与提高人才培养的类型和规格，加快培养社会急需的复合型、应用型高层次专门人才，1995年国务院学位委员会批准设置了法律硕士专业学位。截至2019年5月，法律硕士专业学位授权点达到247个。近年来全国法律硕士专业学位每年招生规模均在2万人左右，累计授予法律硕士专业学位近16万人。经过多年的试点和发展，法律硕士专业学位研究生教育已成为我国法学研究生教育制度的重要组成部分。[2]

4. 建立法学研究生质量保障体系

2014年，国务院学位委员会、教育部印发《关于加强学位与研究生教育质量保证和监督体系建设的意见》《学位授权点合格评估办法》和《博士硕士学位论文抽检办法》等，全面构建研究生教育质量保障体系。截至2019年5月，学位授权点专项评估撤销2个法学博士一级学位授权点、撤销1个法律专业学位授权点，

---

〔1〕 数据来源：《学位授予单位（不含军队单位）自主设置二级学科和交叉学科名单》，载中华人民共和国教育部官网：http://www.moe.gov.cn/s78/A22/A22_gggs/s8476/201907/t20190724_392053.html.

〔2〕 数据来源：全国法律专业学位研究生教育指导委员会网站：http://www.china-jm.org/article/? id=701.

学位授权点动态调整撤销法律硕士专业学位授权点 1 个，学位授予单位主动提出放弃 1 个法律专业学位授权点。[1]

二、法学博士研究生教育发展现状

（一）法学博士学位授权点地域分布差异显著，华北和华东地区汇聚法学教育优势资源

从全国法学博士一级学科授权点地区分布看，华北地区、华东地区各有 15 个授权点，分别占比 29% 并列第一；华中地区有 7 个授权点，占比为 13%；西南、东北、华南和西北地区 4 个地区法学博士点数量之和等于华东地区或者华北地区的一个地区的法学博士点数量。除我国港澳台地区外，全国现共有 25 个省份获得了法学博士一级学科授权点，仍有西藏、甘肃、青海、广西、内蒙古、宁夏 6 个省份，尚未实现法学博士一级学科授权点的零突破。根据目前全国法学教育资源的分布情况，法学博士一级学科的整体布局已经完成，仅会有微小增减变动。

（二）法学博士招生申请-审核制全面铺开，法学博士生招生人数稳中有升

以建立公平、有效、科学的人才选拔机制为导向，针对原有选拔模式中专业笔试的局限性、外语笔试的高筛选度以及综合面试的形式化等问题，[2] 通过提高申请的准入门槛、加强对申请

---

[1] 数据来源：《国务院学位委员会关于下达 2014 年学位授权点专项评估结果及处理意见的通知》（学位〔2016〕5 号）、《国务院学位委员会 教育部关于下达 2016 年学位授权点专项评估结果及处理意见的通知》（学位〔2017〕10 号）、《国务院学位委员会 教育部关于下达 2017 年学位授权点专项评估结果及处理意见的通知》（学位〔2018〕1 号）、《国务院学位委员会 教育部关于下达 2018 年学位授权点专项评估结果及处理意见的通知》（学位〔2019〕15 号）。

[2] 段斌斌：《从"公平选才"走向"有效选才"：我国博士招生改革的路径选择》，载《高等教育研究》2017 年第 10 期。

者科研能力的考查，博士生招生申请-审核制便逐步在法学博士点授权单位铺开，进一步增进了法学博士选才的有效性。从1997年至2018年，全国法学博士招生人数和法学博士生在校人数处于稳步有升的状态（图2）。

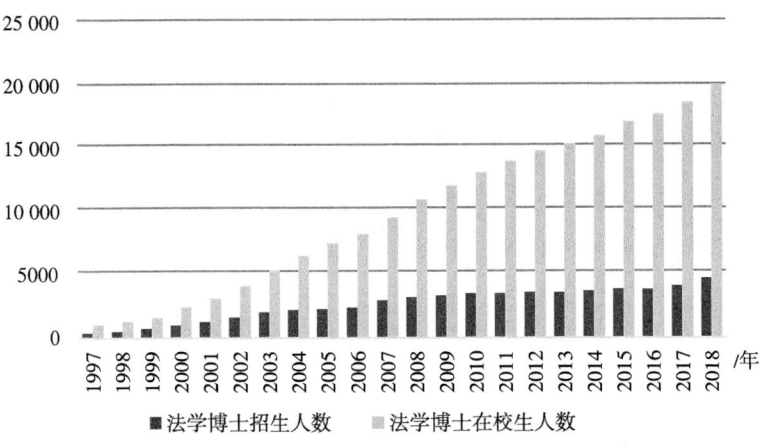

图2　全国法学博士生招收和在校人数（1998—2018年）

根据教育部教育数据统计，全国法学博士招生人数在经历从1998年393人到2010年3529人的较快增长之后，从2010年开始处于稳步上升。2010年至2016年之间基本保持年度3500人至3800人左右，甚至2016年比2015年招生人数略少39人。2017年和2018年招生人数均超过4000人，达到4098人和4709人。目前全国法学博士生招生人数地区差异显著。根据笔者关于2019年各院校（不含军队系统院校）公布拟招收法学博士生的统计，[1] 全国2019年52个法学博士一级学位点拟招收法学博士生

---

[1] 数据来源：根据具有法学博士一级学科、二级学科的普通高等学校高校研究生院（处）网站或者法学院网站公布的拟招收2019级法学博士生的多批次名单整理。

1433 人（图 3）。

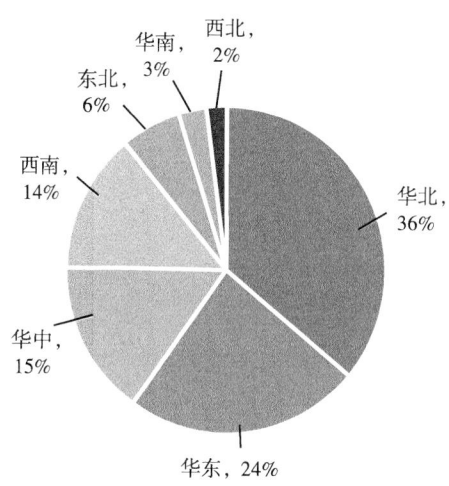

图 3　全国 2019 年拟招收法学博士生人数地区分布

尽管法学博士点华北与华东地区均为 15 个，但是华北地区法学博士点的招生人数是华东地区的大约 1.5 倍。法学博士生招生人数超过 30 人的有 10 个，按照招生人数排序分别为中国政法大学、西南政法大学、华东政法大学、中南财经政法大学、武汉大学、中国人民大学、清华大学、北京大学、吉林大学和浙江大学。其中中国政法大学、西南政法大学和华东政法大学招收法学博士生分别超过 200 人、超过 100 人和接近 100 人。法学博士生招生人数不足 20 人的博士点有 33 个，不足 10 人有 12 个，分别占 2019 年招收法学博士生的高校总数的 63% 和 23%。

（三）狠抓学位论文和学位授予管理，法学博士生按期毕业率逐年下降

2019 年 3 月，我国博士按期毕业率比较低，无法按期毕业比

例可能达到65%,[1] 多所高校集中清理超期研究生等新闻[2]引发社会热议。2019年2月26日,教育部办公厅发布《关于进一步规范和加强研究生培养管理的通知》,要求对不适合继续攻读学位的研究生要落实及早分流,加大分流力度。狠抓学位论文和学位授予管理,健全预防和处置学术不端的机制。

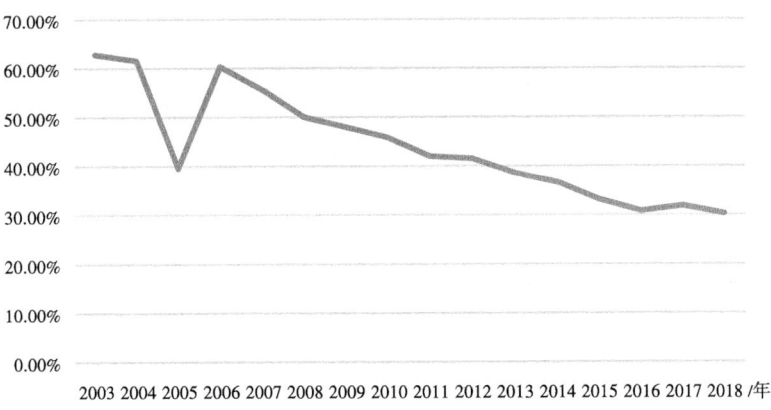

图4　全国法学博士生按期毕业率（2003—2018年）

全国法学博士生按期毕业率从2003年开始逐步下降,到2009年开始低于50%,2013年开始低于40%,2016年至2018年基本保持在30%左右。学习基本年限和学术成果要求设置不合理、导师投入博士指导不足、博士生自身专业基础薄弱等是造成博士生延期的主要原因。[3]

---

[1] 温才妃、袁一雪、许悦:《博士生延期究竟意味着什么》,载《中国科学报》2019年4月10日,第1版。

[2] 杨频萍、王拓:《博士"严出",混文凭将越来越难》,载《新华日报》2019年3月31日,第3版。

[3] 绳丽惠:《博士生延期毕业现象:影响因素与治理策略》,载《学位与研究生教育》2019年第6期。

三、法学、法律硕士研究生教育发展现状

(一) 法学硕士学位点分布较为合理

截至 2018 年 12 月,法学硕士一级学位授权点 149 个(不含法学博士一级学位授权点),法学硕士二级学位授权点 18 个。综合以上法学博士一级学位授权点的数据,目前全国法学硕士授权点共有 219 个,其地区分布状况见图 5。

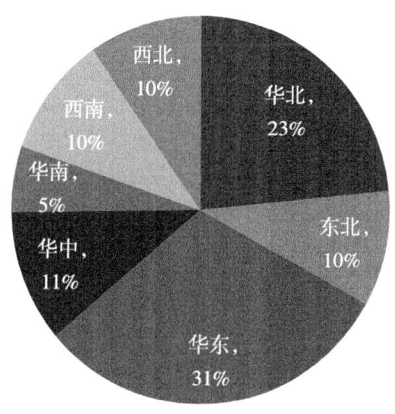

图 5　全国法学硕士学位授予点地区分布(截至 2018 年 12 月)

从全国法学硕士学位授予点地区分布上看,华东地区以 31%位居第一、华北地区以 23%位居第二,除华南地区以外,华中、东北、西南和西北地区授予单位数量占比都为 10%左右。根据国家统计总局 2018 年各省市国内生产总值(GDP)的统计,华东地区占比为 38%,华南、华北、华中、西南、东北和西北地区占比分别为 13%、14%、10%、6%和 5%。[1] 考虑到北京在全国法

---

[1] 数据来源:载国家统计局网站:http://data.stats.gov.cn/.

学教育版图中重要地位,以及海南、广西的法学教育资源相对贫瘠,全国法学硕士学位授予点地区分布基本上反映了各地区经济发展的水平。

(二)法律硕士学位点地区分布较为合理,近五年数量增长较快

1. 法律硕士学位授权点近年来增长较快

法律硕士1996年首批设置8个学位点。截至2020年3月,全国共设立法律硕士专业学位授权点253个(图6)。

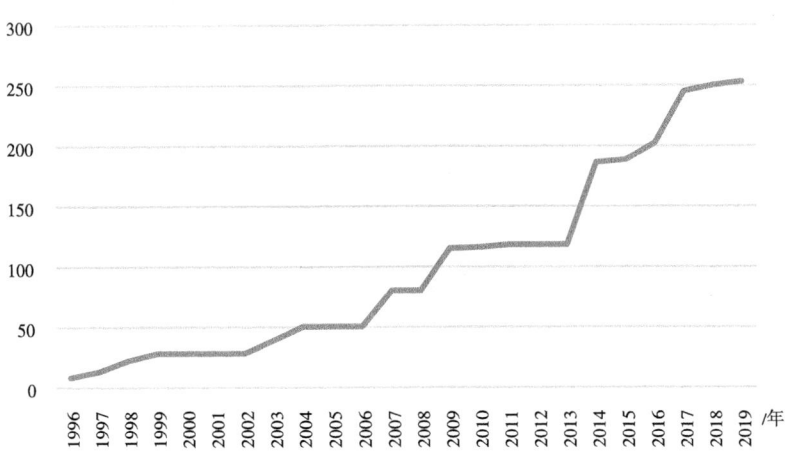

图6 全国法律硕士专业学位点新增情况(1996—2019年)

从1996年设立法律硕士专业学位点到2006年,全国法律硕士专业学位授权点仅为50个。历经2007年和2009年两次授权审核,到2010年,全国法律硕士专业学位点达到116个,2007年到2010年新增学位点数量超过法律硕士专业学位授权点设立前10年的总和。在2014年将学位点管理权限下移后,2014年至

2016年新增学位点86个。2017年至2019年新增学位点51个。2014年以来新增学位点137个,近六年新增学位点数量超过法律硕士专业学位点设立前15年新增学位点的总和。

2. 法律硕士学位授权点地区分布较为合理

根据《学位授权点合格评估办法》,截至2019年5月,除去已经撤销的3个学位点,全国共有法律硕士专业学位授权点247个,其地区分布状况见图7。

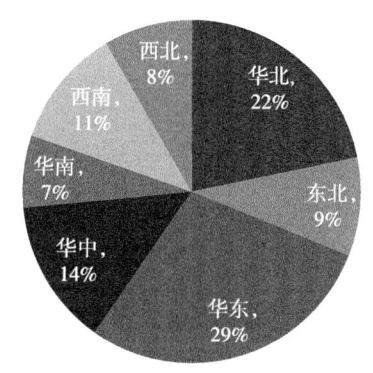

图7 全国法律硕士专业学位点地区分布(截至2019年5月)

从全国法律硕士专业学位授权点地区分布上看,华东地区以29%位居第一、华北地区以22%位居第二,除华南、西北地区稍弱之外,华中、西南、东北地区学位点占比均在10%左右,其分布情况与全国法学硕士学位授权点地区分布情况基本一致,也与地区经济发展水平和法学教育资源状况相匹配。在2017年至2019年新增的51个学位点中,华东和华北地区分别新增15个、10个,继续在存量和增量上领先其他地区;西北地区从原有12个学位点增加至21个,增长幅度为75%,实现了全国各省份法律硕士专业学位点的全覆盖。

（三）法学、法律硕士招生、毕业人数稳步增加

从招生、毕业人数（图 8）来分析，法学硕士、法律硕士研究生是目前法学研究生教育制度中的主体，是高层次法律就业市场的主要供给，也是法学高等院校人才培养的重心。

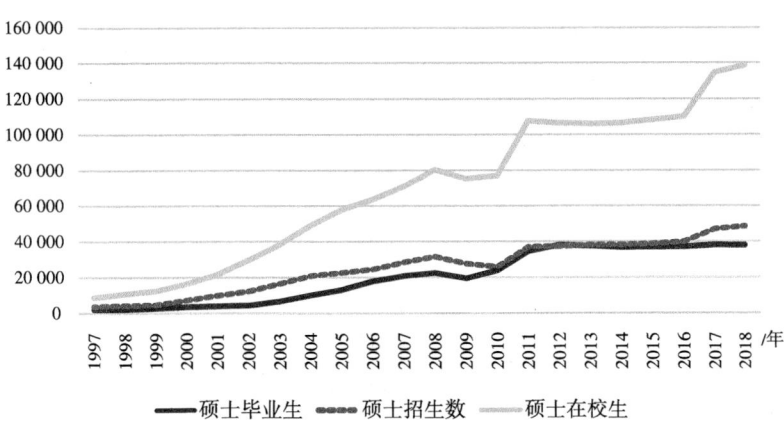

图 8　全国法学、法律硕士招生、毕业和在校生人数（1997—2018 年）

根据教育部教育统计数据，法学、法律硕士招生人数 1997 年为 3656 人，此后一直保持着稳定增长态势，并分别于 2002 年、2004 年、2011 年和 2017 年分别突破 1 万人、2 万人、3 万人和 4 万人；毕业人数、在校生人数也是随着招生人数稳步增加，其中在校人从 1997 年的 8724 人，2011 年突破 10 万人，2016 年达到 11 万人，2017 年又迅速超过 13 万人；毕业人数在 2012 年达到历史最高值 38 051 人，随后一直到 2018 年，每年毕业人数均为 37 000 人左右。

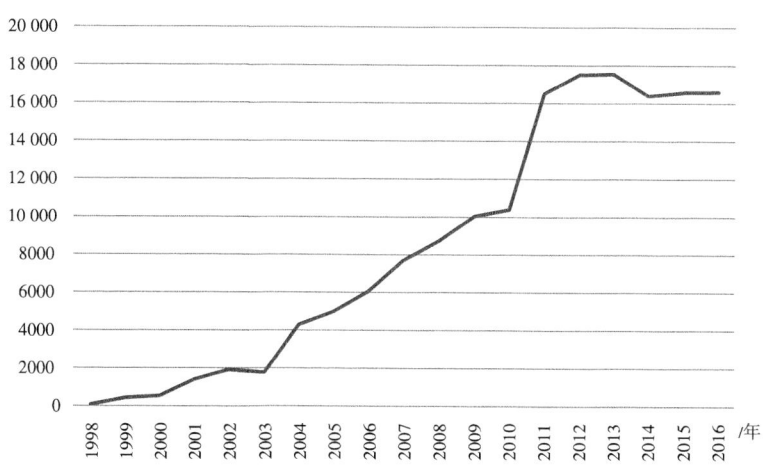

图 9　全国法律硕士授予学位人数（1998—2016 年）

根据全国法律专业学位研究生教育指导委员会提供的数据（图 9），法律硕士自 1995 年设置法律硕士专业学位，在 1998 年授予法律硕士学位 66 人，到 2001 年达到 1375 人，2004 年迅速增加到 4282 人，2010 年达到 10 361 人，从 2011 年开始每年授予人数均在 17 000 人左右。随着 2016 年非全日制研究生改革措施的全面推开，原在职法律硕士停止招收。仅以上述数据与 1998 年至 2016 年法学类硕士研究生毕业人数进行简单比较，2001 年法律硕士占比超过 30%，2009 年达到 51%，近年来一直保持 45% 左右。

四、法学研究生教育存在的问题

在全面推进依法治国，建设中国特色社会主义法治体系，建设社会主义法治国家背景下，法学研究生教育制度已经滞后于形势发展需要，出现法学教育定位不清、课程体系和教学内容设置不合理、法科毕业生就业难、社会急需的复合型法治人才与高端法治人才缺少供给等诸多问题。[1]

（一）学术型与专业型硕士研究生培养同质化

无论是制度设计还是制度实施上，1995年设立法律硕士教育以区别于培养学术型人才的法学硕士，目的就是重视培养具备法律知识、掌握法律职业技能和法律职业伦理的实务法律人。[2]尽管过去20多年来，法学教育界尝试引入实践性法学教育模式，但无论分析就业方向，还是考查学生评价，两类硕士培养的最终结果几无差异，表现在：

1. 法学硕士的学术性培养不充足

随着法学硕士数量整体保持不变和法律硕士研究生逐年扩招，硕士生导师每年需要同时指导的学生数量显著增加。受资源和精力所限，导师难以对法学硕士研究生进行有效的学术训练。并且，学术发表的要求也被逐步降低，法学硕士研究生培养的学术性和研究性逐步淡化。

2. 法律硕士应用型特色不明显

培养应用型、复合型和专门型的高层次法治人才是法律硕士的培养目标，1996年、2009年和2017年法律硕士指导性培养方案均要求重视案例教学，加强实践环节并作具体要求。但是因为实践教学组织领导的行政化、组织教学的形式化和实践教师的普遍缺失，实务部分的优势资源难以引入教学环节，导致难以突出法律硕士培养的应用性特色。

---

[1] 王新清：《论法学教育"内涵式发展"的必由之路——解决我国当前法学教育的主要矛盾》，载《中国青年社会科学》2018年第1期。

[2] 霍宪丹：《让法律硕士（JM）教育成为法律教育的主渠道》，载《中国高等教育》2002年第1期。

3. 法学硕士和法律硕士就业的趋同化

目前,法学高等院校和科研院所的教学科研岗位基本上只招收国内法学博士、法学博士后和海外知名大学的博士研究生,法学硕士和法律硕士的就业基本上都是面向法律实践部门。例如2018年中国政法大学、华东政法大学、西南政法大学、中南财经政法大学和西北政法大学就业硕士研究生中,到各类企业工作（含律所）的毕业生均为最多,占比分别为62.73%[1]、70.56%[2]、65.29%[3]、74.69%[4]和65.98%[5]。导致出现上述现象的主要原因就在于法学高校师资仍然是以学术为基本导向的,教师普遍在案例教学和实践环节的指导能力不足,偏离了专业学位的应用型;双导师指导流于形式也是导致法学硕士和法律硕士培养结果同质化的另一重要原因。[6]

（二）专业型硕士研究生就业面临社会歧视

"法律硕士与法学硕士学位都处于同一层次、同一规格,都是我国法学类研究生的重要组成部分。"[7] 但在公务员招录过程

---

[1]《中国政法大学2018年毕业生就业质量报告》,载http://career.cupl.edu.cn/openinfo/news? id=300410,最后访问日期：2019年7月5日。
[2] 徐慧：《华东政法大学发布2018届毕业生就业质量报告——总体就业率基本稳定、结构更合理》,载《上海法治报》2019年1月30日,第B6版。
[3]《西南政法大学2018届毕业生就业质量报告》,载http://jyb.swupl.edu.cn/docs/20190110160053428001.pdf,最后访问日期：2019年7月5日。
[4]《中南财经政法大学2018年毕业生就业质量报告》,载http://xxgk.zuel.edu.cn/_upload/article/files/c0/5c/d36249ff4423ad23e31de87d0f04/e3d6a2e6－ce3d－4668-b2b7-e220e701165d.pdf,最后访问日期：2019年7月5日。
[5]《西北政法大学2018届毕业生就业年度质量报告》,载http://js.bysjy.com.cn/default/quality_report/viewer.html? fileUrl=http://o.bysjy.com.cn/document/1546003747-7501.pdf,最后访问日期：2019年7月5日。
[6] 王利明：《我国法律专业学位研究生教育的发展与改革》,载《中国大学教学》2015年第1期。
[7] 曾宪义：《中国法律硕士专业学位教育的创办与发展》,载《法学家》2007年第3期。

中,出现过以"本科阶段必须为法律专业"为由,限制法律硕士(非法学)考生报考的情形,甚至出现某省多数县市的法律类公务员招录均作出这种要求的情况。[1] 这是对于法律硕士研究生就业的显性歧视。在目前法学类研究生双轨制的背景下,由于两类硕士培养目标、本科背景、课程体系、基本学制[2]和论文类型等多方面存在差异,多数法治人才录用部门负责人员或者工作人员对法律硕士教育缺乏深入了解,客观上存在认为法律硕士培养质量低于法学硕士培养的隐形歧视。虽然没有在招录条件等公开环节中明确限制招录法律硕士研究生,但是在招录过程中存在更愿意招收法学硕士研究生的倾向。

(三) 非全日制法律硕士管理工作问题重重

2016年教育部办公厅《关于统筹全日制和非全日制研究生管理工作的通知》提出:统筹全日制与非全日制研究生教育协调发展,坚持同一标准,保证同等质量,实现将非全日制研究生纳入国民教育序列。[3] 有调研报告显示,尽管考研竞争日趋激烈,但非全日制专业却面临生源不足的问题,近半数考生表示不考虑非全日制,46%的考生担心毕业后非全日制文凭不被就业单位认可,一些用人单位在招聘要求中就明确提出只接收全日制研究生。[4] 有学者进一步指出,由"分"到"统"过程中存在着涉及教育理念与培养方式、日常管理与德育工作、就业管理和创业

---

[1] 张莺:《限制法律硕士报考法律类公务员现象的法学思考——以江苏省为例》,载《研究生法学》2014年第5期。

[2] 即便是本科具有法学专业背景的法律硕士(法学)研究生,各培养单位的法律硕士(法学)的基本学制多数都为2年,而法学硕士基本学制一般为3年。

[3] 白丽新、江莹、赵仁铃:《深入领悟顶层设计 切实做好基层实践——基于全日制与非全日制研究生招生并轨的思考》,载《学位与研究生教育》2016年第12期。

[4] 徐建辉:《非全日制招生遇冷折射的是学历歧视》,载《中国商报》2019年1月11日,第2版。

服务等方面的问题。[1] 全日制和非全日制法律硕士考生并轨后在法学高校招录中出现了多数培养单位非全日制法律硕士招生困难以及全日制考生在录取中存在投机行为等现象。[2] 因此,这项改革要求研究生培养单位协同创新、优化结构、规范管理、提升质量,解决招生计划编制的科学性以及收费管理的公正性等问题。

(四)法学博士生就业遭遇高等院校更高门槛

根据政法类高校毕业生的就业质量报告[3],中国政法大学2017年博士生最主要落实的单位类型依次为高等教育单位43.41%、机关30.23%;[4] 2018年博士研究生落实单位的127人中,排名第一的是教育业,占比45.67%;其次是公共管理、社会保障和社会组织,占比29.92%。[5] 华东政法大学2017年博士毕业生中,高达42.86%的博士毕业生选择去高校就业,另外则有31.3%的毕业生选择去党政机关;[6] 2018年直接毕业的博士中,到高等教育单位就业占58.97%,到党政机关事业单位

---

[1] 宋朝阳:《全日制与非全日制研究生统筹管理改革刍议》,载《国家教育行政学院学报》2018年第6期。

[2] 袁钢:《法学教育与法律职业资格考试衔接路径研究》,载《中国高教研究》2018年第10期。

[3] 各高校每年发布毕业生就业质量报告会就本科生、硕士生和博士生毕业去向进行详细分析并公布,但是一般很难区分学科来做详细分析,因此,笔者选取法学博士生占比较高的中国政法大学、西南政法大学、华东政法大学和中南财经政法大学毕业生就业质量报告来做分析。

[4] 《法大发布2017年毕业生就业质量报告》,载http://www.sohu.com/a/220046842_407288,最后访问日期:2019年7月5日。

[5] 《中国政法大学2018年毕业生就业质量报告》,载http://career.cupl.edu.cn/openinfo/news?id=300410,最后访问日期:2019年7月5日。

[6] 徐慧:《2017届华政毕业生就业质量年度报告发布:知识产权等12个本科专业就业率达100%》,载http://www.sohu.com/a/220069480_467376,最后访问日期:2019年7月5日。

就业占 24.08%。[1] 西南政法大学 2018 年博士毕业生中，去高等教育单位就业占 56.64%，去机关工作占 28.32%。[2] 中南财经政法大学 2018 年博士毕业生中，高等教育单位就业占比 87.5%、机关就业占 4.55%、其他事业单位就业占比 3.41%。[3]

综合以上数据，法学高校中四成至五成的博士研究生选择到高等教育单位（包括科研院所）就业，成为法学教学与研究骨干力量；三成左右的博士研究生通过公务员招考或者事业单位招聘，就业于党政机关及其事业单位。总体来说，八成左右的法学高校博士生选择体制内工作岗位，这也与近年来高等院校教学科研人员的选择与定位，中央及地方党政机关对于法治人才培养规格要求逐步提高有密切关系，是法治人才市场供给与法治实务部门人才需求相匹配的结果。

近年来，在法学师资队伍基本稳定增长的同时，法学博士招生和毕业数量在显著增加，博士越来越不是"稀缺产品"。[4] 在高校人事制度改革的大背景下，面对现有人事管理相对封闭、单一的弊端，博士后政策的流动性和开放性的优势获得广泛认可，师资博士后制度在国内其他高校方兴未艾。[5] 该项改革体现了博士后培养与师资培养的有机结合，也体现了师资选拔与博士后

---

〔1〕 徐慧：《华东政法大学发布 2018 届毕业生就业质量报告——总体就业率基本稳定、结构更合理》，载《上海法治报》2019 年 1 月 30 日，第 B6 版。

〔2〕 《西南政法大学 2018 届毕业生就业质量报告》，载 http://jyb.swupl.edu.cn/docs/20190110160053428001.pdf，最后访问日期：2019 年 7 月 5 日。

〔3〕 《中南财经政法大学 2018 年毕业生就业质量报告》，载 http://xxgk.zuel.edu.cn/_upload/article/files/c0/5c/d36249ff4423ad23e31de87d0f04/e3d6a2e6-ce3d-4668-b2b7-e220e701165d.pdf，最后访问日期：2019 年 7 月 5 日。

〔4〕 李雅娟：《下一站，大学老师》，载《中国青年报》2019 年 6 月 12 日，第 5 版。

〔5〕 许士荣：《我国高校师资博士后政策的十年回顾与展望》，载《高校教育管理》2015 年第 4 期。

流动的有机结合，但也暴露出"一些师资博士后人员为了取得较好的成绩和留校的资格，急功近利，希望通过捷径来大幅度提高科研成果，形成浮躁的学术风气"[1]。师资博士后改革提高了法学博士入职高等院校的门槛，增加了其入职的不确定性，加大了法学高等院校在师资人才供给中作为需方的强势地位，客观上影响了法学博士的就业状况。

五、法学研究生教育改革的路径分析

随着中国特色社会主义法律体系逐步完善，法治建设重心从立法逐渐转向执法、司法，法学教育理念面临着向职业教育的转变，从注重数量转变为注重质量。笔者建议法学研究生教育制度可参考以下路线图继续深化改革（图10）。

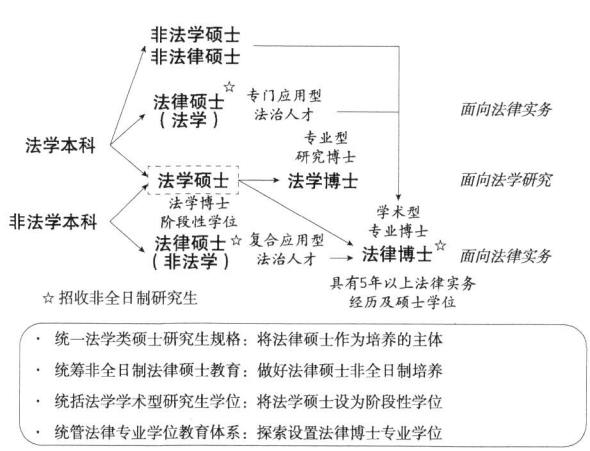

图10 深化法学研究生教育改革路线图

―――――――
〔1〕 李明、周刚：《关于高校实施师资博士后制度的问题与思考》，载《绿色科技》2011年第5期。

(一) 统一法学类硕士研究生培养规格：将法律硕士作为培养的主体

笔者认为法学研究生教育制度改革当务之急是明确目标和改革步骤，尽快将法学学科硕士研究生从学术型人才和专业型人才培养并重转变为以培养专业型人才为主。统一法学学科硕士研究生的培养规格。

1. 法学类硕士研究生教育改革的基本方向

2009年教育部《关于做好全日制硕士专业学位研究生培养工作的若干意见》明确规定，随着研究生规模的不断扩大和社会需求的不断变化，硕士研究生的就业已经更多地从教学、科研岗位转向实际部门，硕士研究生教育基本是以面向实际应用为主，法学学科硕士研究生培养应当满足社会经济发展需求，切实落实有关研究生教育改革的科学决策。

2. 法学教育工作者的基本共识

法学教育工作者和法学教育研究者都认识到，目前由于雷同的培养模式和相同的师资队伍必然决定我国法学硕士与法律硕士培养存在同质化问题。为满足我国经济社会发展对于高层次专门性法治人才的不同层次的需求，就应当积极发挥法律硕士专业学位培养在法治人才多样化供给中的主渠道作用。必须改革法学硕士研究生培养模式，推进和完善研究生培养机制，优化硕士研究生教育结构，大力发展专业学位教育，积极、稳妥地实现硕士研究生教育从以培养学术型人才为主向以培养应用型人才为主的战略性转变，[1] 即让法学硕士研究化、让法律硕士专门化，即缩

---

[1] 冀祥德：《论中国法科研究生培养模式转型之必要——从以培养法学硕士为主转向以法律硕士为主》，载《环球法律评论》2012年第5期。

小现有法学硕士招生规模，提升其研究能力；将法律硕士培养成为高水平法律应用型的专门人才。[1]

3. 现有法学硕士点中九成以上具有法律硕士授权资格

近年来，全国法学硕士、法律硕士学位点覆盖面逐步扩大，目前全国218个法学硕士点中，仅有18个学位点不具有法律硕士学位授权资格，即全国91.74%的法学授权点具有法律硕士授权资格。最终限缩至只有法学博士学位点招收法学硕士，对现有具有法学硕士点培养单位冲击较少。

4. 法律硕士（法本）与法学硕士培养方式日益趋同

法学硕士培养是按照各培养单位法学二级学科进行专门化培养。各培养单位2017年修订后法律硕士（法学）培养方案也是贯彻执行专门性法治人才培养目标，以课程组、方向课的方式来进行人才培养，主要以三种方式进行培养：其一，将法学二级学科进一步细化，例如将法学二级学科经济法学细化为财税法、金融法、社会法、竞争法、保险法等特色方向；其二，将法学二级学科进行综合，例如将法学二级学科的民商法学、刑法学、诉讼法学综合为审判实务；其三，打破原有法学二级学科之间的壁垒，按照行业或者领域来进行人才培养，例如设立卫生法、体育法、娱乐法等。除了课程体系之外，以就业为导向，法律硕士（法本）和法学硕士的实习、实践教学也是在培养中不可或缺的重要环节，本质上并无差异。

5. 强化法律硕士（非法本）培养应用型、复合型定位

法律硕士培养当以实践为导向。在教学师资方面，应当配备

---

[1] 胡加祥：《法学硕士研究化 法律硕士专门化——我国法学专业研究生培养模式刍议》，载《学位与研究生教育》2008年第2期。

司法实践能力强、具有丰富司法实务经验的教师；在教学方法方面，应当采用真正的法学实践教学模式，主要通过模拟式的案例教学、体验式的法律诊所等侧重实践的方式授课，由公检法部门中既有良好法律素养又有丰富实践经验的人员和法学教师共同授课；在教学内容方面，应当将着重考查宪法法律知识、法治思维和法治能力、加大法律职业伦理的考查力度等要求融合进入法律硕士课程体系；在教学改革方面，将法律硕士案例库建设作为法律硕士培养重点和常态工作来抓；在教学考核方面，参照法律职业资格考试的考核形式与命题方式进行考核，重点采用案例题方式作为课程考核主要方式。

（二）统筹非全日制法律硕士教育体：做好法律硕士非全日制培养

由于法学博士生培养主要以协助导师授课、参与课题研究等方式进行，并且多数培养单位并不招收非全日制法学博士，所以法学研究生教育的非全日制研究生改革工作主要在法律硕士研究生层面展开。目前非全日制研究生教育现行培养模式存在缺乏针对性、学习目标多元化、社会认知差异化的问题。[1] 2019年8月，教育部印发《2020年全国硕士研究生招生工作管理规定》的通知中"原则上招生单位非全日制硕士研究生招收在职定向就业人员"的规定，基本结束了关于非全日制研究生地位问题持续三年的争议。下一步非全日制研究生改革重点应该是如何实现全日制与非全日制研究生教育统一质量标准。笔者认为各培养单位应当做到有"收"有"放"。

---

[1] 杨彦海、张旭、杨野：《非全日制研究生教育现存问题与对策分析》，载《沈阳建筑大学学报（社会科学版）》2017年第5期。

1. 准确界定概念,"收"控招生规模

培养单位不能把非全日制研究生作为"创收手段"或者作为在职法律硕士的"翻版"。理解非全日制研究生内涵方能决定是否招收非全日制研究生以及招收非全日制研究生的具体形式(包括法学或者非法学本科毕业生、是否解决住宿等问题)。特别要注意招生规模,仍以小班教学以 20 人至 30 人为基础,整建制招收非全日制法律硕士,避免在整体招生指标有限的情况下个别"点招"非全日制法律硕士,增大管理和培养的难度,难以保证培养质量。

2. 调配教学资源,"放"开学习方式

培养单位应当调配现有教学资料,坚持小班授课,增强课程安排灵活性和针对性,改进教学方法,加强自主学习和交流互动,以全面提升非全日制研究生的综合素质。除公共学位课外,非全日制法律硕士专业必修课和选修课原则上不应与全日制法律硕士合班授课,以集中授课或者非工作时间授课为基本原则。

3. 抓紧培养过程,"收"住培养质量

坚持非全日制法律硕士培养质量关键是坚持培养过程管理,抓住双选校内导师、根据培养方案制订个人培养计划、安排选课、论文开题、中期考核分流、预答辩、答辩、申请学位等全过程,落实导师在人才培养中第一责任人的作用。

4. 强化质量保障,"放"开实践教学

由于非全日制学生为在职人员,其日常工作与实践教学与专业实习紧密相连。不同于全日制法律硕士培养中建设规范化实习实训基地、培养单位统一安排集中实习,非全日制法律硕士的实践教学环节应与其工作相结合,制定详细规范的非全日制法律硕士实践实习实施和考核办法，邀请其所在单位专业人员为其校外指导教师，在统一标准之下实施特色化的实习实践。

（三）统括法学学术型研究生教育学位：将法学硕士设为阶段性学位

我国法学硕士教育应当定位于学术型教育，但是逐步呈现出本科化或者大众化倾向。为重新回归法学硕士学位设立的初衷，真正培养潜心法学教育、热衷学术研究的专门学术人才，必须限制法学硕士的招生数量，提高法学硕士培养的学术质量。在贯通式培养模式下，构建并落实法学博士生教育的分流与淘汰机制。[1] 笔者建议可以按照以下步骤来进行改革：

第一，全国教育主管部门仍按照 2010 年以来博士生招生计划年均 5% 的增长率[2]继续投放计划，并停止新增法学硕士学位授权点的审批，[3] 只保留对法学二级学科申请成为法学一级学科的审批。

第二，全国教育主管部门制定具体法学研究生教育改革文件，在做好政策实施准备的基础之上，直接在年度研究生招生工作文件中规定：在 2030 年之前，各法学博士培养单位按照每年减少前一年法学硕士生招生数量的 20%，逐年减少招收法学硕士的数量，剩余计划均用于法律硕士招生。对于采用硕士生转博士生招生方式的培养单位，可以每年招收不超过当年法学博士招生计划的法学硕士；对于只采用本科生直接攻读博士生招生方式的

---

〔1〕 高耀、陈洪捷、沈文钦：《学术型博士生教育的分流与淘汰机制设计——基于贯通式培养模式的视角》，载《高等教育研究》2017 年第 7 期。

〔2〕 数据来源：教育部教育发展规划司《1998 至 2018 年全国教育事业发展统计公报》，载 http://www.moe.gov.cn/jyb_sjzl/sjzl_fztjgb/.

〔3〕 王满生、谷声燕：《法学硕士与法律硕士教育同质化问题及其改革思路》，载《高教论坛》2011 年第 9 期。

培养单位，不再招收法学硕士。

第三，根据2017年教育部、国务院学位委员会印发的《学位与研究生教育发展"十三五"规划》中"适度提高优秀应届本科毕业生直接攻读博士学位的比例，以弹性学制打通硕士、博士研究生培养阶段"的要求，全国教育主管部门明确各法学院校根据各校特色、资源，每年80%至90%法学博士招生计划用于招录优秀的具有培养潜质的法学本科生，其余计划用于招录优秀的非法学专业本科生。

第四，法学本科生直接攻读法学博士学位，学制为5年至6年，在第二学年结束之后进行严格的中期考核，进行关键节点的质量控制。中期考核合格的研究生进入法学博士培养阶段；考核不合格分流淘汰，课程学习完毕准予毕业，颁发毕业证书；按照硕士毕业论文要求撰写硕士论文并申请答辩，论文答辩通过，授予法学硕士学位。

第五，进入法学博士培养阶段学生，再经过3年至4年的学习，按照要求完成课程学习、学术训练的，符合培养单位确定的标准并通过论文答辩的，可以授予毕业证书和法学博士学位证书；学习成绩符合要求但不申请论文答辩的，准予毕业，可在毕业3年至4年内申请法学博士论文答辩。通过中期考核进入法学博士阶段学习，无论是否能法学博士毕业、获得法学博士学位，都不再颁发法学硕士毕业证书和学位证书。

以上改革措施可以避免存在的各种法律硕士就业歧视、有助于培养单位集中优势教学资源、有助于学生选准发展方向，有助于从优秀法学本科生中真正遴选出具有法学学术培养潜质的学生；在给学生选择机会，以法学硕士顺利毕业并取得学位的同时，也给学生增加压力，只能努力博士毕业并获得法学博士学位。

（四）统管法律专业学位教育体系：探索设置法律博士专业学位

1. 设置法律博士专业学位的必要性

（1）提升法律实践问题研究的水平。从学位类型来看，法律博士专业学位（以下简称"法律博士"）不同于法学博士，具有鲜明的实践特性和职业导向。法学博士学位主要为法学高等院所培养从事教学研究的"专业型研究人员"；法律博士则主要面向法治实务部门培养"研究型专业人员"，使已具有较丰富实践经验和一定成就的法律工作者综合掌握各种知识和方法，创造性地解决法治实践领域中的关键问题。法学研究应该扎根法律实践，法律实践问题研究不仅是法律实务工作中的问题，更应该是法学研究的对象。

（2）扩充高层次专门法治人才队伍。中央和地方立法、执法、司法和法律服务部门对专业人员的学历结构与数量规模等方面的统计数据以及队伍发展规划，提出了高级法律专业人才的需求。随着我国经济社会快速发展和全球化发展，我国中高级法治工作岗位的管理者需要具有处理重大复杂或特殊关键问题进行应用对策研究的知识和能力，尽管过去和目前我国已有相当数量法学博士毕业生进入实践部门，但他们的训练主要以学术训练和理论创新为目标，与实际需求有所不同。

2. 设置法律博士专业学位的可行性

（1）部分院校尝试试点建立法律博士。近年来我国一批主流法学院校以需求为导向，主动适应我国法治建设的实践需要，积极探索高级应用型法律人才培养模式改革。中国人民大学法学院近年来一直探索与中央政法实际部门合作培养应用型高级法律专门人才。2011年中国政法大学与最高人民检察院合作"尝试培养应用型博士",将学校导师与实务部门导师结合,共同指导和培养博士生。2012年西北政法大学获批实施"服务国家特殊需求博士人才培养项目",等等。

(2) 已经形成法律实践导向的培养模式。通过总结多年法律硕士教育经验,法律博士必须要求学生必须具有较丰富的实践经验和优良工作业绩;课程设置上,法律博士学位课程要求体现综合性、广泛性和实践性;培养方式上,法律博士重视团队学习和探究式教学方式,如专题研讨、现场研究、案例分析和社会调研;论文要求方面,法律博士学位论文则要求以法治实践中的关键问题为中心,强调运用所学知识和方法分析问题、解决问题,注重研究的实践意义,并通过实践探索创新知识。[1]

只有完善法学教育的基本布局,统一法学类研究生的培养规格,将法律硕士作为高层次法治人才主要培养渠道,将法学硕士定位为法学博士生培养的副产品,探索设置法律博士,既可满足不同层次对法治人才的需求,又可为法治人才培养明确方向,进而在从报考条件、成绩认定、招录办法、构建规范化实习证书等方面深入探索国家统一法律职业资格考试、法律职前培训与法律硕士教育的衔接问题,更能发挥国家统一法律职业资格制度的建设作用。

---

[1] 参见袁钢:《我国法律博士专业学位设置的必要性和可行性》,载《中国高教研究》2020年第1期。

湾区背景下广东法学高等教育的适应性变革管见[*]

◎谢 伟[**] 刘 薇[***]

摘 要：粤港澳大湾区战略的实施给广东法学高等教育发展带来了机遇与挑战。湾区法治化亟需大量专门立法人才，湾区扩大开放亟需大量复合型、能力强的高端法务人才，湾区三地深度融合亟需专业性法律争端解决机制。广东法学高等教育应以粤港澳大湾区法治化需求为法学教育改革方向，构建湾区法学教育共同体，强化法学教育的国际化、精英化、特色化。

关键词：粤港澳大湾区 广东法学高等教育 共同体 法治化 改革

---

[*] 本文系广东省教育厅2017年广东省研究生教育创新计划项目"法律硕士经济法教学案例库建设"（项目编号：2017QTLXXM20）；广东省教育厅2018年度广东省高等教育教学改革项目"湾区战略下广东高校法律诊所教育改革研究"；2018年广州市高校创新创业教育项目"大数据背景下法科学生创新创业课程建设研究"（项目编号：201709k41）；2018广东财经大学校级质量工程项目"卓越法律人才创业指导团队"研究成果。

[**] 谢伟，男，广东财经大学副教授，法学博士。

[***] 刘薇，女，广东财经大学副教授，法学博士。

党的十九大报告明确提出："以粤港澳大湾区建设、粤港澳合作、泛珠三角区域合作等为重点，全面推进内地同香港、澳门互利合作。"从而以"新时代中国特色社会主义的纲领性文件"的高度正式确认了粤港澳大湾区的国家战略定位，决定了广东将以粤港澳大湾区为重点，协同港澳，打造世界级一流湾区，构建开放型经济新体制。[1] 按照历史唯物主义揭示的经济基础和上层建筑原理，法学作为观念上层建筑，由经济基础决定并反作用于经济基础。因此，广东省的法学高等教育应根据湾区经济的新发展做出适应性变革。

一、广东省法学高等教育现状述评

（一）历史源远流长但发展坎坷曲折

广东法学教育起步很早，在历史上曾经一度走在全国的前列。最早于清光绪三十一年（公元1905年）11月成立的广东法政学堂与于1904年成立的我国历史上第一个官办的法律学堂——京师法律学堂，以及北洋法政学堂等第一批官办法政学堂一起揭开了中国法政教育近代化的序幕。作为全国建立最早的法政教育机构之一，广东法政学堂的教育起点很高，一开始就跟国际接轨，专门请了日本法学家来任教，用的也是日本的课本，开办了学制为四年的大学本科，后来又相继更名为广东公立法政学校、广东公立法科大学和1924年的国立广东大学法科学院，在当时为我国培养了一批活跃在社会各界的提倡自由、平等、科

---

[1]《中共广东省委关于深入学习贯彻落实习近平总书记重要讲话精神奋力实现"四个走在全国前列"的决定》，载《南方日报》2018年7月30日，第A04版。

学，追求公平、正义和民主的法治人才。[1]

新中国成立后，由于历史原因，特别是20世纪50年代的全国高校院系调整以及后来的"文革"，使得曾经领先全国的广东法学教育事业一度陷于发展停滞状态。直到1979年改革开放的总设计师邓小平在党的理论工作务虚会上提出"恢复法学研究"，广东的法学教育事业才得以重新开始发展。从20世纪90年代到21世纪前十年间，在国务院教育部的大力支持下，在广东省委省政府的坚强领导下，广东法学高等教育获得了跨越式发展。但这种法学教育的大跃进也产生了不良后果，出现了全省法学教育规模过大、层次过多、起点较低、粗放式办学等系统性问题，由此造成的显著影响就是本科法学毕业生就业率持续走低。根据广东省教育厅发布的"2014—2017年连续四年广东省高校毕业生就业质量年度报告"的统计数据，广东法学本科毕业生就业率连续四年排在倒数前三位。

（二）培养大量合格法律人才但复合型、应用型高端法律人才稀缺

长期以来，我国法学教育的目标是培养社会主义事业需要的合格法律人才。以此为目标导向，广东省法学高等教育在复兴后培养了大量的社会主义事业需要的合格法律人才。其中也不乏优秀者，广东省各级政法机关、政府法律事务部门、企业法律顾问以及律师等相当数量的法律职业者都毕业于广东省各高校法学院，基本满足了社会主义法治建设的需要。但也存在一个不容忽视的问题，那就是复合型、应用型高端法律人才比较稀缺。法学

---

[1] 侯虹斌：《广东法政学堂：广东现代法制的起步》，载《南方都市报》2005年11月7日。

是一门应用型学科，法律的生命在于实践。同时，依法治国方略的实施，要求各个领域，包括一些专业性很强的领域都实行了法制化，要依法办事。相应的法律服务要求法律职业者不仅有良好的法学理论基础及对现行法律制度的深刻认知、理解和把握，还应该具备特定专业学科的知识储备。涉外法律服务则要求法律职业者应具备良好的外语水平、对国际法律规则和当事国现行法律制度的理解和掌握。但目前广东法学高等教育的"闭门造车"现象还比较严重，法学教育脱离法律实践，法学教育过分强调法学理论灌输而忽略法律技能培养，在法学专业课程设置上缺乏交叉性学科、边缘性学科配置，对法科学生应具备的复合型、宽领域、跨学科知识基础重视不够。这种现象导致的直接后果就是法学毕业生的就业率偏低，法学应用型人才严重供不应求，不仅难以满足区域化经济发展对法律服务提出的要求，更难以满足进一步扩大对外开放、政府涉外经济交往、企业境外投资、涉外经济贸易、区域经济深度融合的发展需要，特别是国际化、复合型等高端法律人才极为缺乏。比如，在联合国等国际组织中，来自中国的公务人员占比极低，这与中国作为世界第二大经济体的地位极不相称，也极大地影响了中国在国际社会中发出自己的声音。据统计，在联合国系统雇员中，中国籍雇员目前仅占1.12%，列第11位，居菲律宾、印度、俄罗斯等国之后；而中国给联合国缴纳的会费占比为7.921%，是缴纳会费第三多的国家。[1] 对作为全国改革开放排头兵的广东省而言，针对性地解决这个问题就更加具有紧迫性和重要性。以广东深度参与"一带一路"建设来

---

[1] 焦以璇：《国际组织急缺中国人才，高校如何发力》，载《中国教育报》2018年1月31日，第1版。

说，作为海上丝绸之路的起点，广东企业参与"一带一路"建设势必会逐渐扩大规模、扩展参与范围和加大参与深度。为有效防范法律风险，为"粤企"走出去保驾护航，广东法律职业者责无旁贷、义不容辞。然而，广东的高端涉外法律服务人才储备较少，尤其缺乏外语功底好、既熟悉"一带一路"沿线国家法律又精通相关专业领域的复合型跨界人才。[1]

（三）积极改革法学培养模式效果明显但还有待提高

广东法学理论界和实务界都已经认识到法学高等教育供求不平衡的现象，尽管在一定程度上，这是法学高等教育存在的体制性、系统性和历史性问题，但解决这一问题却是粤港澳大湾区经济、社会发展亟需的。作为培养法学人才的"主战场"，部分法学实力较强的广东高校法学院积极改革法学培养模式、提升法学办学水平、以经济发展需要和社会需求为导向，响应国家法治改革进程和经济社会对法律人才需求的变化，不断调整法学培养模式，修订法学本科教学培养方案，取得了明显效果。比如，广东财经大学法学院锐意改革、勇于创新，走"内涵式"改革之路，先后开展了案例教学、实验教学、法律诊所教学等创新性教学改革，增加法律实践教学学时设计，采取"请进来、走出去"的方法配置了法律实务部门的公检法优秀人才到法学院任教，同时又派出法学院优秀教师到公检法部门从事法律实务工作，提升法学专业教师的综合素质和实践能力。按照教育部的卓越法律人才培养计划设立卓越法律人才培养试验班，促进法律精英人才培养；组织全校最佳授课教师评选和优秀青年教师授课比赛，极大地促

---

[1] 吴笋林：《奔走在"一带一路"沿线的广东律师》，载《南方都市报》2018年4月25日，第GA04版。

进了教师授课质量的提高和教师授课积极性；以法学实验教学中心为载体，在全省率先创立了粤港澳大湾区法律研究中心、互联网经济法律研究中心、法律大数据研究中心、法学"三创中心"等研究机构，以此为基础，在全省乃至全国率先组织召开了粤港澳大湾区法律论坛，引起了省内外强烈反响；积极组织师生参加"挑战杯"全国大学生课外学术科技作品竞赛，提高法科学生的动手实践能力，获得优异成绩等。

总体而言，广东法学高等教育在新时代有新气象、新做派、新成果，折射出广东法学人奋勇争先、不甘落后的勇气和胆魄。然而，在粤港澳大湾区成为广东省新时代经济发展的重点之后，粤港澳三地需要在既往经济合作基础上进一步深化经济融合；作为海上丝绸之路的起点和重镇，粤港澳三地需要深度融入"一带一路"建设；在生态文明建设纳入中国特色社会主义事业"五位一体"社会主义总体布局、美丽中国成为生态文明建设宏伟目标的今天，粤港澳三地还面临着共建美丽大湾区、优质生活圈的挑战；作为新时代的国家大战略，粤港澳大湾区承载着迈入"世界级湾区"的新使命和任务。这些新命题的提出，给广东法学高等教育的可持续发展提出了新的挑战和机遇，成为广东法学界当前亟待应对和解决的突出问题。

二、粤港澳大湾区战略给广东法学高等教育带来机遇和挑战

（一）湾区法治化亟需大量专门性立法人才

粤港澳大湾区不同于以往的珠三角区域概念，尽管湾区经济发展一定是建立在珠三角区域经济发展成果的基础上，但其不同于珠三角的特点主要在于新的历史起点和新的改革开放形势。历

史上，粤港澳合作曾经历了三大阶段，第一阶段是以"前店后厂"为形式的制造业垂直分工，主要是在1978年至2003年之间，这次合作形成了珠三角"世界工厂"的地位，第二阶段是从2003年至2016年，以我国加入世界贸易组织为标志，珠三角成为以服务贸易自由化为核心产业的新型发展区域，发展方式和增长模式有了较大的改变；第三阶段就是当前，粤港澳大湾区战略的提出。这次改革是要以湾区经济为载体，促进粤港澳共同参与国际中高端竞争，使得粤港澳成为全球金融、贸易、服务、高科技、制造业中心，成为我国走向世界、联系世界的最便捷连接地带。[1] 而与此同时，粤港澳大湾区又包括了香港、澳门两个特别行政区，深圳、珠海两个经济特区，南沙、蛇口、横琴三个自由贸易试验区，其体制机制极为复杂。这就决定了粤港澳大湾区必须实行法治，以法治保障粤港澳大湾区合作的持续、健康、有序发展。过去那种主要依靠府际协议促进合作的模式应升级为区域法治模式，这就需要制定与湾区多元化的规模经济发展相适应的、促进湾区一体化发展的法律法规体系。然而，粤港澳合作的法律根据，虽有"一国两制"作为宪法基础，还有港澳基本法、CEPA协定、WTO协定、区域合作等其他协议，但目前粤港澳深度合作的制度条件仍然停留在以政府协议为主的政策导向型机制，缺乏立法先行的法治推进型合作方式，[2] 其直接后果是粤港澳大湾区合作缺乏法治保障，难以发挥法治的引领作用、规制

---

〔1〕 粤港澳大湾区研究院：《粤港澳大湾区研究报告之一 创新合作方式 促进共同繁荣》，载 http://m.21jingji.com/article/20170629/herald/199244b01be260937ee9341460f50e09.html，最后访问日期：2018年8月15日。

〔2〕 郑方辉、邱佛梅：《以法治推进粤港澳大湾区发展》，载《中国社会科学报》2017年8月30日，第7版。

作用、保障作用等,最终影响粤港澳大湾区一体化发展。

可以合理预见,未来粤港澳大湾区会逐渐出台一系列以湾区经济、社会、环境等方面融合为规制对象和目标的区域性立法。同时,由于湾区各地经济发展不平衡,在《中华人民共和国立法法》授予地方立法权之后,珠三角除了港澳特区、广州、深圳、珠海等省会或经济特区之外,其余城市也都获得了一定的立法权,这为粤港澳大湾区在区域统一立法的框架内,结合本地实际情况,制定地方性立法提供了制度基础。各城市有权根据本地具体情况制定完善本地区的适应性立法,从而保障湾区各城市的有机融合、共同发展。由此可见,随着粤港澳大湾区经济、社会、生态环境、文化的不断发展,由此产生的社会关系的调整也日益复杂化,湾区立法需要对此作出的法律回应和法律调控要求也日趋细化和复杂,因此需要大量受过科学化、系统化、专门化立法训练的立法专门人才。

(二)湾区扩大开放亟需复合型、能力强的高端法务人才

粤港澳大湾区战略是新时代改革开放的"试验田",是升级版的珠三角发展远景。湾区将实现经济转型升级,充分利用湾区内广州、深圳和香港、澳门的产业特色和资源优势,强强互补,逐步形成以贸易服务业、新兴制造业、互联网产业、现代金融业、现代物流业、高科技创新产业、环保产业等为主体的产业格局,势必需要大量专业型法律服务;同时,作为"一带一路"建设的重镇,广州、深圳、香港和澳门等湾区城市都有得天独厚的优势,粤港澳大湾区将会在"一带一路"建设中发挥重要作用。无论是粤港澳大湾区本身的发展建设,还是湾区参与"一带一路"建设,都会面临着大量投资贸易、金融业务、高科技产业、

互联网经济、知识产权保护、新兴环保产业等行业的法律服务业务，将会涉及国际投资贸易法、国际金融法、科技法、反垄断法、知识产权法、环境资源法等法学边缘学科，而对这些专业法律人才的培养在当前的广东省法学高等教育中尚属于薄弱环节。比如，"一带一路"倡议实施面临着可持续发展的严峻挑战，向环境保护提出了四大命题，即发展任务与生态环境、环境技术与环境制度、结构升级与环境规制、经贸合作与环境壁垒等。[1] 广东省企业在参与"一带一路"建设中，会面临着因绿色发展的挑战而产生的环境法律风险。环境保护现在已经成为全球性话题，东道国在接受投资前都会进行环境法律核查，即审查该项投资是否会危害本国环境、生物多样性和自然资源；同时审查投资企业将采用的生产技术是否是清洁生产技术，其形成的产业是否属于循环经济范畴，是否能够资源再利用；投资项目会遭遇严格的环境影响评价，会面临东道国近乎苛刻的环境行政许可要求；投资国还可能遇到环境技术标准、环境标志、绿色补贴等环境壁垒；另外，"一带一路"沿线很多国家都有包括环保责任在内的企业社会责任规定，会导致企业在投资、产品等方面面临市场准入或行政处罚。解决这些问题，需要专业的环境法律师。虽然近年来随着我国大力推进生态文明建设，全国人大及其常委会、最高人民法院、最高人民检察院、司法部、生态环境部等共同渐进性构建了较完善的环境资源法律法规体系，企业的环保准入、上市公司环保核查、企业排污许可证等环境监管制度日益健全，带动以解决企业环境法律问题、消除环境法律纠纷等为目的的环

---

[1] 叶琪：《"一带一路"背景下的环境冲突与矛盾化解》，载《现代经济探讨》2015 年第 5 期。

法律服务业迅速发展，但广东省环境法律服务业还有待扩大和深化，大量环境法律争端难以得到依法依规地妥善解决，企业环境污染现象还比较严重，其主要原因之一就是缺乏精通环境法律的专门法学人才。而广东高校法学院对专门环境法律人才的培养显然还比较稀缺，环境法学基本上还处于边缘化地位，这种现象是与推进生态文明建设、实现环境法治的要求极不相称的，也会深刻影响到粤港澳大湾区建设成为"世界一流"湾区战略目标的实现。

（三）湾区三地深度融合亟需专业性法律争端解决机制

粤港澳大湾区战略的提出和实施，注定要在"一国两制"、三法系和三个独立关税区的前提条件下渐次展开，而三大法系的法律冲突是粤港澳大湾区一体化发展面临的重要问题。当前粤港澳三地的主要法制协调机构包括三个方面，一是中央政府的法制协调，如CEPA制度就是"一国两制"下法制协调的重要尝试，对粤港澳法制协调起着示范作用。二是粤港澳府际协议。[1] 这是粤港澳三地主要的协调机制，但仅限于三地的行政机关，即港澳特别行政区和广东省、市人民政府或职能部门，是一种对等性行政协议。三是粤港澳之间的沟通磋商机制。可见，虽然三地建立了多层次和多元化的法制协调机构，但这种协调过于宏观化、抽象化，其执行主要依靠三方的自主性和责任感，如果一方借口不执行就会出现协调失败。三种不同法律制度下开展的区府合作和经贸合作，不仅仅是静态意义上的民商事、经济管理等方面的

---

[1] 朱最新：《论粤港澳经济一体化中的法制协调》，载《国际经贸探索》2008年第10期。

法律制度冲突，更是三地在立法权、司法权、执法权行使上的冲突。[1] 这种冲突亟需相应的法律争端解决机制和适宜的争端解决机构。显然，能够为粤港澳三地普遍接受的争端解决机制必须是在法律文化上能适合三地特色，在法律机制上融合三地法律特色，又合乎国际国内争端解决的一般机制。而这样的机制建构则需要既熟悉三地法律和文化，又精通国际和国内法律争端解决机制的复合型法律专家，其必然需要具备艰深而广博的法律基础和对粤港澳三地源远流长广府文化的深刻洞察。由此确立的争端解决机制才能为粤港澳三地普遍认同，也才能在解决涉外国际法律争端时得到国际社会和他国企业的认同。比如，深圳和香港自2008年起到2013年期间，曾经一度因为垃圾焚化炉和垃圾填埋场的修建问题而发生影响较大的争议，全国有254名省、市、区代表联署建议书，要求深港两地政府正视香港垃圾堆填区对深圳的影响。香港环保署解释说香港环评只管香港，不会涉及香港以外的范围，而深圳则认为应允许深圳市民参与香港环评，由此提出了深港环境影响评价一体化机制的设立问题。[2]

总之，粤港澳三地的经济社会持续一体化和深度融合需要本地化特色、符合三地实际情况的争端解决机制，更需要运用这种争端解决机制来应对粤港澳日益增多的经济、社会等法律纠纷，而这种专门性法律人才现在还极为欠缺。纵观当前广东高校法学院，鲜有设立专门的粤港澳大湾区法律专业教育，鲜有在法学高

---

[1] 郑方辉、邱佛梅：《以法治推进粤港澳大湾区发展》，载《中国社会科学报》2017年8月30日，第7版。
[2] 康殷、吴怿：《若屯门扩建垃圾场 南山或开窗闻臭》，载《南方都市报》2013年7月10日，第SA28版；康殷：《香港扩建堆填区可参考深惠经验》，载《南方都市报》2013年12月17日，第SA41版。

等教育中专门就粤港澳三地的法律实务设立课程，也缺乏既熟谙粤港澳三地多样化的法律实务、又精通法理和三地文化的师资力量。

三、广东法学高等教育适应湾区战略的变革建议

粤港澳大湾区的持续、健康、稳定发展，离不开粤港澳大湾区的法治化，而这种法治化是建立在"一国两制"框架下和三大法系冲突基础上，是史无前例的开创性课题，这个课题的解决当然是广东法律人义不容辞的责任。而且，这个课题的解决也绝非一日之功，需要久久为功。为此，广东法学教育应以此为目标培养出生生不息的新生力量，广东法学高等教育改革也应以此为根本需求和导向，勇于创新、尝试和开拓。

（一）以粤港澳大湾区法治化需求为法学教育改革方向

法治化是粤港澳大湾区开拓创新、进一步扩大开放、建设国际一流湾区和世界级城市群的根本保障，是粤港澳大湾区差异化城市群深入、全面融合发展的根本保障，是实现粤港澳大湾区生态文明、建设美丽湾区、提供高质量的优质生活圈的根本保障。法治化的实现需要大量优秀法律人才接力般的持续奋斗，而这正是法学教育的主要目标。从这个意义上讲，法治建设应成为法学教育的主要驱动力。

按照法治可界分为制度层面法治、行动层面法治和观念层面法治，从人才培养的角度来说，当前粤港澳大湾区法学教育改革应着力于以下几个方向：一是培养能够精通立法学原理，熟谙粤港澳三地人文历史文化传统，熟悉三地不同法律制度、法律理念和法律体系的专门性立法人才，应在湾区高校法学院中设立湾区

立法方向的高层次人才培养机制。二是培养有较高法学理论水平、法律实务经验和法律实践技能，能够正确地依法行政、依法审判、依法检察和监察、依法提供法律服务的法律职业者。以建立符合粤港澳大湾区实际，能有力促进粤港澳三地经济社会和谐发展为目标，培养高素质的行政执法者、法官和检察官队伍以及律师、仲裁员等职业法律人才，有效解决各种法律争端。三是培养精通法理、有较丰富法律实务经验的法学教育工作者，传法律之道，授法律之业，解答法律之惑。法治的实现需要法学教育工作者普及法律制度，传播法学知识，引导大众树立法治理念、法治意识和法治精神。这需要法学教育工作者前赴后继、代代薪火相传，从而实现法治价值。

在法学教育的内容上，不仅应注重专业法律知识和技能的培训，更要注重法律文化、法律理念、法律精神的培养。特别应该强调的是，应坚决反对不加分析和鉴别地全面接受西方法律思想和理念，坚决否定不考虑中国国情和中国特色社会主义法治的法学教育模式，坚决禁止在法学教育中脱离实际地片面赞美和过分夸大西方法律制度。强调爱国爱港爱澳的法理精神培育，强调"一国两制"的法律理念塑造，强调中国特色社会主义法治思想的引领。

（二）构建湾区法学教育共同体

"现代法治不是一台自动运行的机器，它要法官掌握方向盘，当事人不断加油，律师踩住刹车，法学家指挥方向，法律共同体是我们现代法治的保护神。"[1] 粤港澳大湾区的法治化不会自动生成，需要法律人共同体的团结一致的努力。法律人共同体是社

---

[1] 强世功：《法律人的城邦》，上海三联书店2003年版。

会中一个特殊的群体,作为法律职业共同体的成员应当具备三大基本职业资质:一是应当掌握法学学科体系的基本知识,包括本学科的基本概念、基本问题、基本理论、基本原则和基本制度等,形成系统而完整的学科知识体系;二是应当具备良好的法律职业素养;三是具备从事这一职业的基本技能。[1] 显而易见,能够达到这样目标的法律人不可能自动产生。法律是一门科学,因其调整的社会关系的复杂性而变得复杂化,需要"在一种具有高级学问的独立的机构中接受专门的培训,这种学问被认为是法律学问,这种机构具有自己的职业文献作品,具有自己的职业学校或其他培训场所"[2]。可见,在专门设立的法学教育机构中进行专业性、系统性的法学教育是培养法律人共同体的必要路径。

现在粤港澳大湾区分属于三个不同法系,其法学教育也是按照三个不同法系展开的。香港法学教育是以普通法为主实施的,澳门则是沿袭了葡萄牙的法学教育模式,属于大陆法系,由此粤港澳三地的法学教育内容、法学教育理念、法学教育课程设置、教材体系、师资力量和配置等方面都有很大的差异。由于三地奉行不同的法学教育体制,造成培养人才也比较单一化、分割化、碎片化,缺乏对三地法律体系、法律理念和法律制度的全面和系统的学习,难以满足粤港澳大湾区经济一体化需求。

解决这个问题的可行办法是创建湾区法学教育共同体。就是以法学院校为核心,法律实务部门和相关法学院校共同参与,打造科学分工、深度融合、优势互补的法律人才培养师资群体。其

---

〔1〕 韩慧:《法治、法律人共同体与法律教育——从英国法律史的角度解读》,载《山东社会科学》2008 年第 5 期。

〔2〕 [美]哈罗德·J. 伯尔曼:《法律与革命——西方法律传统的形成》,贺卫方等译,中国大百科全书出版社 1993 年版。

构建宗旨是，将法律人才培养体制末端的用人单位需求与评价前移并贯穿于法律人才培养的全过程，实现人才培养过程与实务部门需求的无缝衔接。构建法学教育共同体，是全面依法治国的现实需要，是实现卓越法律人才教育培养目标的有效途径。[1] 目前我国已经设立了"内地与港澳法学教育联盟"，这个联盟是由中国政法大学组织粤港澳部分高校组建的。这个联盟是形成粤港澳法学教育共同体的良好开端，但不足之处在于，参与联盟的粤港澳高校的数量、范围还很有限，缺乏粤港澳法律实务部门的广泛参与，还不具有普遍性意义，在实用性上也有待深化和提高。[2] 湾区法学教育共同体应由粤港澳大湾区的法学教育工作者和法律职业者组成，以湾区法学院校为核心，需要粤港澳大湾区的法院、检察院、司法局、律所、仲裁委员会等法律实务部门和设立有法学院或其他法学教育机构的高校共同参与。通过深入广泛的学术交流和协商，共享先进的法学教育理念、办学方式和经验、法学人才培养优质教育资源，共建粤港澳法学教育论坛等以作为沟通交流平台，共同提高粤港澳法学教育质量，培养优秀粤港澳大湾区法律人才。

（三）强化法学教育的国际化、精英化、特色化

毫无疑问，粤港澳大湾区的设立，既是珠三角新一轮经济腾飞的需要，又是新时代扩大对外开放的需要。湾区经济的一个首要特点就是以外向型经济为主，而珠三角是当代中国外向型经济程度最高的经济区。可以预见，粤港澳大湾区未来的发展将是更

---

[1] 仇晓光：《构建法律人才培养共同体》，载《吉林日报》2017年7月21日，第13版。

[2] 比如，这个联盟目前只有中山大学、暨南大学、深圳大学、香港大学、香港中文大学、香港树仁大学、澳门大学、澳门科技大学八所粤港澳高校。

高水平、更大规模、更宽领域的对外开放。在日益加深的对外开放过程中，粤港澳大湾区企业将参与对外投资交通、能源、通信等基础设施工程和项目，粤港澳大湾区在与"一带一路"沿线国家和地区的国际货物贸易、服务贸易、跨境电子商务、市场采购贸易、新信息技术、新能源、新材料等新兴产业发展方面都需要熟悉国际法律规则，熟悉东道国法律制度的优秀法律人才。然而，我国在对外投资中因缺乏对东道国法律制度了解而承受巨额损失的案例时有发生。因此，粤港澳大湾区亟需培养一批通晓国际法律规则，熟悉项目所在国法律制度的国际化法律人才。

长期以来，我国法学教育奉行的是大众化教育模式，法学教育入学门槛较低，法科学生的学业成绩要求也比较宽松，这是与我国开始发展法学教育的国情相适应的。相比之下，欧美对法学教育入学门槛要求较高，法科学生的学业成绩要求也较严格，是一种精英教育。改革开放四十多年以来，随着我国经济实力的迅速腾飞，中国国际地位的迅速提高，低端化、大众化的法学教育模式已难以满足经济社会发展需要，难以满足法律职业分工专业化、精细化、类型化的需要，难以满足政府、企业、公民等对高端法律人才的需求。比如，对高素质法官、检察官的培养，要求既精通一般意义上的法理和部门法法理，又要具备强烈的法律道德、公平正义观和法律信仰；既要公正司法、刚正不阿，又能在法治范围内兼顾人情世故、公序良俗；既有精深的法学理论功底，又有深刻的洞察力、领悟力和高超的法律实践技能。这样的要求显然不是大众化法学教育能够实现的。况且，粤港澳大湾区的"一国两制"、三大法系共存对法律职业所产生的复杂性，对科学立法、严格执法和公正司法所提出的挑战和困难也是史无前例的，需要更多的法律精英人才方能妥善应对、圆满解决。这就更加要求广东法学教育在兼顾法学大众化教育的同时，需要在国民教育序列中进一步强化"精英法学"教育。

在经济全球化背景下，产业分工日益精细，要求相应的法律保障也日益精细化，法律职业的分工也日益专业化、类型化、特色化。比如，现在经贸领域涉及的法律部门有投资法、产业法、并购法、反垄断法与反不正当竞争法、反倾销反补贴法、海洋法、知识产权法、国际工程项目法、国际贸易法、金融法、环境保护法、自然资源法、能源法等专业化领域。按照涉及的国际组织或国家划分则有世界贸易组织法、联合国海洋法、欧盟法、美国法、"一带一路"沿线国家法律等。为适应经济社会发展需要，我国已经逐渐加强了专业化、类型化和多样化的法律审判部门、检察部门和律师服务。以审判机关为例，粤港澳大湾区已经设立服务于知识产权保护的广州知识产权法院、服务于环境资源保护的广东省高院环境资源审判庭，即将设立的服务于互联网经济的广州互联网法院，还有针对"一国两制"三法系，为创新争端解决机构而设立的服务于对外开放新格局的前海自贸区法院、南沙自贸区法院、横琴自贸区法院、南沙国际仲裁中心等。这就要求粤港澳大湾区法学高等教育应强化法学培养的类型化、特色化，以有效无缝对接经济社会需求，提高争端解决的效率。比如，在专业法律硕士中设立专门的工程法律硕士、金融法律硕士、医事法律硕士、环境法律硕士、投资法律硕士、仲裁法律硕士等。

法学院对于法律人的成长能够贡献什么[*]

◎朗·L. 富勒 著[**] 王志勇 译[***]

关于法学教育的目标,存在四种竞争性观念。本文的目的在于考察上述每种观念的优点、局限和危害,这四种观念是:

第一种观念,法学教育的目标是给予学生知识。学院应该仔细研究哪个法律分支在今日最为重要,并且据此制定课程,从而传授当代法律实践中最为迫切需要的知识。

第二种观念,法学教育的目标在于传授技能。我们

---

[*] 1948年4月12—14日,在宾夕法尼亚州的巴克山瀑布区(Buck Hill Falls, Pennsylvania)举行了一个关于职业责任教育的交叉职业会议(the Inter-professions Conference on Education for Professional Responsibility),作者在上述会议上作了一个发言,后经修正,形成本文。本文原载于《法学教育期刊》(Journal of Legal Education, Vol. 1, No. 2, 1948, pp. 189-204)。——译者注

[**] 朗·L. 富勒,哈佛大学卡特法理学教授(Cater Professor of Jurisprudence, Harvard University)。

[***] 王志勇,河南财经政法大学法学院讲师。

应该考察为当代法律实践所需的能力和技巧,并且设计能够给予学生上述能力和技巧的教学方法。依照产业化管理,我们应该进行一个工作分析(a job analysis)或者法律职业的"技能-分类",之后将我们的学生置入一个调整型程序中。这个程序会在学生们的神经系统中植入那些将使他们成为成功法律人(lawyers)的能力。

第三种观念,如同在其他任何事业中一样,法律中的真正教育在于使学生受到远大情怀(great minds)的熏陶。

第四种观念,法学教育的目标应该是给予学生关于如下事物的理解和洞见:法律人参与其中的过程(processes)。

我们无需视上述任何一种观念为筹划法学教育的排他性标准。上述每种观念都可被视为其他观念的补充。然而,在我们对教育政策的现实谈论中,这几乎不可能。试图界定终极目的的努力所导致的好辩精神,通常会使得我们倾向于将每种观念完全对立于其他每种观念。本文赞成第四种观念,这或许将例证上述倾向性。无论如何,针对上述每种观念,下文的分析,既着眼于其提供排他性标准的能力,也着眼于其为其他视角提供矫正的能力。

第一种观念:"给予学生要成为法律人所需的知识"。

作为课程筹划的一般标准,该观念逐渐不受人待见。就此观念为何逐渐不再受人待见,存在许多理由。当代法律实践日异月殊的要求,使得我们无法预测学生毕业之后需要什么。成功的律师通常将课程内容置于次要地位,并且主张法学院真正的贡献在于教授学生像法律人一样思考。如果课程筹划致力于传达最为普遍有用的信息,那么它就将高度个殊化的研讨课程拒之门外,而这些课程已然被证实具有教育价值。

当下，人们对于方法的偏爱甚于内容。但即使如此，我们也不应该对如下事实视而不见：那些谈论内容的人通常有重要的东西要告诉我们。即使在非宗教的意义上，方法主义（Methodism）也可能被带入极端。就此，我们不要忘记，"我们教人如何思考"这个口号是每一个濒临消亡的学科最后的避难所，这些学科包括拉丁语（Latin）、希腊语（Greek）直到机械制图（Mechanical Drawing）、普通法诉请（Common-Law Pleading）。

纯粹参照在传授方法方面上的能力而选择素材，这是严重的教学失误。除非指导老师和学生相信（或者天真地相信）他们所思考的问题如在当下情形下这般至关重要，否则在方法上的有效指导不可能奏效。如果我们刺破伪装的面纱并且发现（或者承认）在为纸板计数器而玩游戏，那么方法上的指导无法达致其自我-有意识构塑的目标。

内容当然是重要的，但对自身而言的重要性不可与对获得其他目标而言的重要性相提并论。

第二种观念："工作分析或者技能-分类"。

这可能是当下最为流行的观念。其口号是：技能、技术、辩护的艺术和咨询的艺术。

法学教育应该以传授技能和技术为目标，这个观念在开启通向重新考察传统课程的道路方面起到了有益的作用。上述观念使得了人们质疑，关于私法中某些所谓根本课程的真正价值。更为有益之处还在于，上述观念挑战了那些关于诸多法学学科的惯常划分界限在教育学上的有效性；此种界限的实际起源并非在于教育学考量，而在于文本作者的分析性需求。

尽管此观念在解构过时的教学结构方面具有价值，但我认为美国法学教育面临的最大危险在于该观念将被过于抬高并且过于逐字机械地被适用。因为只要我们试图将技能和技巧观念作为筹划法学教育的排他性标准，则整个教育过程就会迷失方向和自降身价。

经由批判性考察上述观念，我们就会发现如下显而易见的事情：针对应该教授什么和如何教授，技能和技巧观念并没有提供任何真正的检测标准。法律人需要那些影响人的智识、道德生活的所有技能和能力。他们需要如下方面的能力：逻辑地推理、排除无关的内容、甄别未被言说的前提、带着理解去看和说、具有说服力地论辩、理解动机、书写和言说流畅优美的英文。而且，我们可以将上述清单无限地拓展。在"传授技能"这个诫命之中，没有任何东西能够回应那些不可回避的优先性问题，也没有任何东西能够给课程设计形式和指明方向。

技能和技巧观念不仅仅未能给法学教育提供任何简单明了的指引，而且一旦我们认真努力适用该观念，就可能丢失美国案例指导教学法（the American case method of instruction）最有价值的特征，即不带个人感情地置身问题之中。技能和技巧观念将"什么应该是对问题进行不偏不倚的考察"，转化为"自我改进的训练"。为了那些带有戴尔·卡耐基（Dale Carnegie）或查理斯·阿特拉斯（Charles Atlas）意味的东西，它在法律训练中放弃了大学之传统。

伍德罗·威尔逊（Woodrow Wilson）曾说过，那些着手要达致某种"个性"的人，可谓贻笑大方。个性是人们在追求其他目标时的附带品而已。同样，技能和技术也应该是那些关注于问题而非人的教育体制的附带品。

第三种观念:"熏陶远大情怀"。

任何课程把戏、课程筹划的做法都不能代替优良教学（good teaching）。如果优良教学被用于传达鸡毛蒜皮之事，则它就毫无价值可言。一方面，我们必须拥有好老师；另一方面，这些好老师要身怀善物以传授学生。除了上述两点紧要之处外，其他的都是次要的。那些谈论熏陶远大情怀的人，就是在提醒我们如上情形为真。

然而，正如通常情形那样，当他们过分夸大其理由以至于主张课程筹划毫无意义之时，他们其实是在帮倒忙。确实，推进马克·霍普金斯"木桩之上"理论（the Mark-Hopkins-on-a-log theory）的通常方式蕴含着如下观点：在法学院的正常运转中，从来没有对课程筹划的刻意关注。这当然是白日做梦。在美国法学教育中，我们现在继承下来的课程规划，是数十年前通过合作努力而谋划出来的。在设计之初就构成了一个协调性的规划活动。可想而知，这仍旧构成了法学教育的最好安排方式。然而，那些相信如上所述的保守派人士应该承担与其立场相匹配的责任。当他们意指"被继承的课程是正确的而且应该被维持下去"，就无权说"只有鼠目寸光之辈才使自己关注于筹划性问题"。

展望下个标题的论证，我们可能会说：如果特定知识和技能相对而言并不重要，则理解法律人对社会的实际、潜在贡献就比较重要。我们安排的课程应该能够给予学生在广泛层面上——学生将能够感知和相互关联法律人工作的不同面向——的上述理解。这不仅仅将会发生，而且这也必须被规划。

第四种观念:"法学教育的目标是传递关于如下事物的理解:法律人参与其中的过程"。

法律人是参与者,而且通常在如下两个基本社会过程中是最为活跃和负责任的参与者:裁判(adjudication)和立法(legislation)。在此,这两个术语都是在较之于惯常意义而言更为广泛的意义上被使用的。

裁决过程必然涉及法律人工作的理由-论辩(case-arguing)和纠纷-解决(dispute-deciding)面向。就我所使用的该术语而言,它指涉解决纠纷的所有论辩性方法(forensic methods),其中包括:非正式的仲裁、行政法庭(administrative tribunals)的工作和我们传统法庭的过程。裁决中的法律人的角色呈现为律师(advocate)、法官或者为可能的诉讼裁决的客户提供建议的办公顾问(office counselor)。所有这些活动都围绕着这个独特过程,在此过程中争议得以被论辩和裁决。

另一方面,立法过程的法律人呈现为规则-创设(rule-creating)和结构-赋予(structure-giving)的角色。立法过程中的法律人呈现为规划者、协商者和起草者。就我所使用的"立法"这个术语而言,它不仅仅指涉成文法的规划和起草,而且还包含契约和其他私人文件的协商和起草。由此,遗嘱的起草在此意义上也是立法,因为它创设了一个法律框架,立遗嘱人的遗产在其死后以此框架得以被管理执行。

我主张,法学教育的目的应该是传达对上述两个基本过程的理解。如果我们视这些过程为参照点,我们就能够在解决如下教育政策方面取得进展:

我们目前的法学教育体制令人满意吗?

三年的课程应该包含那些法的分支？

对学生的指导应该始于何处？

如何将法律关联于法律之外的生活和理论，同时并不丧失对如下问题的敏锐关注（已然是传统法学教育具有主导优势的特定问题）：如何给学生灌输一种针对客户和公众的妥适职业责任感？

我将从第一个问题开始：

第一，我们目前的法学教育体制令人满意吗？

如果通过追问"我们的体制是否传达了一种关于上述两个基本法律过程的洞见"来检测该体制，则我认为针对此问题的答案显而易见。部分出于历史缘由，部分出于资料的相对可及性，我们国家的法学教育几乎完全忽视了立法过程，并且仅仅处理裁判过程的上诉法庭之面向。

将裁判过程的某个单一面向与作为整体的过程相隔离，这不仅仅遗漏了许多需要教授的内容，而且弯曲、篡改了所教授的内容。它几乎没有传达给学生在涉及诸如关于事实的证据的精细问题的任何洞见。上诉报告（The appellate report）通常呈现为一个关于事实的枯干骨架，与此案有联系的法律人有时候难以承认，该报告为他们花费数月辛劳获取的关于事实之描述。就法律和律师而言，一个永恒问题在于这必然涉及下列最为困难的人类行为：将一组事实原封不动地从一个人的大脑转移到另外一个人的大脑之中。上诉案例方法（appellate-case method）几乎没有就上述问题的存在提出任何细微的暗示，它更没有提供解决上述问题的可能方法。

上述做法对立法过程的完全忽视，是更为严重的缺陷。再次，这不仅仅遗漏许多未被教授的内容，而且也歪曲了所教授的内容。之所以如此，原因在于：裁决和立法这两个程序自身相互关联，以至于其中任何一方都不能脱离另一方而得以被充分理解。

立法通常在某种程度上要对裁决有所前瞻。审慎的起草者进行立法使得契约条款得以存在，他要考虑到可能的麻烦，并且寻求各种办法在诉讼万一来临之时保护客户利益。另一方面，多数裁决在某种程度上涉及某些人的立法。对于合理解释具有争议的契约而言，如下内容至关重要：对契约的协商、起草过程之理解。在教授契约法的过程中，我发现，较之于那些在通常可以被称为"协商"的领域不具有一定实践经验的学生，那些具有一定实践经验的学生在解释问题中会带入更加成熟的洞见。最近，我就尝试以训练协商、起草技艺为课程起点。通过一种感同身受或者可以演练的经验，我的目标在于传达参与协商过程而产生之洞见。尽管此种教育冒险尚未取得完全成功，但它证明了立法和裁决过程之间的紧密联系。在谈论那些解释契约的司法裁决时，学生们确实利用他们在起草训练中所积累的经验。上述在洞见和判断方面可以被观察到的改进，倾向于确证我一度曾持有的成见，即那些自己从来没有起草过契约的法官不应该坐堂来解释契约。

许多法学教师主张：我所称之为立法过程的事物作为一般的案例教学指导的自然而然的副产品被教授，这已然足矣。他们骄傲地指出如下事实，即他们经常问学生如下问题：特定案件中所涉及的契约或遗嘱本应该如何被起草，方可避免产生官司；在经历严格的司法解释之后，成文法应该如何被修正以便延续维持起草者之目的。

我认为，上述大杂烩式处理问题的方法相当不妥当。尽管如我在上面所讲述的那样，立法和裁决过程紧密联系，每个过程都呈现了一系列独特的问题和心智状态，以至于每个过程都不能作为教授另外一个过程时的未规划的副产品。如果考虑一下每个过程对待事实的方式，我们就会发现上述本质区别。

裁决涉及论辩性事实（forensic facts）。如果我们遇到上诉裁决，其中所载的事实已经通过证据规则被过滤，该事实已经通过假定和证明责任的规则被洗涤掉其自然的模糊性。然而，即使在最为不正式的行政听证（administrative hearing）或仲裁中，当事实在诉讼语境下被提出时，它就具有了一个新特征：这些事实由具有自我意识感的证人传达，无论这些证人如何诚实，对于要向法庭传达如同置身其中之人所感受到的事实情形而言，他们都会感到绝望；证人由此使自己满足于仅仅陈述部分真实情况，在他们看来，这个部分是唯一与裁决结果相关的部分，尽管他们的看法通常错误而非正确。

另一方面，立法不涉及论辩性事实，它所涉及的东西可以被称为管理性事实（managerial facts）。作为规划者、协商者和起草者的法律人的任务，不在于将事实化约为工整的类型，而在于整体观察之，在其所有的无序之中观察之，在其所有含糊之中观察之。他必须调整裁决结果以适应于众多事实可能性，并且必须设计这样一个规划，即其将会预测并且不受干扰地容纳未来事实之变化。

通过简单地探究诸如"什么是契约"问题，立法和裁决过程之间的其他差异就会显现出来。对于关注裁决过程的法律人而言，契约是一个在法律上可以执行的约定，含义是法庭在诉讼之时赋予的内容。对于使得契约得以产生的法律人而言，契约主要是一个为了合作性努力而创设的框架，其功能的履行无需参考可执行性或者法官赋予的解释。通常就契约的措辞表达而言，法律人必须在如下两个愿望之间权衡：①就可能由契约引发的官司而言，置客户于不败之地；②创设合作的载体，它将有效地运转并且不会产生官司。如果鱼与熊掌不可兼得，他可以适当地偏好第二个愿望而在一定程度上牺牲第一个愿望；因为较之于作为未来假象的裁决中的律师的角色，其作为具体情形的实践立法者的角色更为重要。

对上述两个过程之间的巨大差异的分析，仍旧可以继续进行；但我相信上述内容已经足够证明如下假定何等危险：当其中一个过程被教授，另外一个就会自动地自我教授。

由此我主张，传统法学教育不仅仅在具体细节上有缺陷，在基本定位上也有缺陷；而且，我们必须承担如下责任：传授学生对上述两个过程——由此其将被视为法律人——的理解。

第二，三年的课程应该包含哪些法的分支？

刚才所得出的结论似乎表示，我在提出一个不可能的改革；因为大体上仅仅涉及裁判程序的一个阶段的课程已经严重超载。如果我们再增添法律人工作的另外一个整体面向，那么这就不是压倒骆驼的最后一根稻草，而是压断骆驼脊背的干草堆。

相反，我认为，我所提出的处方将简化三学年之内要完成的指导任务。

法律人参与裁决过程的方式不同：例如作为律师、法官和就"法是什么"，也即真实或假设的案例一旦被提起之后将如何被裁决——给客户提供建议的办公顾问。就法律工作分析而言，上述三项任务要求迥异、几乎对立的技能和技术。如果我们的教育体制依照技能"分类"来筹划组织,则我们确实就濒临课程崩溃的边缘。

但是我主张,我们无需将如下内容视为明确的教育目标:传授辩护术、如何裁决案件和如何就法官的裁决给客户提出建议。相反,我们的任务在于将学生浸泡在裁决过程中,从而让技能和技巧作为副产品而产生。

关于裁决程序,有许多内容尚需学习。我在前面已经谈论过诉讼语境对于事实的影响。唯有视裁决为向人的心智、态度提出自身具有独特要求的过程,唯有视裁决为具有独特品质的社会关系,我们才能获得对上述影响的充分理解。同样,通常存在于字面规则和正义的实际实施(the actual administration of justice)之间的张力,唯有如下条件下才能得以被理解:学生沉浸于裁决过程中从而知晓其内在局限。所有这些任务都需要我们花费时间,但较之于针对学生日后可能被召唤去做的、与裁决相关的具体任务而进行的训练而言,上述做法花费的时间更少,也更为有效。

而后,在我看来,立法过程的概念似乎提供了这样一个标准,这将简化我们关于"教什么"的问题。正如我所定义的上述过程,包含众多明显不相干的活动,范围涉及:从在波士顿的道富银行(State Street)的一个五名公司(a five-name firm)的幽静之处起草遗嘱,直到在加尔维斯(Galveston)码头罢工的压力之下协商劳动契约。该过程对于参与其中的人所提出的要求是何等迥然不同的一组技能和技术!协商者必须具备机智、对他人动机的洞察、时机感和可以被称为出于本能的裁决能力。起草者必须具备细致逻辑分析的能力和清晰、流利英文的能力以及对出于恣意裁决之极端恐惧。除非能够在这些技能和技术中找到某个普遍核心，否则我们无法期待十年之内培育一个法律人。

然而，我认为存在这样一个普遍核心，我将之界定为调整相互对立的利益并且将此调整模式化约为清晰的言语表述。我认为我们甚至可以说，起草遗嘱的人是在学习协商。他在考量如下事情：其一，如何调整寡妇和子女的利益纠缠；其二，如何协调立遗嘱人对其母校的慷慨愿望和立遗嘱人对其家庭的义务之间的关系。此种起草者不像一个玩单人游戏的人，而更像一个桥牌游戏中按照顺序出牌的游戏者。由此，甚至起草遗嘱的任务都能传达契约磋商中的有益洞见。基于同样原因，磋商和起草契约强迫一个人去感知，包含在起草成文法和确保该成文法通过的任务之中的那些要求。

我的结论是，我们无需、也不应该尝试去教授，所有那些成功的协商者、起草者和规划者所需要的、处于分离状态的技能。我们需要去做的事情是，经由被选定的问题传达给他们关于如下过程的核心：依靠该过程，冲突利益得以被相互协调。如果我们这样做，那么我们就可相信：在那些上帝想让其拥有这些技能的人身上，这些特定技能作为洞见的未规划之副产品而逐渐完善。

同样，我相信，如果我们聚焦于上述两个基本过程，则我们将简化关于本文主题的优先性问题。我们不应过于担忧，建立于一组特定法律规则之上的命令将会把学生驱赶出去。相反，我们应该集中关注现代社会中立法和裁决得以运转的主要方式，并且让关于规则的知识成为一个未被规划的副产品。

第三，对学生的指导应该始于何处？

这个问题与到目前为止谈论的问题似乎不在同一层面，而且这个问题似乎是琐碎的课程细节的派生物。然而，我相信，"你从哪里开始"这个问题是个根本性问题，该问题的前提涉及教育政策的基础。

我承认，关于如何开启一个课程，我们到目前为止尚未有可辩护的想法。然而，就此有许多原则。其中一个原则是历史地呈现法律教义（legal doctrine），而且之前某些案例书籍就依照案例裁决的年份来呈现案例。另外一个原则则将年份准则适用于所涉交易。例如，在契约中，你开始于要约，因为要约是达致契约的第一步。我承认，在理性规划学生成长的问题面前，上述解决方案都是暂时默认的做法而已。

另一个原则是从"简单的和熟悉的情形"开始。在侵权法中，你从甲损伤乙或者甲朝乙打过去这种简单明了的案件开始，而且所有课程中的研究都将熟悉的和常见的情形作为起点。这个观念似乎提供了一个开启某个课程的理性原则，但事实上含有一个致命的谬误。即使法律问题所涉及的事实构成了一幅日常风俗画，这也绝对不能确保其中所涉及的法律问题的简单性。人们完全可以主张相反的看法。街坊邻居的吵架可能是一个熟悉的场景，但是人们几乎不可能想象一个较之如下事物更为精细微妙的心理过程：为上述吵架所引发的事件确定法律责任，我们需要考量的事物。另一方面，法庭中复杂法律文件的证明反而可能是非常简单、常规的事项。"从熟悉的事物开始"这个做法所犯下的谬误不仅仅是一个程序法上的问题。我们在合同法课程的前期就关注"邮寄出去的承诺在信件发出时生效还是在要约人收到信件时生效"这样的问题，之所以这样做的原因在于上述问题通常被视为落入学生经验领域中的问题。然而，如果要考察该问题的所有意涵，则我不知道世上还有比如下问题更为困难的问题：决定实体规则应该是什么。

我所提议的处方并不必然开始于简单事实，它开始于位于裁决和立法的最为简单形态的过程。

例证如下：人们通常以我之前所描述的原则之一或者其结合来设计课程的导言性部分。你按照时间顺序以行为的普通法形式（the common-law of action）开始；或者你以原告的控诉开始，因为这是官司的第一步；或者你以由关于围栏位置的争议或者某些其他所谓的"简单"争议所引发的官司开始。

我相信，起点相反在于裁决过程本身，该过程在特定语境——将该过程化约为最为基本的形式——中被呈现。我认为，当代仲裁就是上述语境。在此，我们几乎没有请求的规则，通常也根本没有实体法规则。然而，我们仍旧会遭遇到遍及整个裁决过程的问题。

一个人可能以如下案件开始：在这个案件中，当事人同意将问题提交仲裁，而且裁决结果稍微超越提交协议的条款。例如，一个劳动仲裁者被请求去裁决五个特定的职业工资费率（five specified job rates），并且确定了第六个，因为他认为这紧密联系于提交给他来裁决的工资费率。失败的当事人拒绝接受仲裁裁决，因为它影响了第六份工作。我将会和学生探讨如下问题：在此案件中所遵循的程序是否有错误。如果仲裁者——其主要功能在于促使当事人达成和解——认为，某些残余零碎的东西需要清理，为什么他应该严格受制于提交争议让其裁决的约定呢？当学生看到该问题还存在另外一面时，那么他将获得关于请求目的的深刻洞见。

紧接着的一系列案例，涉及这样的仲裁：在其中，仲裁者听取论辩之后进行独立的事实调查。劳动仲裁涉及是否给予操作特定机器的人以妥适比例的报酬，但是没有一方当事人向仲裁者展示该机器甚或展示其图片。由于不满意于抽象描述，仲裁者就在没有当事人陪伴的情况下参观工厂、考察机器，并且由此做出仲裁决定。就此行动而言，存在任何正当的反对吗？如果失败的当事人抱怨上述程序，我们应该视他为真相的敌人——想让案件在无知的情形下被裁决——吗？而后，当学生看到就此问题的双面都有何内容可言时，则他将获得关于整个抗辩制的深刻洞见，其中包括优点和缺陷。

所以，我的建议是：教授过程，并且从最基础形式的过程开始。

如何将法律关联于法律之外的生活和理论，同时并不丧失对如下问题的敏锐关注：已然是传统法学教育具有主导优势的特定问题？

这个问题由如下流行的问题（我认为，这是过于狭窄的表达）所引出：我们应该怎样将法律和相关社会科学——诸如经济学、心理学和社会学——结合起来呢？

就此存在两个思想流派。一个流派主张："坚守法律。你不可能在三年之内教授学生成为法律人，同样明显的是，你也不可能教授他成为经济学家、心理学家、会计师、社会学家和人事经理。"

另一个流派则主张："法律关联于上述其他学科，所以这些学科必须在某种程度上被带入到课程中去。我们将指定心理学和经济学方面的广泛阅读材料。我们将在我们的法学院增添心理学家和经济学家。确实，我们现在真不知道该如何与之相处，但他们在法学院建筑中的物理性存在将是一个刺激,最终我们将共同制定一个能够有效利用其专业能力的规划。"

我不赞成上述两种观点。就第一种观点而言,在三年之内,我们当然没有足够的时间使一个人成为法律人。但是,那也不是我们的任务。我们的任务在于,开启他的自我教育之路,并且给予他深刻洞见和思维方式,这些洞见和方式将使他能够从人生阅历大学堂的后期教育中获取最大利益。

如果法学院没有时间留给经济学的话,你可能就会相当确信如下内容:忙忙碌碌的成功法律人也将没有时间留给经济学。这并不意味着他将不做出经济决定。相反,他无疑将参与作出许多经济决定。这仅仅意味着,他不会、也不应该去理解他及其同伴顾问正在决定的东西是什么。

另外一个流派主张在课程中为非法律的学习留下时间,但未能将之有效整合到法律教学中去。由于一直未能就非法律专家的使用找到其他途径,那么我们就让非法律专家去教授学生"技能和技巧"。在我看来,此种疏忽的著名例子可见之于如下课程:这个课程由心理学家和一组法律人共同开设;据倡议者所言,开设这个课程的意图在于"更为高效地训练、历练其个性"。[1] 在该课程中,心理学家的作用[在桑德斯克赖伯牌录音机(Sounds-criber)协助下]在于,传授学生说服的心理学,训练他使用那些将在法官和其他"政策制定者"身上引发同情反映的词语。尽

---

[1] James, "An Arbitration Laboratory in Law School", 2 *ARB. J.* (*N. S.*) 79, 80 (1947). 这个引用并非意在,就詹姆斯(James)教授的论文中所描述的课程提出不受限制的谴责。在我看来,就同样的模拟案件,首次作为非正式的仲裁被审理,再次作为正规诉讼被审理,此种被审理两次的观念最具独创性和价值。事实上,就我在本文中所试图阐述的观念而言,我几乎不可能要求更好的实践性运用。

管我很尊敬那些构想该课程的、有能力且富有想象力的人,但就此而言,我认为上述课程琐碎且无意义。

到现在为止大约二十年期间,美国法学教授们都赞成,我们应当将法律和其他社会科学整合到一起。考虑到此种广泛的赞成,以下内容昭然若揭:沿着在此方向上取得的实际上真正有意义的成果何等之少。我认为其中的原因在于,我们未能找到一个使得整合变得实实在在的、匹配于大学法学院的任务从而发挥作用的法学教育观念。

我主张,我们应该将定位从如下考量中挪开:法律人在今天被迫参与到决定之中,这些决定呈现为多种因素的综合体,其中法律规则通常仅仅是一部分而已,有时是非常次要的部分。对于为政府服务的法律人而言,这显然是真的。私人实践中的法律人采取一种后卫式行为,阻止做出他们所谓的"商业决定";然而,他们已然战败。今天,如果没有其他原因,为了在商业大潮中争得一席之地,几乎所有的法律人都必然要做出"商业决定",因为他们发现这是客户所要求的。

这些决定并非由法律人独立达致,而是通过与经历不同训练的人磋商而达致,上述经历不同训练的人给会议桌上带来了独特的贡献,而这些贡献都必然以某种方式融入最终的解决方案中。通常,法律人是主导该融合过程的人。由此,这是一个法律人在法学院就必须被导入的过程,法律人在法学院就要立马开启该过程。他必须学习的内容,不是在决定"何为在法律上能够做的事情"时所涉及的内容,也不是在决定"什么行为在法律上是有效的"时所涉及的内容,而是在决定"全面衡量之后,将所有视角都纳入考量范围之内后,应该做什么"时涉及的内容。

显然，此种综合考量位于不同领域的人类能力的诸多因素的过程，正是我称之为立法的这个更大过程的一个面向。每个重要决定在某种程度上都是在提供一定的范型和结构，是在创设规则和先例，也是在提供一个未来决定的框架。

我主张，我们由此不应把目标定位于训练法律人成为经济学家，而应定位于训练他参与将法律和经济融入一炉的决定过程。这意味着，他必须知晓足够多的经济学知识，而且必须具有一种学习经济的能力，这将使得他能够有效利用经济学人并且明智地评价其贡献。

以更为具体的教育学术语来讲，这意味着，学生在法学院所接受的训练中的一个重要的部分应该定位于解决问题，这些问题涉及整合法律和"超法律"的因素。除了少量课程，适合于上述目的的问题不能够直接从公布的上诉案例中获得。某种类似哈佛商学院（Harvard Graduate School of Business Administration）"案例"的东西似乎合适。如下做法也是合适的：利用作为整体的大学资源；只要有可能，赢得被训练过的经济学家、心理学家和法律领域之外的其他专家的支持，尤其是那些具有一定的参与实践事务背景的人。

我自己所在的法学院和其他法学院的经验表明，要想成功地利用法学领域之外的专家，关键在于选择用来研习的问题，这些问题将为这些专家指明方向并且赋予其法律的相关性。法学院的首要责任是设计或者收集此类问题。如果法学院未能履行该责任，则如下情形就不可避免：从经济学家、心理学家在法学院建筑中物理性存在，法学院并不能够获得巨大收获。

第四，如何能够给学生灌输一种对客户和公众的妥适职业责任感？

本次会议的标题表达了这样一种广泛流传的信念，即职业教育尚未充分意识到职业的社会责任。在诸如法律、工程、医药学、商学等世俗职业中，我们正在训练人们过好自己的生活，但据说我们在训练他们推进所有人的善生活方面做得不够。

尽管我们可能深深地赞成该批评，但务实的问题在于，我们就此应该做些什么。社会和公共责任的问题具有深层根源，影响到一个人可能被召唤去做出的最为隐秘的道德决定。

单单三番五次地谆谆教导他们说，其肩负不明确的道德责任，这样的做法几乎不会取得什么成就。没有内容或方向的道德说教，到头来是竹篮子打水一场空。大肆沉溺其中，则必然产生一种挫败其自身目的的非理性。另一方面，我们应该着手给学生灌输如下观念：他们必须促进特定具体的社会目标。如此，每个教授都应该利用课堂时间来促进其个人的政治和意识形态信念吗？或者，如果上述事情被实施，则可能造成通常的抵消状态；为了避免此种状态，教员应该赞成特定的根本"价值"并且努力给学生灌输这些价值吗？整个法学教员都致力于特定意识形态，这样的观念在美国教育史上绝非毫无所闻。[1] 然而在我们中的多数人看来，就此种类型的智识共济会而言，其中存在某些根本上不合宜的东西。

---

〔1〕《集权和法律》（Centralization and the Law）、《科学的法学教育》（Scientific Legal Education）这些由不同作者所写的一组论文于1906年由小布朗公司出版。为了避免误解，我要说，就我所见，这本书中所列的任何意识形态在当下学校管理中都不会再被观察到，尽管学校曾一度将之作为共同坚守的东西。今日之学校展现了审慎的多样视角，这通常为美国法学院所独有。

我相信，摆脱上述困境的方法在于对苏格拉底如下观念的回归：人发现美德的最好途径，不在于信念或说教，而在于理解。在我看来，罗马诺医生（Dr. Romano）[1]的论文似乎例证了上述观念。我相信，我们在法律中能够很好地将罗马诺处理医生对其病人的责任的方式作为我们自己职业的模型。

罗马诺医生着手考察医生-病人之间的伦理关系。他发现，此种关系具有自身特定的需求，这些需求不能仅仅由良善意图或者妥善培育所满足。在医生能够妥适回应这些需求之前，它们要求真正的理解和洞见，医学院的任务正是传达该理解和洞见。

所以我相信，在法学院中，当法律人-客户关系出现在本文所描述的两个基本程序中时，我们应该和学生一起考察法律人-客户关系的需求。当然，在此有许多东西需要学习和理解。成功的协商者通常会不可避免地发现自己多次承担调解者的角色，这个角色提出了精致微妙的、关于忠诚于客户的问题。律师发现自己迫于压力就某些案件提起诉讼，而这些案件在他看来应该在法庭外解决，而且他必须以其良知衡量作为如下诉讼价值：释放针对诉讼的费时费力和风险产生的压抑性仇恨。

在此，如同在学生教育的其他方面，我将从处于其最为基础性形式的关系或者过程开始。这意味着，我们应该首先留意如下法律人-客户关系伦理：在其中，客户是单独的个体，没有涉及客户利益与对手利益的重叠问题。从此出发，我将逐渐深入更为复杂的情形，直到法律人将整体公众作为客户；或者，他能够毫

---

[1] 约翰·罗马诺是罗切斯特大学医药和牙科学院（University of Rochester School of Medicine and Dentistry）精神病学教授，他也是纽约州罗切斯特城斯特朗纪念医院（Strong Memorial Hospital）的首席精神病学家。他谈道："医生是全面的人类生物学家（Comprehensive Human Biologist）"。

无不当地视自己为——用布兰代斯（Brandeis）的话来讲——"情景律师（attorney for the situation）"。最为有效的赋予学生此种类型角色的方式在于，将教育实质部分定位于如下立法问题：在其中，他的任务是设计一个法规框架，它将稳妥地满足于公共需求，或者它将达致一组复杂的重叠关系和对立利益的最为可行且公正之妥协。

我主张，我们应该在——作为问题考察和相关因素分析的——案例法的精神指导下进行上述指导，而非着眼于获致非白即黑的答案。我认为，如果遵守上述精神，我们就能有益地讨论"政策"问题，这些问题要不然在课堂讨论中难以被满意地处理。

例如，就离婚法律改革或者与避孕有关的法律改革问题而言，任何美国法学院都难以就"法律规则应该是什么"进行令人满意、客观的探讨。在此，人们的价值观念之间存在根本性差异，而且这又被宗教信仰的情感所强化。另一方面，我们可以仅仅将该差异本身作为问题对待。在有些问题上，人们被情感和宗教信念所严格划分；在民主社会中，我们怎样才能就这些问题达致满意且公正的决定呢？什么样的过程或程序对我们来讲是开放的呢？这是一个具有不同信仰和生活哲学的人能够有益地共同学习的问题。换句话说，秘密在于集中关注于过程；而非试图预先决定，何种结果——由特定解决方案的形式——应该随着过程出现。

所以，在劳动法领域，我们能够有益地探讨诸如强迫的协商、调解、仲裁和行政管控、立法和法庭行为等劳动争议解决程序各自相应的价值。无疑，由于结果可预见地将会在某种程度上受到方法选择的影响，所以某些干扰该领域的情感和偏见将不可避免地进入到对程序的探讨之中。然而，它们不会像在下列情形中那样扭曲谈论：谈论最低工资应该是多少，或者是否应该通过立法来限制能够被工会评价的应得收入。

我并非主张，对过程和程序的关注仅仅是救火之举。相反，我主张，如果我可以这样讲的话，此关注在形而上方面是合理的。生活本身就是一个过程，通过使过程成为我们关注的重心，我们就逐渐接近现实的永恒部分。我出于此原因相信，我在上文提出要关注那些解决冲突的程序，这将不会简单地导致对这些冲突的压制，反而会促进公正解决这些冲突。如果我们以正确的方式做事，我们就可能做正确的事。

培养涉外法律人才的路径优化[*]

◎方桂荣[**] 宋群力[***]

摘 要：培养卓越涉外法律人才已成为法学教育领域正面临的重大任务。在涉外法律人才培养中存在路径依赖问题，科学合理的培养路径有助于保证涉外法律人才的培养质量与效率。目前，我国出现了高校与社会两种截然不同的涉外法律人才培养路径。这种培养路径的多元化现象，是由涉外法律人才类型的多样性、涉外法律人才素养的高端性、涉外法律培养对象的差异性、涉外法律人才服务领域的多极性等因素决定的。未来两种培养路径将继续共存，保持优势互补关系，难以互相取

---

[*] 本文系浙江师范大学第六期研究生教育教学改革建设项目的阶段性研究成果。

[**] 方桂荣，女，浙江师范大学法政学院副教授，法学博士。研究方向：法治教育。

[***] 宋群力，男，浙江师范大学法政学院法学研究生。研究方向：民商法学。

代。但值得关注的是，当前两种培养路径不仅彼此孤立隔离，还都存在短板。为充分彰显它们的应有功能并释放整合性效应，在对两种路径作分别优化的基础上，还需通过机制创新实现两者之间的良好融通。

关键词： 一带一路　涉外法律人才　高校　社会

"一带一路"倡议实施的同时，突显了我国涉外法律人才的重要性与紧缺性。高效培养卓越涉外法律人才已成为法学教育领域正面临的重大任务。在涉外法律人才培养中存在路径依赖问题，科学合理的培养路径有助于保证涉外法律人才的培养质量与效率。2011年，教育部与中央政法委联合发布的《关于实施卓越法律人才教育培养计划的若干意见》明确提出："适应世界多极化、经济全球化深入发展和国家对外开放的需要，培养一批具有国际视野、通晓国际规则，能够参与国际法律事务和维护国家利益的涉外法律人才。"据此，2012年遴选出了北京大学、中国人民大学、清华大学等22所高校设立"涉外法律人才教育培养基地"，改变了以往法科院校自觉自发的培养模式，开启了以国家财政为保障的"相对建制化"的发展新阶段。同年，全国律师协会制定了《涉外高素质律师领军人才培养规划》，计划在四年间着力培养一批精通相关国际规则、具有全球视野和丰富执业经验的涉外律师领军人才。由此，我国出现了涉外法律人才培养路径的多元化。现存的两种培养路径是基于何种背景产生，分别具有怎样的特点与功能，彼此之间存在什么联系，今后又如何实现优化，这些都是待解的关键性问题。

一、培养涉外法律人才的现有路径

自我国法学教育发展伊始，就将法律人才的培养任务交给了高等院校，由此形成了涉外法律人才应由高等院校来培养的普遍认知。但除此之外是否还存在其他路径？从实践来看，高校之外的一些社会性组织、行政与司法机构已然加入到涉外法律人才的培养行列中来，打破了原本由高校垄断的格局。有效区分是良好建构的基础。两种迥异的培养路径，内含着不同的理念、目标、特征等要素，对涉外法律人才的培养也体现着各自不同的功能。

（一）高校培养路径

为响应国家对涉外法律人才的培养号召，高等院校竭力推进自身的国际化。拥有法学专业的高等院校作为事业性单位，具有国家财政支持的先天优势，是涉外法律人才培养的主力军。可以说，全体法科院校都在不同程度上参与着法学教育的国际化办学。借助自身、政府和社会的一些资助渠道将本校教师和法科生派送到国外，同时接受国外教师、留学生、交换生来本校工作与学习。除了这种常规性的国际化，大量法科院校还从事着专门性的涉外法律人才培养工作。这些法科院校可被划分为四种类型：第一类是首批获准设立"涉外法律人才教育培养基地"的17家综合性大学；第二类是同为第一批入列"涉外法律人才教育培养基地"的五大政法院校；第三类是若干所始终处于国际化法律人才培养前沿的经贸、海事和语言类院校；第四类是侧重于国际法科人才培养"区域特色"的若干所地方性大学。[1] 不同类型的法科院校往往肩负着不同类型涉外法律人才的培养使命。顶尖的综合性大学法学院应着力培养国际化法科领袖型人才，而其他法

---

[1] 参见杨力：《国际化法科人才培养格局及协同》，载《法学》2015年第6期。

科院校则侧重于培养国际法务市场需求型人才。

对于涉外法律人才的专门化培养目标，法科院校一般通过校内教育模式的国际化变革和中外合作办学来实现。目前，校内涉外法律人才的培养模式主要有三种：理念强化型、实验班型和专门化培养型。理念强化型惠众最广，可以全面提升法学院的国际化程度，但在锻造人才方面的针对性相对较弱；实验班型往往按照不同于常规班级的专门教学计划匹配专门的教学团队开展教学工作，走的是精英化路线，集中力量打造一批涉外法律人才，但惠众有限；专门化培养型则依托全院或全校的整体特色，举全院或全校之力整体规划与推进涉外法律人才的培养工作。[1] 法科院校到底采用哪种培养模式，往往取决于自身的国际化战略与条件。中外合作办学，是指法科院校经教育主管部门审批与外方院校开展法学专业中外合作办学。我国中外合作办学主要以机构和项目两种形式开展，可以最大程度上整合与运用国外教育资源。在师资配置上，大量教师来自国外；在教学语言上，往往采用全外语教学；在学制安排上，有2+2（即国内就读两年，国外就读两年）、3+1（即国内就读三年，国外就读一年）等模式的不同设置；在学历认证上，分中外双学位和国内或国外单一学位。因为办学性质、资金来源、教学对象的不同，校内教育模式的国际化变革和中外合作办学是高等院校培养涉外法律人才的平行路径，当然两者之间存在互补互益的关系。已取得中外合作办学资格的法科院校，在建设法学教育国际合作平台和师资培训方面所积累的经验，显然有助于推进校内教育模式的国际化变革；反之

---

[1] 参见万猛、李晓辉：《卓越涉外法律人才专门化培养模式探析》，载《中国大学教学》2013年第2期。

亦然。但是，由于我国法学专业中外合作办学刚刚起步，绝大多数法科院校还没有开展此方面的工作，涉外法律人才培养主要依赖于法科院校培养模式上的国际化变革与创新。

法科院校因为拥有国家财政支持和接受教育主管部门监管，教育资源相对充足，培养路径相对正规。同时，在教育国际化的大潮中，同行之间的竞争日趋激烈，迫使法科院校不断完善自身培养模式，以确保涉外法律人才培养上的特色与优势。以上因素决定了法科院校这一路径的先进性与主导性。

（二）社会培养路径

近些年，各类涉外案件的激增进一步放大了涉外实践领域的人才"荒"。据最高人民法院工作报告显示，2015年，各级人民法院审结一审涉外商事案件多达六千余件，办理国际司法协助案件两千多件，审结涉港澳台、涉侨案件近两万件。在"一带一路"倡议的深入推进下，涉外案件数量会持续增长，涉外法律服务需求量巨大，涉外法律人才供不应求的局面会更加突出。为此，政府部门、司法部门、律师业界相继展开了专门化的培训工作，社会培养路径应运而生。"社会培养路径"这一名称的由来，主要是基于培养主体与对象的社会性，并非该路径资金完全来自社会而不受国家财政支持。从涉外法律人才培养实践来看，目前该路径的各种培训项目都得到了国家专项财政资金的支持。

早在1987年，司法部就下设了涉外经济法律人才培训中心，就此开启了我国涉外法律人才专门化培养的征程。在地方层面，上海市政府较早认识到涉外法律人才的重要性与紧缺性，自1993年就与外贸学院、复旦大学、上海外国语大学等单位合作开设涉外法律人才培训班。从1999年始，每年选派30名左右青年律师到国外进修一年。现在，为确保培养质量，上海市司法局下设的涉外法律培训中心直接从悉尼科技大学引进法学课程，并从学员中遴选优秀者公派赴澳获取硕士学位。

2009年，我国法院系统启动了"中国法官法学硕士课程"培训项目，由最高人民法院辖下的国家法官学院、香港城市大学法律学院和美国哥伦比亚大学法学院合作开办。学员是从内地法院系统层层选拔出来的优秀法官，在香港城市大学接受为期一年的培训，期间还安排为期一个月的时间到美国哥伦比亚大学法学院进修。每届顺利毕业的学员数量一般在20~30名法官之间。2011年，又启动了"中国法官法学博士课程"培训项目，首批20名学员参加了为期三年的课程培训。以上两个项目的培训内容，主要是普通法、国际贸易和投资法、比较法等课程，旨在拓展内地法官的国际视野和提升他们涉外案件的办案能力。

自2013年始，全国律协开始组织涉外律师培训，对象是来自全国各地的执业律师。截至2016年，四年间共组织了三期总规模为284人的涉外律师领军人才项目国内培训班，并从中遴选出154名优秀律师派送到美国、英国、德国、西班牙等国家进行集中培训和实习。经过培训合格的律师纳入涉外高素质律师领军人才库，并确定了他们的行业布局。50%左右的律师精通WTO争端解决、反倾销、反补贴、知识产权保护等法律业务；40%左右的律师精通对外投资、跨国企业并购、国际金融证券等法律业务；10%左右的律师精通能源资源、海洋和空间权益等法律业务。未来，这些高素质涉外律师除了从事自身擅长的法律服务工作外，经全国律协推荐，还可到国际组织或区域性组织担任相关职务。

社会培养路径的出现是基于缓解法律实践领域的人才"荒"，力求"短、平、快"地培养出一批涉外法律人才。这一路径的突出优点在于极具针对性，在短期内即可培养出一批紧缺专业或领域的涉外法律实务性人才。该路径的其他突出优势主要体现在以下几个方面：在培养对象选择上，本身整体素养极高的法官和律师才有机会入选；在培养内容上，以涉外法律争议频发的专业领域为主；在培训考核上，设置高层次培训激励的同时，严格把关确保培训实效；在人才资源管理上，形成涉外法律人才库，在系统内统筹调度使用。

二、培养涉外法律人才的多元路径需求

法学教育的当代背景和客观条件综合造就了高校与社会培养路径的共存现象。高校培养路径由于侧重综合能力的提升，所培养的学生在涉外实务能力上相对欠缺，无法满足社会实务部门的急切用人需求，从而倒逼了社会培养路径的诞生。存在即合理。涉外法律人才培养路径应该具有多元化，这是由涉外法律人才类型的多样性、涉外法律人才素养的高端性、涉外法律培养对象的差异性、涉外法律人才服务领域的多极性等因素决定的。

（一）涉外法律人才类型的多样性

何为涉外法律人才？学界对此并无定论，但从现有的界定可以把握它的基本范畴。多数观点认为："涉外法律人才泛指所有从事具有跨国因素法律工作的人才，既包括在律师事务所、企业、司法机关、政府部门和国际组织、机构中从事涉外或国际法律事务的工作者，也包括在高等院校和研究机构中从事国际法、

比较法和外国法教学与科研工作的人才。"[1] 这一定义揭示了涉外法律人才分布于法律系统的各个不同岗位上，工作性质相差悬殊，素质要求也迥异。比如，从事法学研究的法学家和法律实务的法律家所应具备的职业技能就有着本质不同。从工作内容上看，法学家以事理认知与理论辨析为要，而法律家则以解决实践中的具体法律问题为主；从工作形式上看，法学家的工作业绩往往以理论成果的产出为衡量标准，而法律家的工作业绩则往往以纠纷是否得到妥善解决为标准；从工作属性上看，法学家的工作基本属于个人思想自由的范畴，研究上的自由度和创造性至关重要，而法律家的工作因为涉及公共权力、公共利益或单个公民的现实利益，需严格遵循既定程序并以相对保守的立场权衡各种实际利益。[2] 从思维范式上看，法学家表现为批判型思维、前瞻型思维与人权型思维；而法律家则表现为独立型思维、保守型思维、崇法型思维。[3] 两种截然不同的法律人才，自然需要不同的培养路径。高校这一路径是培养法学家的摇篮，但要培养优秀的法律家就显得力不从心了。涉外法律人才类型的多样性，决定了培养路径的多样性。没有一条培养路径，可以包罗万象，锻造出市场所需要的各种法律人才。因此，在发动各类法科院校参与的基础上，还需激励社会各职能部门和组织也要发挥自身优势，积极探索涉外法律人才的培养经验。

---

〔1〕 参见石佑启、韩永红：《论涉外法律人才培养：目标、路径和教学模式》，载《中国大学生就业》2012 年第 16 期。

〔2〕 参见周赟：《论法学家与法律家之思维的同一性》，载《法商研究》2013 年第 5 期。

〔3〕 参见李龙、周刚志：《论法律家与法学家的思维范式》，载《法制与社会发展》2002 年第 6 期。

（二）涉外法律人才素养的高端性

涉外法律人才的培养目标在于高端性。不只是培养国家之间双边经贸和海事领域的一般实务操作者，而是深度获取"让别人能理解的方式"的那种智识，"有意识地探索学会如何参与构建起一套与国际接轨的公平、规范和透明的新制度体系，借此助力在国际新经济秩序中打破坚冰，甚至逐步争取在发达国家主导下的新框架中的话语权。"只有具备了这种智识，未来他们才可能成为国际法律规则制定的参与者、国际法律理论变革的引领者、全球公共事务管理的决策者。[1]

高端涉外法律人才，无论从事哪方面的法律职业，都应具备一些基本素养。比如，语言素养、专业素养、人文与国际视野的素养、思想道德素养，此外，还应有强烈的创新意识、较强的跨文化沟通能力、独立的国际活动能力、较高的运用和处理信息的能力，等等。除了上述基本素养，当然还存在岗位的特殊素养要求。比如，地处我国西南、西北、东北等方位的仲裁员，不仅要会听会用小语种，还需了解相应国家的法律体系。要培养出高端的涉外法律人才，培养主体必须具备相应的培养能力和条件，它们包括但不限于：卓越的培养方案、卓越的课程体系、卓越的教师队伍、卓越的教材系列、卓越的教学方法、卓越的实习基地和卓越的图书馆。[2] 这方方面面的优越条件是每一种培养路径都应具备但却难以实现的，这就需要在培养涉外法律人才方面宽以容众、汇众之长。

---

[1] 参见毛俊响：《国际化卓越法律人才的功能定位》，载《现代大学教育》2012年第3期。

[2] 参见曾令良：《卓越涉外法律人才培养的"卓越"要素刍议》，载《中国大学教学》2013年第1期。

(三)涉外法律培养对象的差异性

培养对象是设置涉外法律人才培养路径的重要考量因素。计划成长为涉外法律人才的潜在对象分布于各行各业,他们可能是正在高等院校接受正规教育的学生,也可能是已经奋战在法律系统工作岗位上的职员,还可能是正从事着外语、经贸等领域工作的法外人士。不同类型的培养对象,培训前的自身素质不同,所能接受的培训时间、内容等方面也存在巨大差异。基本上社会人士与在校大学生在涉外法律培训中将面临本质性区别。在培训时间上,相对在校大学生,已入职法律系统各岗位的工作人员,再难得一个自由且长期的培训时间,除非脱离原职,致使这类培训对象更青睐间隔性周末培训项目;在培训内容上,相对在职人员,在校大学生学习了大量涉外法学理论知识,严重缺乏涉外法律争议解决的实战经验,这类培训对象更青睐实践性强的培训项目,而在职人员则需加强涉外法学理论知识培训;在外语素质上,相对在职人员,在校大学生具有突破语言关的各方面优势与条件。目前有些高校的涉外法律人才实验班学员,要求具有外语学院两年语言学习的经历。面对培养对象的现实差异,如果大一统、不加区分地设置培养路径,必然会产生不合乎相应培养对象需求的后果,从而影响培训效果和浪费教育资源。

(四)涉外法律人才服务领域的多极性

在法律人才培养中,传统法学教育存在盲目性,从而造成了人才"过剩"与"紧缺"两个极端共存的弊害。一方面,国内大量法学毕业生难以就业,另一方面,在涉外领域却出现了严重的法律人才"荒"。今后,"自下而上"的市场定位,是涉外法律人才培养的基本走向。这就意味着搞清楚市场真正需要什么样的法律人才最为重要。"一带一路"倡议的实施，国家层面预计启动900余项重点项目，涉及基础设施、贸易、产业投资、能源资源、金融、生态环保、人文及海洋等若干领域，这就要求我国在国际贸易法、国际投资法、国际能源法、国际金融法、国际环境法、国际文化法、国际海洋法等法律领域培养和储备足量的法律人才，解决未来我国与"一带一路"沿线国家之间可能发生的大量国际经济争议。[1] 过去，虽然我国也培养了一批涉外法律人才，但基本上是针对与欧美国家打交道而准备的，未来涉外法律人才培养的对象国应转向非欧美国家，解决"一带一路"倡议实施中出现的法律问题与争议。"一带一路"沿线66个国家的法律体系及语言教育，不是任何一种培养路径可以单独完成的，需要分拆任务并汇集全国之教育力量来应对。

三、培养涉外法律人才的路径短板与优化

2016年12月30日，司法部、外交部、商务部、国务院法制办公室联合印发了《关于发展涉外法律服务业的意见》，在涉外法律人才保障方面提出："积极鼓励具备条件的高等学校、科研院所等按照涉外法律服务业发展需求创新涉外法律人才培养机制和教育方法，完善涉外法律的继续教育体系。"由此可见，高校与社会两种培养路径缺一不可，它们之间应该保持优势互补的关系。但当前两种培养路径不仅彼此孤立隔离，还都存在短板。为充分彰显它们的应有功能并释放整合性效应，需针对不足分别作以优化，并通过机制创新实现两者之间的良好融通。

---

[1] 参见刘仁山：《论作为"依法治国"之"法"的中国对外关系法》，载《法商研究》2016年第3期。

(一) 现存培养路径的内在短板

在涉外法律人才培养方面，当前比较受重视的当属法科院校这一路径，因为它具有正规性、系统性、规模性等多方面的突出优势。但这一路径并非没有缺陷。最为突出的是缺乏实践性。从实践来看，目前涉外法律实务课程仍然以传统的案例研讨为主要教学形式，还较少采用模拟国际民事诉讼、模拟国际商事仲裁等实践性更强的教学形式。"这种重理论轻实践的传统教学理念在客观上制约了涉外法律人才的实务能力培养。"[1] 此外，法科院校的人才培养具有阶段性。"一名高端涉外法治人才的养成是一项终身学习的事业，高校教育无论如何努力，恐也无法'一站式'生产'完成品'。"[2] 涉外法律人才的成长是漫长与变动的。即便一名学子硕博连读，也就五六年光景，在法科院校被作为此种类型的人才加以培养，进入社会之后，基于环境的影响与熏陶又可能成长为其他类型的人才。显然，社会培养路径是高校培养路径的必要补充。进入社会培养路径的培养对象往往具有涉外实践的实训条件，加之本身具有优秀的实务能力，在经过涉外法律培训之后，从事涉外法律工作的能力提升更快。

然而，相对法科院校而言，社会培养路径的发展并没有受到足够重视。尽管我国目前已存在社会培养路径，但无论从哪个方面来讲，都无法与高校这一路径相媲美，只可被视为短期内应对涉外法律人才匮乏的"速成"方案，无力破解我国长期存在的涉外法律人才储备方面的困境。无论是法院系统还是律师业开展的

---

〔1〕 参见李建忠：《论高校涉外法律人才培养机制的完善》，载《浙江理工大学学报（社会科学版）》2017年第4期。

〔2〕 参见石佑启、韩永红：《论涉外法治人才的培养——基于广东外语外贸大学办学实践的考察》，载《广东外语外贸大学学报》2015年第3期。

涉外法律人才培训普遍具有以下特点：其一，培训对象数量少。法官培训项目每期的学员数量控制在 20~30 名之间，律师培训项目每期控制在 100 名左右，这相对于全国 11 万名法官和 30 万名律师而言，是一个所占比极低的数字。其二，培训周期短。法官硕士项目培训时间仅有 1 年，涉外律师培训时间更短，国内培训仅有 15 天时间，国外培训 2 个月。其三，培训知识面窄。因为培训时间上的局限性，培训内容无法拓展与深化，培训对象只能接受到一些零散而浅显的涉外法律知识，缺乏系统性，从而难以实现提升其涉外案件办理能力的培训目标。其四，培训语言以中文为主，培训对象基本无法通过此项培训掌握一门外语。总体来看，为了不影响法院的正常工作，只能小众性择优培训；全国律协的涉外律师培训只做了三期，还没有形成一种常态机制；受国家财政支持的局限，接受过一次培训的法律人可能再难获得二次培训机会。

不仅如此，严格意义上说，我国尚未出现纯粹的社会培养路径，即完全由民间社会组织筹资并针对各类培养对象开展的涉外法律人才培训工作。完全社会化的培养路径，可以充分调动社会资金与资源，也能更好地做好市场定位，培养出与市场契合度更高的涉外法律人才。但是，基于法学教育发展的原始背景，一下子将涉外法律人才的培养完全社会化、市场化是难以实现的。不过，在现有基础上，对社会培养路径作以完善则是现实可行的。综上所述，现有涉外法律人才培养路径都存在一定程度上的不足，由此提出了多路径优势互补的客观要求，同时也印证了优化现存路径的必要性。

（二）现存培养路径的优化取向

法科院校应推进培养路径变革，以重点培养法学院高端人才的涉外实务能力。①增设涉外法律实务性课程。在特定专业或领域，引入具有丰富经验的涉外法律专家，讲授涉外法律实务性课程，着重讲授实务操作性知识，并同时配套模拟演练涉外法律争议解决，让学生亲身体验涉外法律实务的现实场景和各种角色，有助于提升他们的涉外实务操作技能。②参加国际模拟法庭竞赛与培训。杰赛普国际法模拟法庭、红十字国际人道法模拟法庭、曼弗雷德·拉克斯国际空间法模拟法庭都在全球范围内举办模拟法庭竞赛与培训。以国际性案件的诉讼为导向，以英语为竞赛语言，以现行国际法规则为基础，开展法律文书撰写和法庭口头辩论两方面的竞赛。参加国际模拟法庭竞赛，有助于实现法科学生涉外法律实践能力的结构性提升。[1] ③打造国内外涉外实践合作平台。法科院校应与拥有足量涉外业务的实务部门，如涉外律师事务所、涉外审判机构、涉外仲裁机构、政府机构的涉外部门，签订合作协议建立涉外法务实习基地，采用"双导师制"督促与指导学生完成现场实习。同时，也可与外国实务部门或国际组织建立实践合作平台，外语的应用环境对于提升我国法科生的涉外实务能力更为有益。比如，中国政法大学就与美国密歇根州各级法院建立了实习合作关系，4年来已经有230名学生在美国法官指导下完成域外法律实习，在涉外法律人才培养方面收效显著。

常规性的社会培养路径可以弥补法科院校阶段性培养的局限性。经济全球化大潮下的巨量人才需求，决定了涉外法律人才培训绝不仅仅是当期任务，而是一项旷日持久的事业。法律实务部

---

〔1〕 参见钱锦宇、薛莹：《国际化复合型法律人才的培养：现状分析、路径选择及保障机制——以国际模拟法庭竞赛的培训和参赛为例》，载《山东大学学报（哲学社会科学版）》2017年第5期。

门和社会组织应树立持久性的人才观念，建立常规性的培养机制。这一机制应具备以下特点：①受训人数上极大扩展。现存精英式的社会培养路线在人才培养数量上极为有限，无法满足当前社会对涉外法律人才高低层次的差序需求。在法律人才走出校门之后，结合自身的成长需要，在社会中能够很方便地找到适合自己的进修项目和机会。②培养时限作差别性设计。"常规"并不意味着"长期"，不同的培养项目具有不同的培养目标，培养时限也自然不同。仅为提升某方面技能而设的项目，培训时限应该短；所涉知识面广的培养项目，培养时限则应长，否则就难以达到培养目标。时限不同的培训项目可以满足培训对象多样化的需求。③丰富组织形式。受资金与组织力量所限，法律实务部门即便保证培养的持续性，也很难实现培养人数极大扩展和培养项目极大丰富的目标，这就需要引入社会资本和力量参与进来，突破当前涉外法律人才培养资源上的贫乏性。

（三）两种培养路径之间的融通

当前高校与社会两种培养路径之间是分立与隔离状态。对于已经步入工作岗位的法律人而言，绝少有机会再步入高校接受系统而正规的涉外法律教育；对于在读大学生而言，也很难被遴选到法律职业系统的涉外法律培训班中加以培养。高校与社会这两种平行路径，都有各自的组织体系，在整合利用国内外法学教育资源方面各行其是，必然存在资源整合上的重复性和资源利用上的不充分性。今后，两种路径在自我优化的同时，还须通过协同机制实现最大程度上的融通，以保证彼此之间的资源共享和更大程度上的互助互益。

第一，进一步强化国际教育民间组织的发展。民间组织在推进教育国际化协同方面可以发挥重要作用。例如,加拿大大学与学院协会(The Association of Universities and Colleges of Canada,简称AUCC),自20世纪90年代就开始对它的会员高等院校开展国际化调查并形成报告,国际化程度的公开透明化大大激励了高等院校国际化的竞争意识,间接推动了高等教育国际化的发展;而加拿大国际教育办公署(Canadian Bureau for International Education,简称CBIE),同样作为一个全国性非营利会员组织,则注重帮助它的会员在国际化教育过程中获得技能、知识等资源配置,以此扩大与深化教育领域的跨国合作关系。[1]近些年,我国教育性民间组织发展迅猛,极大促进了我国教育的国际化。据基金会中心网公布数据显示,截至2016年12月,我国共有459个高校教育基金会。同时还成立了大量像国际交流促进会这样的民间组织平台。在此基础上,我国还应打造兼具专门性与综合性的国际教育民间组织,帮助优化国内外教育单位之间,以及与社会实践单位之间的资源配置。

第二,继续推进理论与实践协同创新中心的发展。2013年10月26日,上海对外经贸大学等五所高校联合组建了中国(上海)自由贸易试验区协同创新中心,对接国家发展和改革委员会等六家政府部门。参与该中心组建的单位除了五所高校之外,还包括财政部、中国(上海)自由贸易试验区相关企业等国内单位和新加坡管理大学、世界贸易组织、世界银行等国外单位,旨在为中国经济转型升级提供高质量的决策咨询,培养高端复合型国际化创新人才。2015年12月,"一带一路"法律研究协同创新中心成

---

〔1〕 参见钱钧、夏慧言:《教育民间组织在高等教育国际化中的作用及启示——以加拿大高等教育国际化发展为例》,载《理论与现代化》2014年第4期。

立，该中心由中国政法大学、西南政法大学等七所高校和"一带一路"国际律师联盟共同发起成立，旨在联合国内外各合作方开展"一带一路"沿线国家法律法规相关理论和实践问题研究，建立和完善"一带一路"沿线国家法律制度知识储备库，为涉外法律人才培训与执业提供必备的数据库。诸如此类的协同创新中心可以搭建起高校与国内外实践性单位的合作桥梁，推进法学教育理论与实践的资源衔接与融合。

作为正在崛起的新型大国，我国在全球治理体系中的国际影响力在大幅提高，对涉外法律人才的需求在量与质上都有了更高要求。在对外交往中，无论是国家，还是企业与公民个人维权，都需要懂得国际法规则的涉外法律人才来协助。此外，今后中国不仅仅是国际规则的接受者和适应者，还需积极参与全球治理，努力成为国际规则的维护者和建设者，才能取得在国际事务中的话语权。卓越涉外法律人才已经具备广阔的用武之地，关键是如何建构科学路径实现高效培养。不断优化现存的两种培养路径，并实现两者之间的良好融通，是提升涉外法律人才培养质量和效率的重要举措。

新时代背景下上海法学教育创新发展路径探析

◎杜春燕[*]

摘　要：文章以中国特色社会主义进入新时代和上海在我国经济社会转型发展当中所担当的角色为背景，深入剖析了当前上海法学本科教育存在的一系列主要问题及其原因，包括产能相对过剩、办学同质化、教育模式僵化等，并有针对性地提出了几点对策建议。

关键词：法学教育　办学同质化　教育模式　联合办学

一、引言

党的十九大报告明确指出，中国特色社会主义进入了新时代，这是我国发展新的历史方位。改革开放以来，我国经济社会经过几十年的高速发展后，正在逐渐

---

[*] 杜春燕，女，上海外国语大学贤达经济人文学院讲师。

步入换挡、调整期，旧的经济增长模式已经难以为继，正在萎缩、塌陷，新的经济增长模式仍在探索之中，正在孕育、萌芽。在这一新的时代背景下，上海法学教育如何突破瓶颈，找准定位，创新发展，培养一大批德法兼修的高端创新型人才，主动对接国家法治发展需要是一项刻不容缓的重大课题。

上海是我国经济发展的先行者、改革开放的排头兵。"让法治成为上海建设城市的基本内容和治理城市的基本方式"是其成为国际化大都市、具有全球影响力和竞争力的世界城市的重要前提和基础条件。2016年，上海在全国范围内率先拉开了司法体制改革的序幕。上海正在围绕影响经济社会发展的深层次矛盾综合施策，大力推进制度供给侧改革，试图探索出一批可复制、可推广的经验和模式。作为法治人才培养和输出重要阵地和具有地缘优势的上海法学教育，其任务和使命与以往相比已经发生了质的变化。上海法学教育应立足我国经济社会发展所处的新的历史方位，以舍我其谁的胆识和勇气，主动对接我国经济社会转型升级对于新型法治人才的需要，继续深化人才培养模式改革，培养一大批能够胜任经济社会换挡、调整期需要的法治人才，彰显自身价值，掌握发展主动权。同时，教育主管部门应在宏观层面进行顶层设计，积极行政，发挥"看得见的手"的作用，对法学教育的供需结构以及由于区域、校际、专业等方面发展不均衡导致的产能过剩进行调控、引导，构建可持续发展的法学教育新秩序，最大程度实现人尽其才，提高法学教育作为一个整体的综合效益。

二、当前上海法学教育发展存在的主要问题

（一）规模稳定与产能相对过剩并存

近年来，全国法学学科毕业生人数和在校学生人数均呈现增长趋势。和全国相比,上海法学专业招生人数、毕业生人数和在校生人数规模基本保持稳定(见表1[1])。然而,即便是在供给端有所控制的情况下,上海法学本科教育仍然存在"产能过剩"现象,例如,在上海市教委公布的2016年度10个本科预警专业中,法学专业赫然在列。其实,法学专业的"产能过剩"现象在全国范围来看具有一定的普遍性,并非上海所独有。自第三方教育咨询机构麦可思研究院2011年开始发布就业前景最不看好的本科红牌专业至今,法学专业每年上榜,从未缺席。2014年教育部公布的近两年各地就业率较低的本科专业名单中13个省、自治区、直辖市的法学专业上榜,占比高达42%,其中包括上海。[2] 可见,无论在全国范围还是在上海,法学本科专业的"产能过剩"现象是客观存在的。深入研究法学本科专业的"产能过剩"现象是上海法学本科教育进一步改革发展的重要课题之一。

表1 上海与全国高校法学学科学生数一览表

年份/年	毕业生人数/人		招生人数/人		在校生人数/人	
	上海	全国	上海	全国	上海	全国
2010	5288	114 588	5876	133 630	22 218	486 750
2011	5812	117 923	5466	129 428	22 304	501 979
2012	6038	121 634	5464	133 717	22 029	516 789

---

[1] 表1中的上海地区的数据由《上海统计年鉴》(2010—2014)整理获得,载http://www.stats-sh.gov.cn/data/release.xhtml;全国数据由《中国统计年鉴》(2010—2014)整理获得,载http://www.stats.gov.cn/tjsj/ndsj/。

[2] 《教育部公布近两年就业率较低的本科专业名单》,载http://gaokao.eol.cn/kuai_xun_3075/20141013/t20141013_1188693.shtml,最后访问日期:2014年10月13日。

续表

年份/年	毕业生人数/人		招生人数/人		在校学生人数/人	
	上海	全国	上海	全国	上海	全国
2013	5633	122 676	5681	138 050	22 465	535 423
2014	5596	129 800	5554	137 558	22 521	543 271

根据法学本科专业就业率整体偏低的事实，我们可以推导出诸多可能的原因：社会需要法律人才，法学本科教育培养的人才符合其需要，属于有效供给，但社会需求已经饱和，从而导致生产过剩，我们可以把这种情况称之为绝对过剩。社会需要法律人才，但法学本科教育培养的法律人才非其所需，属于无效供给，从而导致生产过剩，我们可以把这种情况称之为相对过剩或结构性过剩。上海法学本科教育的"产能过剩"属于何种性质的过剩？笔者认为，我国的法治建设、法治发展水平还处于社会主义初级阶段，社会主义市场经济建设和法治发展仍然需要大量不同领域、不同层次的法律人才。上海作为国际化大都市和我国经济社会转型发展的重要引擎，法治人才市场更容易受到来自全国乃至世界各地优秀法律人才的冲击，对基础法律人才的需求很容易饱和，与此同时，对于各类高水平法律人才、通晓国际法律规则的高端涉外法律人才的需求则显得十分迫切。因此，整体上看，上海的法学本科教育应该属于结构性过剩或者相对过剩。

据了解，上海近90%的境内企业的境外投资与并购核心法律事务被境外律师掌握，中国律师常常被排斥在外。这种状况在国际上任何一个大国之中均是极为罕见的。据统计，上海有律师合伙所、合作所、个人所及外地分所共计566家，可其中仅有4家在国外设立了分所。与此相对应，我国香港地区和外国则分别有

12家和62家律师事务所在上海设立了代表处,专门代理涉外案件。[1] 时任上海市人大法制工作委员会主任、上海社科院副院长沈国明在2009年11月12日的"推进上海国际金融中心建设系列讲座"上曾一针见血地指出:"上海的律师可以提供的金融法律服务能力很弱,远远不能满足上海建设国际金融中心和国际航运中心的需求。上海律师界目前存在明显的'二八'现象,即诉讼业务占20%、非讼业务占80%,而目前上海的法律服务市场中,大量非讼业务由海外高端律师占据"。律师队伍中,只有为数较少的律师真正有资格、有能力从事高端法律服务,在国际金融、航运法律业务中发挥作用。律师自身能力不强导致了一边是大海般广阔无垠的业务领域,一边却是许多律师无从下手、难以立足的尴尬境地。[2] 这些情况与数据一定程度上说明了上海法学教育相对过剩的状态。

(二)发展不均衡与办学同质化并存

上海37所本科院校中有21所开设了法学本科专业,不同院校的法学专业或者同一所院校的法学专业方向之间在招生录取、学科专业建设、图书资料、师资水平、课程建设、教学质量保障、实验实训条件、利用社会资源等方面存在着较大差距。需要特别指出的是,一些非法学的、专业性很强的院校也在开办法学专业。笔者认为,法学教育发展不均衡本身无可厚非,问题在于不均衡发展的结果不应该导致办学以及人才培养的过度同质化,而应该彰显不同院校人才培养目标的多元定位和错位发展格局。近年来,上海各法学院校以上海"四个中心"和全球有影响力的

---

[1] 邵丽蓉:《帮你做个涉外律师》,载《重庆与世界》2005年第12期。
[2] 曹莹:《服务"两个中心" 浦东律师业大有作为》,载《浦东开发》2011年第2期。

科技创新中心建设需求为导向，依托自身资源及相近学科专业优势，设置了各具特色的法学专业方向，如有的侧重商法、有的侧重金融法、有的侧重知识产权法等，积极探索差异化发展途径，取得了一定的成绩，但上海法学教育人才培养的同质化问题依然存在。各院校培养出来的法律人才在外观上仍然难以区分，这导致市场总是选择那些有品牌的、有社会知名度的院校的学生，从而导致还没有品牌、还没有发展到一定程度的院校的就业率不尽人意。这种在假定市场总需求一定的情况下由于同质化导致的就业率此高彼低的现象犹如经济学上的零和博弈，一方的收益必然意味着另一方的损失，博弈各方的收益和损失相加总和永远为"零"，这势必导致教育资源的重复建设与浪费，降低上海法学教育的整体社会效益。

（三）教育模式僵化与制度创新不足并存

法律的生命不在于逻辑，而在于经验（The life of law doesn't lie in logic, but in experience）。这句格言是法律界的至理名言，被法律人广为传诵。[1] 纵观国外法学教育，要培养出有一定文化素养同时又具有较高法律技能的人员，需要6年左右的时间。在日本和德国，大学法律系主要是素质教育；毕业后，要真正从事律师或法官职业，还要再经过2年以上的职业训练。而在美国，素质教育放在法学院之前的大学本科，然后用3年时间进行职业教育。两种模式都表明法律人才的实际培养时间大致在6年以上。而要求中国的法律系本科毕业生在4年期间内达到这一标准，是不现实的。目前必须重新考虑法律教育的体制。[2] 上海

---

〔1〕 冯玉军，邱婷：《法律的生命不在于逻辑，而在于经验》，载《人民法院报》2010年8月13日，第7版。

〔2〕 苏力：《法学本科教育的研究和思考》，载《比较法研究》1996年第2期。

的法学本科教育与国内其他地区一样，整体上还是以4年全日制培养模式为主，教学内容和教学方式仍然以理论教学为中心开展。在不改变现有教育体制的情况下，上海各法学院校积极探索法律职业教育方式方法，试图在有限的时间内高效地培养学生的职业素养与执业能力，如聘请实务界人士开设以法律实务操作为主要内容的课程；邀请法院进校开庭审理案件；以参与国际国内知名模拟仿真类竞赛为抓手，综合训练学生的实务操作技能等，不一而足。部分院校对法学人才培养体制进行深度改革，以3+3、4+2等（理论教育3年+职业教育3年或国内教育4年+海外留学2年等）教育模式对部分学生进行培养，这成为上海近年来法学教育发展的一大特点。然而，上海法学本科教育模式的主体还没有发生根本改变，制约上海法学本科教育创新发展、引领发展的体制机制障碍还有待进一步破除。

三、几点对策与建议

（一）加快资源整合，提高办学门槛，提升高端产能

纵观国外主要国家的法学教育模式，更多国家开始把毕业于数量相对恒定的法科院校列为法律职业的准入标准。简言之，就是除了通过资格考试，更加"前置性"地把经过筛选的法科院校作为准入法律职业的另一个门槛。比如，美国以严格筛出的精英法学院为行业准入的主要管制手段，律考则相对为辅；德国司考改革后便把第一次司考权交给了数量本就长期稳定的法学院实施完成，进而让法学院借助第一次司考在行业准入上占据相当的话语权。[1] 在我国特殊国情背景下，教育主管部门应首先严格限

---

[1] 杨力：《法科院校的"洗牌式改革"何以可能》，载《法学》2016年第4期。

制批准设立法学本科专业并建立相应的进入和淘汰机制，以实现控制上海法科院校总体规模和确保教育质量的目的；同时积极行政，强化顶层制度设计，为上海法学本科教育改革提供足够的容忍度和制度空间，鼓励上海法学本科教育先行先试，自上而下大力推进法学本科教育的"供给侧"改革，加快"兼并重组"，消减无效、低端产能，创造面向全国乃至世界各地的高端法律人才供给，引领我国各地法学教育创新发展和差异化发展。

（二）发挥学科专业优势，实行差异化办学

针对法学教育相对过剩的问题，各法学院校应充分发挥办学自主权，根据区域经济社会发展需求，认真做好法治人才的市场需求分析，明确人才培养目标和规格，结合学科专业优势开展人才的招生和培养工作，不断降低低层次、低水平的竞争，实行错位竞争，这既符合国家未来对于法学教育宏观调控的方向，也是高校主动承担社会责任的一种内在要求。这样的一种做法，有利于高校在进行人才培养的同时，不断发展壮大学科专业优势，逐渐积累学科专业在国内乃至国际上的品牌优势，这在国家当前日益重视学科评价背景下显得更为重要。

以上海地区高校为例，上海有关法学院校以服务上海"四个率先""四个中心"建设以及现代服务业发展需求为导向，依托自身资源及相近学科专业优势，设置了各具特色的法学专业方向。如2010年华东政法大学主动对接上海国际金融中心对国际化、应用型金融法律人才的迫切需求，开设了法学专业国际金融法方向，致力于培养拥有法律、金融财会、数理统计等复合型知识结构、娴熟外语能力的国际高端应用型金融法律人才；2008年，上海金融学院设立了法学（金融法方向）专业等。此外，一

批具有较长时间法学办学传统的院校的法学专业建立较早，自始便注重突出特色，体现学科间的交叉与融合，如上海外国语大学侧重英语、国际经济法方向，华东理工大学侧重知识产权、环境与资源保护等方向，上海对外经贸大学侧重商法、国际经济法方向，上海海事大学侧重海商法方向，上海财经大学侧重经济法、民商法方向等。[1] 这些做法都值得提倡，今后应在做实法学基础理论与知识教学的同时，将学科交叉内容更好地反映体现出来。

在差异化办学方面，上海各政法院校还应在明确人才培养规格的基础上对人才培养模式做出选择。国际上主流的法学人才培养模式是"通识教育+职业教育"，且总时长大约需要5年至6年的时间。在我国本科学制没有改变的情况下，各办学主体应根据自身人才培养定位，明确通识教育和职业教育的比重，这是一种贯穿了现实逻辑的考量，否则便容易造成人才培养质量不合格或者低水平的同质化竞争。

（三）坚持开门办学，提高学生职业能力和综合素养

法学教育系统是社会的一个子系统，通过科学研究、人才培养、社会服务、文化传承创新、国际交流合作等五大职能与社会发生连接，同时也以此从社会获取相应的资源投入。当今世界日益开放，国家有界，文明与知识的发展无界，随着世界经济、区域经济一体化的快速发展，各种文化、道德观念、习惯、法律制度等也逐渐在相互碰撞、融合、发展，各种先进的、落后的、激进的、保守的因素相互交织。作为一个组织或者个人，如果想在

---

[1] 叶青主编：《上海法治发展报告》（2012），社会科学文献出版社2012年版，第183页。

优胜劣汰的丛林法则中延续下去,就必须首先保持开放。因此,上海各政法院校应该坚持开门办学、开放办学的理念,积极利用一切可以利用的社会资源开展人才培养工作,同时发挥专业智库的作用,在服务社会中发展自己,壮大自己。

第一,深化产学合作模式,加强法律执业技能培养。聘请资深法律职业人士为低年级学生开设一些普适性的实务课程;为高年级学生开设一些专题性的实务课程;邀请法律实务部门赴校开展特定活动,将法律实务工作的片段搬进校园,如基层法院到学校开庭等,或者联合法律实务部门举办准真实性的模拟实践活动,如模拟法庭活动要求学生从零散案件材料入手,找出相关的法律要点,寻找适用的法律规范,形成自己的代理意见,书写相关的法律文书,制定详细的诉讼策略,出庭参加诉讼等,可谓是一场实战练兵,有利于学生理论联系实际,提高其对于法律知识的应用能力。[1] 在此基础上,着力构建科学化、体系化、与理论教学相对独立的法律执业训练体系。

第二,开展联合办学,实现法学教育资源优势互补,共同提高人才培养质量。这里的联合办学可以指某个地区的学校与学校之间,也可以是跨省的,还可以是跨越国界的,只要双方主体有可以互补的"点",都可以大力发展。每所政法院校都有相对较强和相对较弱的学科专业。一般而言,以法学为主的政法院校,其通识教育资源不如综合性大学多;综合性大学的法学院系,其专业课程类教育资源不如以法学为主的政法院校多,如果能够优势互补,将会产生"1加1大于2"的效果。这方面,上海已有

---

[1]《华东政法大学本科教学质量报告》(2015年),载http://xxgk.ecupl.edu.cn/2016/1128/c1372a57178/page.psp,最后访问日期:2016年11月28日。

很多探索和实践,如松江大学园区、西南片高校联合办学,长三角区域联合办学等。继续推进"一名学生由多所学校共同培养"的理念,逐步建立以选课为核心的学分制,提高跨校选修的学分比例,同时扩大跨校选课的开放度。[1] 需要指出的是,区域联合办学的体制机制方面的障碍还有待于进一步研究解决。强化顶层设计,加大支持力度,鼓励有关高校找准发力点,在国际联合培养、定向培养方面实现重点突破,这是上海法学教育提升国际化办学程度,建设世界一流学科,发出国际声音,发挥国际影响的必经之路。

第三,发挥法治建设智库作用,在更加关注服务经济社会发展中实现协同转型。服务社会是高等教育的职能之一,从世界高等教育的发展历程来看,高等学校与区域社会经济发展会逐渐形成一种共生关系,如美国的"硅谷"与"斯坦福"模式等。这些案例告诉我们,区域经济社会发展和高等学校发展的良性互动,不仅能更好地推动区域经济社会发展,也能反过来促进高校成为知识创新、技术创新和服务创新的集聚地。因此,法学教育改革应变被动为主动,主动参与经济社会建设,以实现教育理念、教育内容、人才培养与社会的有效衔接。[2]

四、结语

新时代背景下如何办好上海的法学教育是一项系统工程,既需要教育主管部门的顶层制度设计与指引,又离不开各法学院校

---

〔1〕 叶青主编:《上海法治发展报告》(2012),社会科学文献出版社2012年版,第184页。

〔2〕《华东政法大学本科教学质量报告》(2015年),载http://xxgk.ecupl.edu.cn/2016/1128/c1372a57178/page.psp,最后访问日期:2016年11月28日。

的改革探索。上海法学教育应充分把握新时代以及我国经济社会发展新常态的内在要求,深刻理解"为谁培养人、培养什么样的人、怎样培养人"这一基本命题,主动作为,尊重教育教学和人才成长规律,坚持开门办学,进一步破除体制机制障碍,将国内外优质教育资源为我所用,凝心聚力培养一大批法学基础知识扎实、职业能力强、综合素养高、德法兼修的国际高端法治人才,助力我国从教育大国走向教育强国。

中国政法大学在职法治教育的特色与模式创新初探

◎宋乃龙*

中国政法大学(以下简称"法大")是中国法学教育的最高学府,是一所以法学为特色和优势,兼有文学、历史学、哲学、经济学、管理学、教育学、理学、工学等学科的"211工程"重点建设大学,"'985工程'优势学科创新平台""2011计划"和"111计划"(高校学科创新引智计划)重点建设高校,国家"双一流"建设高校。法大是国家法学教育和法治人才培养的主力军,参与了自建校以来几乎国家的所有立法活动,引领着国家法学教育的创新、法学理论的革新和法律思想的更新,代表着国家对外进行法学学术和法治文化交流。中国和欧盟合作的最大法学教育合作项目即中欧法学院建制在法大。

---

* 宋乃龙,男,中国政法大学继续教育学院院长。

法大在60多年的办学历程中，为国家培养了各类优秀人才20余万人。长期以来，法大积极参与国家法治建设工作，开展了大量的在职高素质法治人才教育培训工作。他们正以中坚和骨干的身份参加着国家的法治建设事业。基于在法治教育方面的重要贡献，学校被司法部、全国普法办授为全国法治宣传教育基地，同时拥有多个国家级和省部级法治教育培训基地、研究中心，如教育部青少年法制教育基地、教师法治教育研究中心、全国法学师资培训基地、国家人权教育与培训基地、全国律师行业党校培训基地、最高检检察公益诉讼研究基地、国家市场监督管理总局市场监管法治研究基地等。

中国政法大学继续教育学院是代表学校开展在职人员教育的专门机构。法大自1952年建校起即开展面向在职领导干部的继续教育，至今已有近70年，继续教育学院也由单一的成人学历教育转型为学校开放教育的窗口和平台，成为集成人学历教育与职业教育、集中授课与网络学习于一体，多种方式为社会提供高品质法治教育服务的专业机构。当前，学院正积极构建线上线下协同创新、融合并举的法治宣传教育模式；坚持成人学历教育与非学历教育共同发展，着力发展高层次的非学历教育；以法律职业资格考试培训为突破口，努力扩大法律职业资格考试培训规模；以行业法治教育培训为重点拓展领域，形成多元化办学形式；积极落实习近平总书记"5·3"考察法大重要讲话精神，以建设"全国领导干部法治教育合作基地"模式为创新点，构建全国法治教育高端平台。

一、法大具有开展在职法治教育的悠久历史传统、丰富实践经验和强大资源优势

与许多高校不同，法大长期以来专注在职人员的法治教育培训工作。

（一）法大具有全国领导干部法治教育培训的红色基因和广泛社会影响力

法大的历史传统分别来自于1952年成立的原北京政法学院和1951年成立的原中央政法干部学校（彭真同志为首任校长）。毛泽东、邓小平等中央领导先后为学校亲笔题写了校名。1985年，学校进修生院更名为中央政法管理干部学院且单独办学，负责全国地市级以上政法领导干部及其后备人员的培训任务，2000年并入中国政法大学。学校被誉为"共和国政法干部的摇篮"。

（二）法大是宣传学习习近平总书记全面依法治国新理念新思想新战略的重要阵地

为了宣传学习习近平新时代中国特色社会主义思想、党的十九大会议精神、习近平总书记全面依法治国新理念新思想新战略和习近平总书记考察法大重要讲话精神，法大在开展的全国领导干部法治培训中，结合培训干部的职业类别等情况，开展了习近平新时代中国特色社会主义思想解读、党的十九大精神解读、习近平法治思想、宪法思维与依宪治国、党内法规等课程，以促进党政领导干部提升政治、法治素养，重点正确把握习近平总书记全面依法治国新理念新思想新战略的政治意义、历史意义、理论意义、实践意义。

（三）法大具有较为完善的法治教育培训体系和模式

法大长期以来积极承担社会责任，开展了大量的在职高素质

法治人才教育培训工作。尽管法大的办学资源极为紧张，但每年到校培训有上百个班次，培训规模达到上万人，培训行业涵盖了政府、法检系统、企事业单位、律师等；课程设计针对部门特点和实际需求，采用"菜单式"和"订单式"相结合的形式为行业、系统设计具有针对性的培训方案。

除了线下教育模式外，学校还借助学校的法治教育品牌、师资优势，以及作为"依法治国e行动"秘书处单位，积极构建线上线下协同创新、融合并举的法治教育模式，目前正在结合国家加强法治教育的新要求，开发"依法治国系列高端法治教育项目在线培训平台"等。

（四）法大具有强大的法治教育资源

法大除了现有法学院、民商经济法学院、国际法学院、刑事司法学院、中欧法学院等18个教学单位外，还拥有多个国家级和省部级研究基地，如教育部人文社会科学重点研究基地（诉讼法学研究院、法律史学研究院），教育部重点实验室（证据科学研究院），北京市哲学社会科学研究基地（法治政府研究院），国家高端智库建设培育单位（人权研究院）；拥有多个国家级和省部级法治教育培训基地，如全国法治宣传教育基地、教育部青少年法制教育研究基地、全国法学教师培训基地、国家人权教育与培训基地、全国律师行业党校培训基地等。除此以外，还积极结合国家法治实践情况，推进新型智库和教育基地建设，设立了国家治理研究院、比较法学研究院、法与经济学研究院、制度学研究院等10个新型研究机构；设有司法文明协同创新中心、国家领土主权与海洋权益协同创新中心、马克思主义与全面依法治国协同创新中心、全球治理与国际法治协同创新中心、知识经济与法治发展协同创新中心、人权建设协同创新中心、法治政府协同创新中心 7 个协同创新中心。其中，由中国政法大学牵头组建的司法文明协同创新中心是首批经教育部、财政部认定的 14 个国家"2011 计划"协同创新中心之一；学校牵头组建的马克思主义与全面依法治国协同创新中心获批北京高校中国特色社会主义理论研究协同创新中心之一。

二、法大在职法治教育的项目类型

法大继续教育学院设置了成人学历教育中心，司法职业教育培训中心，党政干部教育培训中心，法商企业管理教育培训中心，律师教育培训中心，国家级法治教育基地项目中心，法律职业资格考试培训中心（学院），另设网络教育学院一个同级教学机构。

（一）成人学历教育项目

成人学历教育项目，主要是开展成人学历教育的招生、教学大纲的制定及实施、教学质量监控及教育教学发展评估等。成人学历教育设置法学一个专业，学习层次有高起点升本科（学制 5 年）和专科起点升本科（学制 2.5 年），主要课程有宪法、法理学、中国法制史、外国法制史、民法、刑法、行政法等，目前已有部分课程实现网络授课。

（二）"依法治国"系列高端法治教育项目

法大始终以习近平总书记重要讲话精神为指引，主动加强领导干部法治教育责任担当，积极服务于国家"四个全面"战略布局，以领导干部为主体，大力加强在职人员法治宣传教育工作。法大继续教育学院成立司法职业教育培训中心、党政干部教育培训中心、法商企业管理教育培训中心、律师教育培训中心、国家级法治教育基地项目中心，面向全国党政、司法、律师、企业等开展专业短期法治教育培训和职业教育培训，充分对接国家法治教育需求。设计开发"依法治国"系列高端法治教育项目，包括法治政府建设、纪检监察、扫黑除恶、反腐倡廉、领导干部法治思维和法律能力提升、重大风险防范、法治文化、政策形势、涉外法律、企业合规、教育行政执法、法学理论教育与研究能力等各类特色专题课程，形成了体系较为完备的高端法治教育项目。其中北京市律师任职前培训项目以及全国公证员任职前培训项目由法大组织开展。

（三）网络教育项目

为贯彻落实《国家中长期教育改革和发展规划纲要（2010—2020年）》中"构建灵活开放的终身教育体系，大力发展现代远程教育"的精神，学院于2013年成立网络教育学院，主要承担我校数字化资源及相关教学资料的收集、整理、开发及网络教育平台的建设。

学院积极整合我校法学、政治学、管理学、经济学等优势特色专业，开展法律职业远程培训，项目内容涉及名师课堂（精品课程）、依法治国系列高端法治教育课程、工作生活常用法学课程、同等学力研修学习平台法律英语资格考试等教育课程，课程均为自主录制，网络教育课程资源丰富。

（四）法律职业资格考试培训项目

法律职业资格考试培训中心（学院），其前身为中国政法大学司法考试学院，是全国首家公办法律职业资格考试培训机构。经过多年发展，逐渐成为全国高校首家集教学研究、命题研究、培训为一体的法律资格考试学院。学院根据培训教学的需求，依托学校法学名师的优质资源，积极组织专家、教授研究法律职业资格考试培训，在法考培训行业以高通过率著称，开设法律职业资格考试主、客观题系列专题培训课程，在同行业教育课程中极具影响力，受到了法制网等媒体的关注。

三、创新构建全国领导干部法治教育合作基地模式

习近平总书记在 2017 年 5 月 3 日考察中国政法大学时指出，法治教育要注重抓领导干部，全面依法治国必须抓住领导干部这个"关键少数"，要求各级领导干部做尊法学法守法用法的模范。要打破高校和社会之间的体制壁垒，将实际工作部门的优质实践教学资源引进高校，加强校企、校地、校所合作，发挥政府、法院、检察院、律师事务所、企业等在法治人才培养中的积极作用。2018 年底，法大创新构建"全国领导干部法治教育合作基地"模式，并根据行业、单位等性质，细分建立了不同的法治教育中心，以充分对接国家法治教育需求。从而与实务部门建立长期的系统化的人员交流互聘机制和法治教育合作关系，以促进法学理论和法治实践有机结合，将实务部门的优质实践教学资源引进学校，学校优秀人才到实务部门提供智力支持，并进一步推进法大作为"全国法治宣传教育基地"实体化工作。

基地建设重点加强与实务部门在人员交流、法治教育培训、法治建设、信息共享等方面的合作，更加深入地向广大领导干部宣传学习习近平新时代中国特色社会主义思想、党的十九大精神、依法治国基本方略、宪法思维与依宪治国等。

除此以外，通过与实务部门长期、系统化的法治宣传教育、

人员交流与互聘机制，将全国领导干部法治教育合作基地建设成为高端融合、互动的平台。对于符合法大相关条件的领导干部、律师、企业精英，可以聘为法大全国领导干部法治教育培训基地专家委员会委员、兼职导师，将实务部门的优质实践教学资源引进法大，反哺学校人才培养工作；我校优秀教师为实务部门提供智力支持，带动实务部门课题研究与智库建设；以党建工作为统领，以拓展与拥有爱国党建基地等红色教育资源的法治教育合作基地共建合作为延伸，建立长期的党建工作和法治领域继续教育互动创新模式；以促进党建理论和司法实践有机结合，充分发挥基层党员与领导干部在实务部门法治宣传教育工作中的先锋模范作用。从而实现共建合作基地的协同创新、共同发展，大力推进法治领域继续教育的融合、互动平台建设，促进法学理论和法治实践有机结合，促进国家法治建设和法治人才培养工作。

法大继续教育学院以习近平总书记重要讲话精神为根本遵循，以"提供优质在职法治教育、助力国家法治建设"为学院法治教育指导思想，积极参与并助力学校法治教育基地的建设与人才培养的实践活动。

（一）合作建立形式上的"全国领导干部法治教育培训合作基地"

加强与相关党政单位合作建立"中国政法大学全国领导干部法治教育培训合作基地"；对于省部级相关单位，也可以由省部级单位授权法大为相关省部级单位的"领导干部法治教育培训合作基地"或相应名称；与省级律协或实力较强的律所可以建立"中国政法大学全国律师法治教育合作基地"；与负责企业管理和服务的党政机关、协会或实力较强的企业建立"中国政法大学全国企业家（领导干部）法治教育合作基地"，从而建立长期的系统化的人员交流和法治教育合作模式。

自 2018 年底至今，学校已与内蒙古自治区人民检察院、河北省人民检察院、新疆维吾尔自治区人民检察院、山西省政法委、四川省司法厅、北京市通州区人民法院、安徽省淮南市中级人民法院、四川省泸州市等建立了领导干部法治教育合作基地模式，受到学习强国、人民网、法制网、法制日报、人民法院报、检察日报、澎湃新闻、今日头条等多家媒体的报道关注，此种基地建设模式还获评为 2019 年中国高校远程与继续教育优秀案例。除此以外，法大还与最高人民法院、最高人民检察院、司法部、国资委、证监会、国家市场监督管理总局以及多个省部级、地市级单位建立了法治教育合作关系。

（二）合作建立实体上的"全国领导干部法治教育培训教学基地"

为了更好地贯彻习近平总书记在 2017 年 5 月 3 日考察法大时所做的"5·3"重要讲话精神，以及在全面依法治国委员会上关于加强领导干部法治教育的重要指示，探索经相关政府等部门审批在当地建立或合作建立法大全国领导干部法治教育教学基地，政府等单位提供必要的场地、用房、资金等资源，也可以由原相关单位运营，法大部分使用。从而克服地域、空间等局限，有利于将法大优质的法治教育资源输送到全国更广大的地区，为国家法治建设做出更大贡献。

中小学法治教育的目标构成及方法体系

◎ 曹 鎏*

摘 要:党的十八届四中全会明确指出要加强中小学法治教育建设,中小学法治教育是我国国民法治教育的重要一环,关乎青少年发展,关乎我国社会主义法治公民培养和法治国家建设。中小学法治教育的目标包括总体目标和阶段性目标,要以社会主义核心价值观为引领,普及法律知识、培育法治理念,使青少年尊法学法用法守法,相应的,也要根据青少年认知水平和心智成长制定各阶段教育目标。法治教育目标的实现有赖于科学的教学方法,在这一个过程中,要处理好专业性和通识性、法治和德治等的关系,强化试验式、体验式、联动式教学方式。未来,我国青少年法治教育应当形成政

---

* 曹鎏,中国政法大学法治政府研究院副教授、国家监察与反腐败研究中心执行主任。

治、法治、德治有机统一，法治信仰、法治情怀、法治理想共同培育的新格局。

关键词： 中小学　法治教育　目标构成　教学方法　发展方向

党的十八届四中全会决定明确提出"把法治教育纳入国民教育体系，从青少年抓起，在中小学设立法治知识课程"。青少年是国家的未来。法治教育从娃娃抓起，这对于法治社会培育，进而促进全面依法治国方略落实，无疑具有至关重要的作用。青少年法治教育具有特殊性，不同年龄段的青少年，其心智水平和认知能力均有不同特点。基于此，本文将以教育部和司法部联合发布的《青少年法治教育大纲》为基本遵循，通过建构并解构最符合青少年成长规律的法治教育目标体系构成，以期得以探寻最具针对性和实效性的教学方法体系。

一、加强中小学法治教育的重要意义

（一）建设社会主义法治国家的基础性工程

法律是治国之重器。法治是确保国家治理体系和治理能力现代化的重要依托。改革开放以来，党一贯高度重视法治，依法治国已成为我国治国理政基本方略，是党领导人民治理国家的基本方略，是发展社会主义市场经济的客观需要，是社会文明进步的重要标志，是国家长治久安的重要保障。教育乃百年之大计，加强法治教育、培养公民法治理念是我国推进依法治国的基础性措施。青少年是"国家的未来""民族的希望"，是社会主义法治建设的后备力量和重要参与者，加强青少年法治教育是全面推进依法治国、加快建设社会主义法治国家的基础工程，在推进中国特色社会主义事业进程中有着至关重要的地位。

2014年，党的十八届四中全会通过了《中共中央关于全面推进依法治国若干重大问题的决定》，并明确提出"把法治教育纳入国民教育体系，从青少年抓起，在中小学设立法治知识课程"，这构成我国中小学法治教育的战略部署和顶层设计。为贯彻落实这一方针，2016年教育部和司法部联合发布了青少年法治教育的纲领性文件《青少年法治教育大纲》，同时教育部启动了对全国义务教育统一教材《道德与法治》的编写工作，并将义务教育小学和初中起始年级《品德与生活》《思想品德》教材名称统一更改为"道德与法治"。2018年，习近平总书记在全国教育大会上专门指出，要加强青少年法治教育，使学生养成遵纪守法的良好习惯。可见，加强青少年法治教育，关乎青少年的个人发展，关系我国公民法治素养的提升，对于法治社会培育，深入推进社会主义法治国家建设，无疑具有重要作用。

（二）强化公民教育、储备法治人才的必然之需

加强法治教育是通过对法律制度体系、法治基础理论以及法律实用知识进行介绍和解读，来培养公民法治理念，普遍提升社会法律素养。[1] 党的十八届四中全会亦提出坚持把全民普法和守法作为依法治国的长期基础性工作，深入开展法治宣传教育，引导全民自觉守法、遇事找法、解决问题靠法。要把法治教育纳入国民教育体系，并且贯穿于国民教育体系的全过程，这要从青少年抓起。青少年时期是"三观"形成关键期，中小学时期的法

---

[1] 参见覃淮宇、卢臻：《法治教育：青少年普法之必经路径》，载《广西师范学院学报（哲学社会科学版）》2016年第6期。

治观念培养将起到塑造人的作用，是培养社会主义法治公民的最佳时期。中小学校教育作为国家教育事业的基础，在培养法治公民上有着举足轻重的地位，青少年作为未来法治社会的建设者和主力军，[1] 从小学习法律知识、树立法治观念，可以促进整个社会形成自觉守法与爱法的氛围，有助于成长为社会主义法治的忠实崇尚者、自觉遵守者、坚定捍卫者。

此外，加强中小学法治教育，也是培养储备法治人才的基础工程。党的十八届四中全会决定指出，要"创新法治人才培养机制……形成完善的中国特色社会主义法学理论体系、学科体系、课程体系……推动中国特色社会主义法治理论进教材、进课堂、进头脑，培养造就熟悉和坚持中国特色社会主义法治体系的法治人才及后备力量"。中小学时期是青少年学习知识的重要时期，也是树立未来目标和确立人生理想的关键期。加强中小学法治教育，传播法律知识，深化法治理念，有助于培养青少年掌握基础法律知识，增强对法律的了解和热爱。法治教育是一个持久性的系统工程，青少年时期的法治教育有助于为整体法治人才队伍建设奠定坚实的基础，储备充足的人才资源和力量。

（三）提高青少年法治意识、提高自我保护能力的必由之路

加强中小学法治教育是提升青少年尊法、学法、守法、用法的最基本、最重要途径。青少年是国家未来的主人，也是未来中国特色社会主义法治建设的主力，从小学习法律知识，树立法治意识将会为未来打下深厚的基础。近些年来，由于青少年早熟，以及一些不良信息泛滥等原因，社会犯罪向青少年蔓延，犯罪低

---

[1] 参见汪晶晶、张铭凯：《将法治内容融入中小学课程的意义、诉求与路径》，载《教育探索》2015年第2期。

龄化现象日益严重，已成趋势。2015年，青少年犯罪总数占全国刑事犯罪总数的70%以上，其中14~16岁年龄段所占比重逐年提升，到2013年已突破50%。[1]这一现状也在理论界和实务界引起热议。为了应对这一问题，有人提议暂时下调刑事责任起始年龄，有人提议在当前法律尚未修改的情况下，充分借鉴"恶意补足年龄"规则等。然而，导致青少年犯罪的原因是多方面的，单纯降低刑罚起始年龄并非良方，世界范围内也是本着教先于罚的理念来应对这一难题，我国也应当本着"教育为主，惩罚为辅"的原则来改善这一现状。加强中小学法治教育是"治本"之策，有助于培养其青少年对法律的敬畏，可以从源头上遏制犯罪的发生，也可避免遭受刑罚后产生的"副作用"[2]。

与此同时，近些年来校园欺凌霸凌事件频发，教师体罚学生、甚至爆出违法性侵等不法行为。由于网络发展和生活开放度、便捷性提高，青少年与社会接触也越来越密切，面对矛盾和冲突不断攀升，青少年由于心智和体质上的原因，往往处于弱势地位，身心健康易受损害。加强中小学法治教育，使其掌握更多的法律知识，一方面，有助于学会尊重他人的合法权益，不随意侵权；另一方面，当自己或者他人合法权益受到损害时，要秉承正义之心，既要依法捍卫自身合法权益，提高自我保护能力，同时也要学会用法律知识和手段来与不法行为做斗争。

---

[1] 穆旭：《犯罪低龄化，不能"单方"防治》，载《天津政法报》2015年7月20日，第6版。
[2] 将未成年人投入监狱，与社会隔离，会导致其丧失适应社会能力、缺乏工作能力，同时容易在监狱内"交叉感染"。

二、青少年法治教育的目标构成

从法制到法治的转变,不但是文字的区别,更多的是从制度向理念迈进,是实施、监督、保障体系一体化的升级版。加强中小学法治教育是一个系统工程,是我国国民教育的重要组成部分,关系国家发展大计,关乎青少年个人成长。根据《青少年法治教育大纲》,法治教育的目标构成既有层次感,更有衔接度。其中总体性目标是要统揽全局、高屋建瓴,要从总体上反映法治教育的目的,而阶段性目标则要因时而动,充分考虑不同年龄段青少年的认知水平,形成若干子目标,这些子目标之间既要前后衔接、循序渐进,也要能够反映出其在总体性目标中的基本定位。基于此。笔者认为,青少年法治教育的目标体系包括以下内容:

(一) 总体性目标

1. 以社会主义核心价值观为引领,强化社会主义法治认同

改革开放以来,我国在经济发展、社会建设等领域取得了瞩目的成就:开辟了中国特色社会主义道路,形成了中国特色社会主义理论体系,确立了中国特色社会主义制度,发展了中国特色社会主义文化。在建设中国特色社会主义事业的过程中,我们坚持党的领导、人民当家做主、依法治国有机统一,开拓和建设了中国特色社会主义法治体系,奋力建设社会主义法治国家。法治是国家发展的重要保障,治国理政须臾离不开法治,[1] 坚定不移地走中国特色社会主义法治道路,是建设中国特色社会主义的必然要求。

---

[1] 《坚定不移走中国特色社会主义法治道路——四论学习贯彻党的十九届四中全会精神》,载《光明日报》2019年11月4日,第1版。

中国特色社会主义法治体系是有着强大生命力的制度体系。开展青少年法治教育，必须要高举中国特色社会主义伟大旗帜，以培育和践行社会主义核心价值观为主线，践行法治理念，树立法治信仰，引导青少年参与法治实践，形成对社会主义法治道路的价值认同、制度认同，成为社会主义法治的忠实崇尚者、自觉遵守者、坚定捍卫者。

2. 培育法治理念、普及法律知识

培育法治理念、普及法律知识是加强青少年法治教育最直接的目的。我国实行九年制义务教育制度，并在受教育者中进行理想、道德、纪律、法治等教育，其中法治教育是青少年教育的基本内容。与高中阶段和大学阶段培养目标迥异，中小学法治教育强调要让青少年初步了解我国法律体系的基本组成，对法律在国家治理体系中所发挥的重要作用有初步认知，对与其关联度比较高的一些法律规定有一定的了解，并初步具备运用法律维护自身合法权益的基础能力。同时，要强化青少年对法治理念的认知，小学阶段侧重感性认识，初中阶段考虑进一步强化。包括进一步认识什么是法治，法治与法制有什么区别，什么是公正、自由、平等、人权等。要将社会主义核心价值观中"自由、平等、公正、法治"贯穿于教学始终，其中自由，有绝对自由和相对自由之分，而我们的意志自由、存在和发展的自由，都是在法律之下的自由；平等，强调法律面前人人平等，并且力图避免机械一刀切的形式平等，不断实现实质平等；公正，是法治最凸显的表达，要求不仅要在最终结果上实现公平正义，更要保障程序公正，确保正义看得见；法治，坚持良法善治，良法是法治的前提，善治是法治的目标，法治应当是良法与善治的有机结合。中小学法治教育要强化理念方面的培养和激发，而非简单的法律知识的灌输。加强中小学法治教育，就要用科学的教育方法将法律知识普及给青少年，使其真诚地尊法懂法，规范自身行为、分辨是非；并在此基础上培育法治观念，使其守法成为自觉行动，并增强运用法律方法维护自身权益、通过法律途径参与国家和社会生活的意识和能力，进而成为具有责任感的合格公民。

3. 强化尊法学法守法用法，培育法治社会

使青少年尊法、学法、守法、用法是加强青少年法治教育最基本的目的，加强中小学教育，就是要全面提高青少年法治观念和法律意识，使尊法、学法、守法、用法成为青少年的共同追求和自觉行动。

全面依法治国是国家发展战略，法治社会培育是重要保障。法治新时代要求我们坚持以宪法教育为核心，坚持宪法法律至上，形成对法律的敬畏之心。同时青少年要努力学习并掌握法律知识，增强对权利和义务的认识，一方面了解、掌握个人成长和参与社会生活必需的法律常识和制度、明晰行为规则；另一方面也可以通过对法律的学习，不断深化对国家发展战略规划的认知，增强社会责任感和民族自豪感。同时，加强法治教育不是单纯地灌输"法律知识点"，更重要的是真正让法治精神深植于脑、内化于心，并进一步地外化于行。一方面要牢固树立有权利就有义务、有权力就有责任的观念，遵守法律不触碰红线；另一方面更要学会用法律解决实践问题，拿起法律武器捍卫自身权利和帮助他人，自觉勇敢、科学地与不法行为做斗争。

（二）阶段性目标

法治教育是长期教育，是一个层次递进、螺旋上升的过程，

要根据对象的差异和变化，而不断调整相应的内容和方法，注重提高其针对性和实效性，在不同阶段达到不同的效果，实现不同阶段的目标。

1. 小学教育阶段

我国教育法规定，凡年满六周岁的儿童，其父母或者其他法定监护人应当送其入学接受并完成义务教育。在小学阶段，学生年龄区间大致为6~12周岁，而这样一个阶段，正是身心发展尚未完全、心智不够成熟的阶段，当然也是好奇心、求知欲旺盛的阶段，由此小学生的可塑性极强。小学阶段是青少年正式接受义务教育的初始阶段，要根据小学生的认知、学习能力以及生理心理特点，侧重基本规则意识和尊法、守法意识的养成，着重普及一般法律常识。在法律普及的过程中，要侧重普及宪法中与小学生密切相关的权利义务，如受教育权、隐私权等；当然刑法中涉及儿童的部分法律知识也应当予以强调，尤其拐卖、性侵相关法律知识，以及对应的个人权利保护方法与途径。

整体而言，小学阶段的法治教育侧重让小学生初步了解宪法法律基础知识，接受法律的熏陶；感知生活中的法、身边的法，增强个人保护意识和能力；进一步养成遵守规则的意识以及培育其国家观念、诚信观念和遵纪守法的行为习惯，同时为初中阶段的法治教育打下良好的基础。

2. 初中教育阶段

初中阶段的青少年在身心方面相较于小学生都有了很大程度的成长，接触社会的机会也日益增多；但同时，初中阶段的校园暴力、盗窃、抢劫等问题也更加严重，亟需加强对学生进行法律知识普及和实践教育。初中阶段是青少年成长的重要阶段，是从幼稚走向成熟的关键期，也是"三观"重要形成期。在这一阶段应当对初中生进行更为全面的法治教育。一方面，使学生初步了解个人成长和参与社会生活必备的基本法律常识，进一步强化守法意识、公民意识、权利与义务相统一观念、程序思维，初步建立宪法法律至上、民主法治等理念；另一方面，使其初步具备运用法律知识辨别是非的能力，初步具备依法维护自身合法权益、参与社会生活的能力。为高中阶段的法治教育，以及为进一步融入社会培育法治观念、树立法治信仰奠定基础。

三、青少年法治教育的方法体系

中小学法治教育有其特殊性，因其面向对象的生理和心理都尚未完全成熟，应强化教学方法的针对性和实效性，以贴近青少年实际、提高教育效果为目的来科学选择并使用教学方法，不断创新和丰富教学形式和内容。

（一）必须解决的七大关系

法律有其专业性与特殊性，青少年教育也有其针对性和阶段性。为了更加科学、全面而有效地进行青少年法治教育，必须在这一过程中处理好专业性和通识性、抽象性和生动性、法治和德治、正能量和负能量、整体性和阶段性、重复和深化、目标导向和问题意识共七大方面的关系。

1. 专业性和通识性

法学本身是专业性极强的学科，有其特殊的语言和逻辑体系，一直以来被认为是艰深且晦涩难懂的学科。法律包罗万象，内容复杂，这是其普遍性的特点。我国法律从调整关系和方法上可以分为宪法行政法、民商法、刑法、程序法等部门，从效力层级上又有宪法、法律、行政法规、地方性法规、规章等之分。如果将专业的法学理论和法律架构教授给中小学生，其也难以理解掌握。当然，法律不全是高深的理论和繁杂的法条堆砌，法律是一门实践科学，与我们每个人的生活息息相关。对于中小学生而言，掌握最基础的法律概念和原则，了解我国基本法律内容并掌握与其切身相关的法律知识已然足够，中小学的法治教育应当在专业性的基础上，侧重通识性教育。

2. 抽象性和生动性

法律本身是经验的总结和升华，其对生活事实具有高度的涵盖性，对于立法而言，合理的抽象性是极为重要的，也是必然的。然而中小学生在成长过程中，掌握的具体知识不足，抽象思维能力较弱，尤其小学生理性思考能力更是薄弱。但是在对中小学生进行法治教育的过程中，既不能为了保持法律自身特点而忽视中小学生的学习和理解能力不足的客观事实，也不能为了适应中小学生的接受能力而将法律换了面目，应当在平衡二者的基础上，通过将抽象的法律，具化为实实在在的身边的案例以及有意思的故事等生动的方式有效地让中小学生掌握相关内容。

3. 法治和德治

法安天下，德润人心。我国历来坚持依法治国和以德治国相结合，一方面持续推进全面依法治国方略，充分发挥法律规范、指引作用；另一方面大力弘扬社会主义核心价值观，弘扬中华传统美德，培育社会公德、职业道德、家庭美德、个人品德，发挥道德的教化作用，实现法治和德治相得益彰。在中小学法治教育阶段也应加强法治教育和德育相辅相成。德育在中小学教育中占有基础性地位，中小学相关教材也是从思想品德改编为《道德与法治》，应当强化道德和法律的统一教育，立德树人，德法兼修，使青少年理解法治的道德底蕴，牢固树立规则意识、诚信观念，尊崇公序良俗，实现法治的育人功能。

4. 正能量和负能量

中小学生正处于心智成长重要阶段，本应更多地传输其正能量，方有利于身心健康发展。法律是维护国家稳定、各项事业蓬勃发展的最强有力的武器，是维护公民合法权益、惩恶扬善的正义之剑。要让中小学生认识到法律在社会中起到的重要作用，认识到法律给我们的生活带来的保障，认同法律不可替代的重要地位。同时，我们也应让中小学生认识到，尽管法律可以保障公民的基本权利，但其规范范围是有限的，仍有一些法律不能规范到的领域，同时还有很多违法行为发生，可能会侵害其合法权益。在小学阶段应当更多地进行正面教育，强调法的正能量，在初中阶段就可以逐渐地向中学生普及一些违法情况和法律局限性等，充分让学生认知法律、了解实践运行现状，增强避险意识。

5. 整体性和阶段性

法治教育是一体化工程，贯穿学习的各个阶段，贯穿人的一生。不论是在学校，还在社会各个岗位上；在青少年时期，还是成年之后，学习法律知识，树立法治意识，都是我们社会主义核心价值观培养的要求。因此，我们应把中小学法治教育放在公民法治教育的大框架下来看，明晰其定位和目标。中小学阶段的法治教育侧重打基础，侧重对基础法律知识的掌握和法治理念的了解，以及培养尊法守法爱法护法用法的意识，为进一步学习法律知识，进一步成长为合法公民夯实基础。

6. 重复和深化

法律知识虽然包罗万象，但是基础概念和构架却是稳定明晰的。不管是在小学阶段还是在初中阶段，可能都会接触宪法、刑法、民法等基础法律，而在各个不同的阶段，这些作为法律体系中最为基础和重要的内容，会体现在每个阶段的法治教育中，但是不同阶段面对的对象和所欲达成的目标不同，因此对法律内容介绍的广度和深度也不相同，尤其在深度上。初中阶段与小学阶段的法治教育从内容设置来讲，有些内容确实应当作重复性讲授，但重复并非简单重复，而是以强化相关知识和理念为基础的深化，但也要随着青少年心智的不断成熟，循序渐进，深化教学内容，以使青少年更加深度地理解和敬畏法律，真诚地信仰法律。

7. 目标导向和问题意识

坚定目标才能不断正确前进，把握问题才能保证不虚化。在加强中小学法治教育的过程中，一定要把握好总体目标和阶段目标，始终专注于普及法律知识，强化法治意识，使青少年逐渐学会尊法守法用法护法，认同社会主义法治建设大业。同时，也要有针对性地解决在不同阶段、不同地域可能出现的问题，譬如学校重视不足、组织不力，教师队伍专业化程度低，教学方法单一、失效低等问题，要在把握大方向的同时，逐一击破问题和障碍，保障青少年法治教育的有效推进。

（二）教学方式的灵活性，注重实践式、体验式、参与式

从实践来看，传统上对中小学生进行法治教育大多"蜻蜓点水"，照本宣科，缺少交流和互动性。近些年来，各地也意识到这个问题，不断采取多元教学方式，让课堂变得更加生动，切实提高法治教育的质量和实效。比如，很多学校通过板报、校园广播等形式来普及法律知识，通过知识竞答、模拟法庭以及法律调

研活动等方式让学生切身体验法律的现实运行。教育部也联合六部门[1]印发了《关于加强青少年法治教育实践基地建设的意见》,通过整合社会法治教育资源,在全国建设法治教育实践示范基地,创新法治教育形式,推进法治教育与法治实践相结合。

根据中小学生生理和心理特点,中小学法治教育更多应贴近青少年生活实际,用看得见的故事、案例来展示法律理论和法律知识,用参与性强的角色扮演、模拟法庭、案例研讨来加深中小学生对法律的理解和掌握,这种实践式、体验式、参与式的教学方式,可以增强中小学生法治教育的趣味性和吸引力,通过学生的参与、互动、思辨,让学生在行动中体会法治的理念,在理论指导下作法治的自觉践行者。

(三)强化社会各方力量的联动式教育

就中小学生而言,家庭也是其重要的实体生活环境,也是培养法治素养的"重要阵地"。家庭环境将直接影响了法治教育的成效。为此,学校和家庭应当联动,形成法治教育合力。一方面,学校应当和家长增进沟通,统一法治教育步调,充分利用互联网、家长会等方式争取家长的支持与配合,减少彼此的教育力量内耗。[2]另一方面,家长也要增强自身法治素养,言传身教,做好榜样,同时及时将学生身上出现的一些问题与学校沟通,定期联络,将问题消解在摇篮内。

此外,学校也应当加强与社会相关部门的沟通和交流,形成教育合力。比如可以加强与社区的联系,在社区进行普法宣传

---

[1] 六部门是指最高人民法院、最高人民检察院、公安部、司法部、全国普法办和共青团中央。

[2] 乔宏时:《推进中小学法治教育的四点建议》,载《中国德育》2018年第6期。

时，可以请求让学生参与；更进一步的，可以组织学生到法院去旁听案件审理，参观少年犯等的学习生活情况，强化青少年的心灵震颤，等等。让青少年适度地走出校园，走入社会，感受法律的真实运行，亦可增强校园法治教育的实效。

四、余论：青少年法治教育的未来发展方向

当前，我国正处于法治建设的攻坚时期，加强中小学法治教育是深化依法治国实践的重要途径。在此过程中，要充分发挥学校、家庭和社会多方力量，全面提升中小学法治教育质效。随着我国社会主义法治建设事业的不断推进，以及青少年教育研究的不断深化，未来的青少年法治教育必然会形成政治、法治、德治教育的统一以及法治信仰、法治情怀、法治理想的一体化格局。

坚持政治、法治、德治教育的统一包含三个方面：一是要加强政治信念与生活场景的有机统一。要将宪法的规定与生活中常见的情境结合起来，比如通过身边的优秀党员去理解中国共产党的领导，通过身边的人大代表来认识人民当家做主的政治制度，通过自己的身份证去理解公民的内涵与荣誉等。二是要强化理论认知与实践能力的统一。随着网络大数据、人工智能时代的来临，青少年智力发育的加速，应当将法治教育内容适度提前，在传统侧重基础法律常识普及的基础上更加强调青少年的理念认知，同时在这一过程中，也要着重知行合一，培养青少年理论联系实际的能力，通过生活实践不断深化法律认知。三是要深化个人自由与社会责任的统一。要充分认识到权利和义务的对等关系，明确权利行使的边界，认识到个人自由与社会责任、国家责任之间平衡互促的关系。

坚持法治信仰、法治情怀、法治理想的一体化主要包含两个方面：一方面，要通过中小学法治教育不断深化青少年对法治的认知、对中国特色社会主义法治的认知和认同，培养其对法治的敬畏与信仰，主动用法律去理解和解决生活中遇到的现象和难题。另一方面，通过中小学法治教育进一步展现法治的魅力，激发青少年对法治的兴趣，以更好地为我国法治建设储备人才力量。

课堂与教学

Curriculum and Teaching

六年制法学实验班课程改革
——兼与大陆、台湾一流法学院课程设置相比较　程　滔

《道德与法治》任课教师专业素养及提升途径初探
——基于北京市部分中小学调研的分析　张永然　王兰涛

政法院校法学课程思政建设问题探讨　谢　波　刘会娣

供给侧视域中法学学年论文的课程化建设研究　杨锦帆　李永宁

公共外语教学改革视角下的法学（西班牙语）专业建设实践与反思　李　蕴

在本科生法学课程考核中引入口试的实践与思考　娄　宇

六年制法学实验班课程改革

——兼与大陆、台湾一流法学院课程设置相比较*

◎程 滔**

摘 要： 2008年，教育部批准中国政法大学进行法学教育模式改革试点，实施"六年制法学人才培养模式改革实验班"（简称"法学实验班"），以培养高级法律职业人才为目标。十年间中国政法大学对"法学实验班"的课程设置不断调整与完善，本篇论文将大陆和台湾一流大学法学院[1]的法学院课程设置相比较，提出在法律职业化的进路上深化培养法律人才[2]的培养目

---

* 本文系2017年中国政法大学教学改革立项项目的成果。
** 程滔，中国政法大学法学院教授，硕士生导师。
〔1〕 本文大陆一流法学院的比较即与中国人民大学、北京大学法学院，台湾的一流法学院主要是两所，一所是台湾大学，在台湾公立大学里法学排名第一，另一所是东吴大学，在台湾私立大学里法学排名第一。
〔2〕 本文提到的"法学人才"特指中国政法大学"法学实验班"六年制的培养。

标,法学人才培养不仅局限于掌握法学知识和技能,更应强调回应社会实践,培养具有人文精神、批判性思维、领导才能的法律人,并与法律职业资格考试形成良性互动的关系,使"法学实验班"课程设置更加科学、合理。

关键词: 法学实验班 培养目标 课程设置 法律职业资格考试

建设法治国家、法治政府、法治社会,都离不开一支高素质的法治工作队伍,如何培养高端的法治人才是法学教育亟待解决的问题。21世纪第一个十年末期,伴随着国务院《教育规划纲要》[1]的颁布,教育部首先在法学领域实施"卓越人才教育培养计划"。在此之前,即2008年,教育部已经批准中国政法大学进行法学教育模式改革试点,实施"六年制法学人才培养模式改革实验班"(简称"法学实验班")。至今中国政法大学法学院的"法学实验班"已招收十届学生,十年间中国政法大学不断地探索与完善这一新模式的培养计划和课程设置等。中国政法大学的"六年制实验班"[2]能否成为法学教育的标杆,大家都在拭目以待。

一、在法律职业化的进路上培养法学人才

中国政法大学法学实验班的设立针对我国法学教育存在的突

---

[1] 2010年国务院颁布的《国家中长期教育改革和发展规划纲要(2010—2020年)》,简称《教育规划纲要》。

[2] 目前教育部只批准中国政法大学实施"六年制法学人才培养模式改革实验班",其他学校也有类似项目,如华东政法大学的"4+2"项目,上海交通大学法学院的"3+3"项目等。

出问题：法学教育整体办学水平较低；人才培养目标定位模糊；实践教学环节薄弱导致学生知识应用能力和职业技能低下；国际化水平整体较低，不能适应法学教育国际化和法律职业竞争国际化的需要，具有国际视野、通晓国际规则、能够参与国际事务和国际竞争的国际化法律人才严重不足等[1]。2010年"六年制法学人才培养模式"被确定为国家教育体制改革试点项目，培养目标是高级法律职业人才。

长期以来，虽然各高校致力于法学人才培养与学科建设，但是我国的法学教育很长时间与法律职业脱节，未能全面重视和充分研究法律职业的发展和法律职业对从业人员的基本要求，法学毕业生不能适应司法实践的需要，这也是导致法学毕业生就业率低的一个原因。法律职业专业化程度很高，严格遵循职业伦理，并需通过统一的法律职业资格考试制度。法学教育与法律职业有着不解之缘，法律教育是从事法律职业的必经之路，为法律职业提供后备军，一方面，没有法律教育就没有法律职业，法律教育培养和提升法律职业素养；另一方面，法律职业决定了法律教育的发展方向和目标。

中国政法大学的法学实验班体现法学教育的职业性特征，使学生更符合职业化的要求，较普通法学班有以下特点：前四年是理论学习，后两年是实习阶段；实行导师组，每个学生配备导师，导师不限于法学院的老师，还有民商院、刑司院的老师担任导师；增加案例研习课，以及专题研讨课；进行为期一年的实习阶段。实验班试行十年间，出现了不少问题，课程的设置重复，

---

[1] 黄进：《卓越法律人才培养的目标、观念、模式与机制》，载《法学教育研究》2012年第1期。

一门课学四遍，比如刑法课程，开设刑法、刑法案例研习、刑法研讨课、刑法专题研讨课，后两门课程几乎没有区别。此外，一些置入课安排得也不尽合理。学生反映理论课不像理论课，实务课也不像实务课。例如，研讨课目的是增加理论深度，可实际上则是大而化之，泛泛而谈；而案例课，老师也是应付"差事儿"，成为"很水"的课程，没有达到应有的效果。后两年的实习，处于"放羊"的状态，学生们也很迷茫。

以上的问题有老师也有学生的问题，如导师制，虽然目前实验班两位学生配备一位导师，但是导师与学生几乎没有什么联系，学生的导师也不一定是其学士和硕士论文的指导老师。案例研习课在我们国家一直不成熟，1870年兰黛尔提出的"视法律为科学"的案例教学法，采用苏格拉底式的诘问，教师层层设问，学生分析案情，发现判决中的规则，使学生在纷繁的案例中学到什么是法律，培养学生像律师那样去思考，训练学生的职业思维以及发现法律的能力。现在多数的案例课成为"例子"教学，案例中蕴含的法律问题、方法、技巧等被简单化，案例教学失去了之于理论教学的独立意义。教学方法传统、单一，老师还是传统的教学方法，从案件事实入手，让学生分析法律关系，法律如何适用，并配有标准答案。案例课程成为"四不像"课程，既不是理论课，也不是实践课程，又不是研讨课，此外，案件事实都是老师加工整理好的，没有情景角色的进入，难以发现案例中的问题是什么，解决问题的方法。学生也"偷懒"，案例教学虽然是小班教学，老师采用分组的形式，没有分到该小组的案子，学生大都不看，老师分析该案时，也不认真听。

中国政法大学以及法学院的培养部门针对以上问题，积极做出调整，在习总书记的"五三"讲话[1]的指导下，重新修订培养方案，优化专业课程体系，强化实践教学，扩充通识课程和创新创业课程的门数。具体体现在以下三个方面：

首先，强调法律职业伦理的培养。法学院的"六年制实验班"的培养目标更强调了法律人的"德才兼备"，即法律技能与职业伦理的培养，法律伦理是法律人不可或缺的素质，没有职业道德的支撑，构不成一个健全的法律职业。2017年习近平总书记考察中国政法大学时强调"立德树人""德法兼修"，法律职业行为规则课程一直是法学实验班的必修课程，从2019年法律职业伦理成为中国政法大学自主设置的二级学科，可以看出中国政法大学在人才培养上的卓识远见。[2]

其次，强化实践技能的培养。法律教育的主要目标是培养应用型的法律人才。习总书记在考察中国政法大学的"五三"讲话中，强调了"法学学科是实践性很强的学科，法学教育要处理好知识教学和实践教学的关系"。强化法学实践教学，架设法学理论与法律实践之间的桥梁，加强学生创新能力的培养。中国政法大学2017年修改的培养方案中，将法律诊所[3]列为法学实验班的必修课程，法律诊所不但培养学生会见与咨询、沟通与说服、事实调查与取证，庭审辩论等多种技能，而且是养成学生良好职业道德的最佳场所，即让学生在提供法律服务的过程中，培养其公益心和社会的责任感。

---

[1] 2017年习近平总书记视察中国政法大学时做的讲话。
[2] 2002年中国政法大学的法学院将以前的律师学教研室更名为"法律职业伦理教研室"，2019年中国政法大学将法律职业伦理课作为自主设置法学二级学科，并招收硕士、博士研究生。
[3] 中国政法大学法学院专门有"实践教研室"，教研室的老师既担任法律诊所的指导老师，也开设法庭辩论、律师实务等课程。

最后，重视人文的培养。法学实验班实行通识教育与专业教育相融合，既有健全人格的博雅教育，又有牢固的专业基础教育，让学生建立宽广的知识结构。"通识教育"一词来自英文的"general education"和"liberal education"。由于现在的专业教育分科太细，知识被严重割裂，不利于学生全面地发展。通识教育增加学生知识的广度与深度，拓展学生视野与对不同学科的认识，从而将不同的知识融会贯通，使学生兼备人文素养与科学素养，在此过程中培养学生独立人格与独立思考的能力。

二、在回应社会实践的基础上深化法学人才培养的目标

目前从法学院实验班培养目标与课程设置来看，与"卓越人才"有一定的差距。何谓"卓越人才"？"卓越"一词在《辞海》上的意思是指优秀杰出，不同于一般。"卓越人才"也是精英化的培养。比较下面表1里中国政法大学四个法学院与中国人民大学、北京大学、台湾大学法学院的培养目标。

表1　中国政法大学四个法学院与中国人民大学、北京大学、台湾大学法学院的培养目标

院　校	教育目标	学生核心能力
中国政法大学法学院	坚持立德树人，培养德才兼备的卓越法律人才，使其具有扎实的理论基础、突出的实务能力、开阔的国际视野以及优良的职业伦理。	建立较为宽广的知识结构；形成良好的法律思维方式；掌握初步的专业技能；掌握法律职业相关实务。

续表

院　校	教育目标	学生核心能力
中国政法大学民商经济法学院	培养高质量的应用性、复合型、国际型、创新型人才。	
中国政法大学国际法学院	培养厚基础、宽口径、强能力的复合型、应用型、国际型高级法律职业人才。	
中国政法大学刑事司法学院	培养厚基础、宽口径、高素质、强能力的复合型、应用型、创新型高级法律职业人才。	
中国人民大学法学院	德、智、体全面发展的高素质法律人才。坚持"宽口径、厚基础、多选择、重创新、国际性"的培养理念，采取因材施教、分类培养的模式，培养从事立法、行政、司法、法律服务等法律实务的人才，从事法学教育与学术研究的研究型人才以及从事国际法律事务的涉外法律人才。	
北京大学法学院	承担历史使命，关心中国问题，素质学术并重，全面培养人才。在开阔的国际、历史、职业和学术视野下，针对中国社会的近期和长远需求，努力追求为中国各行各业的社会主义建设培养出大批具备前瞻、创新、反思和批评能力的高素质领导型和创新型人才，主要但不局限于法律和法学人才。	
台湾大学法律学院	着重于掌握法学理论，以应变迁中的社会。	问题之分析与解决；资料之阅读与批判；法律文书撰写；口语表达与聆听；资料收集；组织与经营管理；服务人群与伸张正义；科技整合；国际视野；了解尊重多重文化。

首先，与中国政法大学其他三个法学院的培养目标相比，看不出法学院实验班培养的差异，其他三个法学院，虽然没有用

"卓越"一词,而是提到"高级法律职业人才",即"应用型、复合型、创新型、国际型"人才的培养。其次,北京大学、台湾大学的培养目标中都提到服务于社会,回应社会。笔者认为,卓越人才培养目标不应局限于法律职业的范围,应有更深远的目标。

第一,服务于社会,实现社会正义。法学是一门应用学科,具有很强的社会性和实践性。北京大学法学院的培养目标提到,学生"必须关注社会实践,回应社会……认识自然、认识社会、认识自己"。台湾大学的培养目标是"以应变迁中的社会"。1989年,联合国教科文组织在《21世纪的高等教育:展望和行动》文件中就曾指出:大学教育必须培养能用批判性思维去思考和分析社会问题并寻求合适的解决办法的公民为其主要任务。美国康奈尔大学前校长怀特说过:我们创办法学院的目的,乃予以严格之训练,提高其程度,使其将来出校后,有高深的学问,有远大的目光,有高尚的道德,若再辅以相当经验,则无论其为法官,为律师,为各种公共事业,鲜有不成为造福国家的法学者。

作为现代法治国家法律人,应具有公平、正义、民主、自由等理念,具有人文精神。台湾地区的法律学者也提到法学教育之第一步,乃在于如何培养学生之公平观念与洞察问题之眼光。法律、法规适用亦应仅为基本能力,其更应稔熟法律制度背后之精神意义并具备人文关怀,法律人不是机械操适用法律,不是冷酷的裁判工具。[1]

第二,具有批判性思维。虽然法学实验班的计划中提到使学

---

〔1〕 黄东熊:《法学教育与国家考试》,载氏著:《刑事诉讼法研究》(第3册),元照出版有限公司2017年版,第200页。

生形成良好的法学思维方式，培养创新型人才，但是没有提到批判性思维。批判性思维（critical thinking）是思维的成熟阶段，学生通过分析、取证、推理等方式，作出判断，论说出哪一种说法更有说服力。"批判性"（critical）不是"批判"（criticism），也有学者指出把"critical"翻译成"深度"思维，因为"批判"总是否定的，而"批判性"则是指审辩式、思辨式的评判，多是建设性的。[1] 批判性思维虽然不同于创造性思维，但与创新能力直接相关，且具有创新思维又是培养创新型人才的前提。

哈佛大学前校长博克曾提出"思维清晰和具有批判思维的能力"是大学本科教育的目标。法律人更应具备批判性思维，当一位法官面对原、被告"公说公有理，婆说婆有理"各执一词的说法时，他要用批判性思维探求事实真相。前面提到的案例教学中的苏格拉底诘问法方法，是苏格拉底倡导的一种探索性质疑方法，就是培养批判性思维的模式。

第三，培养治理型、领导型的人才。"卓越法律人才培养计划"不仅是要培养适应司法实践需要的人才，这是所有法学教育的任务，而且要作为建设法治国家、法治社会、法治政府的第一资源。在西方国家，法律人是社会政治结构中的重要力量，直接参与并实际影响一个国家民主政治制度的运作过程，成为政治人才的后备力量。北京大学的法学人才培养目标中，提出"培养高素质的领导人才，主要但不局限于法律和法学人才"。

当下的我国通过社会的重建形成政府、市场、社会相互配合治理结构，通过重建社会形成对权力的有效制约，并在此基础上

---

[1] 钱颖一：《如何养成批判性思维和创造性思维教育》，载 http://opinion.caixin.com/2018-09-14/101326048.html。

强化权力的治理能力,[1] 高端层面的卓越法律人才要适应时代的定位与要求。北京大学本科教学培养计划的序言的题目是"培养引领未来的人",可见北京大学的培养目标更加高瞻远瞩。法学教育在为法律部门输送人才的同时,还要面向未来,培养治理型、领导型人才,即培养治理国家,管理社会,承担新时代的任务的人才。

三、在完善法律职业资格考试背景下改革法学课程设置

从律考到司考再到法考[2],法律职业资格考试潜移默化地影响着法学教育。各个大学将法考的通过率作为评价大学的指标之一。法学实验班70%~80%的通过率成为法学院引以为自豪的标准,通过法考也成为法科学生学习的目标与动力之一。参看下表,大陆法学院与台湾大学开设的必修课与法律职业资格考试(台湾称为司法官考试、律师考试[3],以下简称"台湾司考")的科目的对比。

---

[1] 霍宪丹:《法学教育应当成为实现卓越治理培养"治理类"卓越法律人才》,载王瀚主编:《法学教育研究》(第6卷),法律出版社2012年版,第19页。

[2] 2017年9月1日,十二届全国人大常委会第二十九次会议表决通过修改《中华人民共和国检察官法》等8部法律的决定,将应当取得法律职业资格的人员,从法官、检察官、律师、公证员扩大到从事行政处罚决定审核、行政复议、行政裁决的工作人员,以及法律顾问、仲裁员(法律类),同时将"国家统一司法考试"修改为"国家统一法律职业资格考试"。

[3] 台湾的司法官考试与律师考试是分开的,司法官考试的录取率在1%,律师考试在10%左右。

表2　大陆法学专业16门核心课程与法律资格统一考试的科目

法学院必修科目	法律资格考试科目
法理学、中国法制史、宪法学、行政法与行政诉讼法、民法、经济法学、商法、知识产权法、民事诉讼法、刑法、刑事诉讼法、国际私法、国际公法、国际经济法	客观题卷一：中国特色社会主义法治理论、法理学、宪法、中国法律史、国际法、司法制度和法律职业道德、刑法、刑事诉讼法、行政法与行政诉讼法。 客观题卷二：民法、知识产权法、商法、经济法、环境资源法、劳动与社会保障法、国际私法、国际经济法、民事诉讼法（含仲裁制度）。

表3　台湾大学的必修课与台湾司考的科目

台湾大学法学院必修科目[1]	法律资格统一考试科目
法理学、法史学、宪法学、行政法、行政救济法、民法、民法身份法（民法亲属、继承）、民事诉讼法、商事法总论及公司法、保险法、票据及支付工具法、证券交易法、劳动法、公平交易法、刑法、刑事诉讼法、环境资源法、劳动与社会保障法	宪法、行政法、民法、民事诉讼法、刑法、刑事诉讼法、法律伦理、国际公法、国际私法、公司法、保险法、票据法、强制执行法、证券交易法、法学英文。 选考科目：智慧财产法、劳动社会法、财税法、海商法与海洋法4科[2]列为选试科目，由应考人任选1科。

上面两个表显示出，无论是大陆地区还是台湾地区，法学院规定的必修科目与法考的重叠性几乎达90%，实际上大陆的重叠率是100%，法学教育已经自觉不自觉地就范于法考的需要和去

---

[1] 台湾的大学法学院的必修课是自主设置，基本上是一致的，有个别的差异，如东吴大学法律史不是必修课程，但法律伦理是必修课。
[2] 黑体字是在司考中的科目，但是没有列为必修课程。

向，法学教育与法律职业资格考试关系到底如何？

（一）法律职业资格考试科目与法学课程的良性互动关系

台湾大学的必修科目虽然没有完全与台湾司考科目一致，如"强制执行法""法院组织法"被列为考试科目，但是并不是必修课程。东吴大学设置一些课程也是为了学生通过司考，如法学院五年级[1]设有综合研习课，包括民法、刑法、宪法、行政法综合研习课。台湾地区的学者也在批评法学教育的走偏：

"以大学之法学教育来领导司法官考试、律师考试之走向，而不能如今天这般，大学之法学教育被司法官考试、律师考试牵着鼻子走……司法考试、律师考试都在套用法律条文、套用判例，法学教育也在教学生如何套用法律条文、如何套用判例。司法官与律师考试均不考法之原理、原则，更不考对问题的分析能力与逻辑思考能力，因此，即使耗费甚大功夫去学懂法之原理、原则对问题之分析能力、逻辑思考能力，亦难以考上司法官、律师考试，因此，正确的法学教育，则唯有遭淘汰之命运。"[2]

同样在大陆，法考成为法学教育的指挥棒，从课程的开设，到课程内容的讲授，再到学生都是围绕法考，甚至硕士研究生都受到影响，如果还没有通过法考，学生往往压力很大，精力都放在准备法考上，无心进行学术研究。

2018年开始实施的国家统一法律职业资格考试在司法考试制度确定的法官、检察官、律师、公证员四类法律职业人员基础上，将初次担任法律类仲裁员，以及行政机关中初次从事行政处罚决定审核、行政复议、行政裁决、法律顾问的公务员，纳入法

---

[1] 东吴大学法学院因开设英美法课程，因此法学院的学制是五年。
[2] 黄东熊：《法学教育与国家考试》，载氏著：《刑事诉讼法研究》（第3册），元照出版有限公司2017年版，第203~204页。

律职业资格准入范围。如果法学教育完全适应法考，高校法学院会变成制造"考试"的机器，背离法学教育的初衷。笔者认为，一方面避免法学教育与法律职业人培养的脱节；另一方面法学教育目标不能矫枉过正，不能让法律资格考试完全成为法学教育的风向标。法学教育应该与法律职业在法律资格考试制度的平台上形成平衡与双向的良性互动。

（二）法学实验班课程的优化与调整

1. 改变法学必修课与法考科目一致的状态

在台湾地区，法学必修课由各个大学法学院自主订立。20世纪80年代，台湾地区解除戒严统治后，政治趋于自由化、民主化，是台湾法学教育蓬勃发展时期，一方面法律院系的数量大幅增长，另一方面课程内容显成个别化、多元化的趋势。1995年台湾"司法院"对台湾的大学可以自由设置课程专门做出解释，"释字第380号"指出："大学课程如何订定，'大学法'未定有明文，然因直接与教学、学习自由相关，亦属学术之重要事项，为大学自治之范围。……大学之必修课程，除'法律'有明文规定外，其订定亦应符合上开大学自治之原则。"

"'大学法'并未授权教育部邀集各大学研订共同必修科目，'大学法施行细则'所定内容即不得增加'大学法'所未规定之限制"，因而宣告"大学法施行细则"第22条第3项有关"共同必修科目"之规定"违宪"，应予废止。此后，各大学对于科目安排拥有更大自主权，进一步落实大学自治，使法学教育内容更为活泼多元。像东吴大学法学院法律史不是法学必修课程，而将法律伦理列为"必修课"，台湾大学的国际法、国际私法也不是其法学院的必修课程。

在大陆地区，教育部高校法学学科教育指导委员会（以下简称"教指委"）确定法学学科核心课程（也是我们通常说的主干课）为14门[1]，2007年教指委又增设了2门课，分别是环境法与资源保护法、劳动法与社会保障法，这16门核心课程不仅是各大法学院系的必修课程，也是法考的科目。2018年改为法律职业资格考试后，考试科目所做的调整是：环境资源法、劳动与社会保障法为两个新增学科，知识产权法从民法中分离出来单列学科，法制史调整为中国法律史。

2018年教育部发布了我国高等教育领域首个教学质量国家标准，其中《法学类本科专业教学质量国家标准》（以下简称《国标》）改变了将近二十年不变的法学专业核心课程体系，将法学专业核心课程采取"10+X"分类设置模式。"10"指法学专业学生必须完成的10门专业必修课，包括：法理学、宪法学、中国法律史、刑法、民法、刑事诉讼法、民事诉讼法、行政法与行政诉讼法、国际法和法律职业伦理。"X"指各院校根据办学特色开设的其他专业必修课，包括：经济法、知识产权法、商法、国际私法、国际经济法、环境资源法、劳动与社会保障法、证据法和财税法，"X"选择设置门数原则上不低于5门。[2]这也是鼓励高校自主办学理念下的一大改革。

笔者认为，将法理学、法史学应保留成为必修课，但不作为法考的科目，法考科目应增加"强制执行法"和"司法组织学"。

---

[1] 14门主干课为宪法、中国法制史、法理学、民法、刑法、经济法、商法、知识产权法、民事诉讼法、刑事诉讼法、行政法与行政诉讼法、国际法、国际经济法、国际私法。

[2] 刘坤轮：《我国法学专业核心课程的最新调整》，载《人民法治》2019年第8期。

理由为：法考是将来从事法律职业人的门槛，区别于从事法学教学、研究的人员，法理学和法史学属于基础理论课程，法学理论的运用应体现在其他实体法、程序法里。目前"强制执行法"已经纳入全国人大常委立法计划，强制执行法属于公法的范畴，执行是独立于审判的程序，在我国执行权被认定为司法权，由人民法院的执行局行使。人民法院统管立案、审判、执行。执行局人员录取同法官的录取是一样的，属于法律职业人员。因此强制执行法一旦被通过，就应当纳入法考的科目。司法组织学包括法院、检察院的组织体系，作为法律职业人不能不了解本国司法的体系和架构，以及司法与立法、行政机关的关系，司法组织法是仅次于宪法的国家基本大法。

2. 优化研究生阶段必修课程

按照法学院培养计划法学实验班研究生阶段开设的必修课有：宪法专题研讨、行政法专题研讨、民商法专题研讨、刑事法专题研讨、国际法专题研讨、法学方法与论文写作；选修课有：法庭科技概论、司法大数据、司法实务前沿；实践教学课程：读书报告。笔者认为，此课程安排参照了我校法学硕士的课程，不符合法学实验班的学生培养模式。首先，实验班不是本硕连读，本硕连读是省去考硕士阶段这一环节，没有应用学习阶段，且本科阶段与硕士阶段都是独立的培养方案，目前法学实验班必修课程的安排是在重复本科阶段的课程，而且学生反映研讨课的收效不是很大，再有一课时的读书报告不能属于实践课程，这个是法学硕士的培养模式，没有针对实验班的特点。其次，法学实验班是贯穿六年的统一培养方案，是复合型、应用型的人才培养，笔者认为，这一阶段既然按照培养方案是实习阶段，应该配合实务开设法律文书写作课、司法实务课（或律师技巧）、法庭辩论（或模拟法庭）等课程。法律文书写作既包括诉讼文书又包括非诉讼文书如合同、法律意见书等文书制作；司法实务包括审判实务、检察实务、律师技巧；法庭辩论（模拟法庭）课主要是法庭上的举证、质证、法庭辩论，这类课程最好由专业老师和实务部门的老师共同上课。再有，开设法律逻辑、法学方法论的课程。"教育的价值不是记住很多知识，而是训练大脑的思维，对法律人来讲，法律思维的获取甚至比专业知识还重要。教育价值超越知识的另一个维度——思维"。上述原清华大学管理学院院长的这一段话同样适用法学教育，开设再多的法学课程也不可能把所有的法律学习完，况且法律不断修改，新的法律不断出台。如前所述，批判性和创新型的法学人才需要具备批判性和创新思维。批判性思维是可以通过训练获取的，包括逻辑、推理等。法学方法论也不是理论的讲授，而是告诉学生如何进行法律解释、法律推理、法律漏洞的补充和利益衡量。

3. 调整通识课程

下面参看中国政法大学、中国人民大学、北京大学和台湾大学、东吴大学法学院通识课程和学分。

表4　中国政法大学、中国人民大学、北京大学和台湾大学、
东吴大学法学院课程与学分

中国政法大学				
通识必修课	通识选修课程群组	其他课程	实践课程	论文
课程：外语、体育、计算机应用、中华文明通论、军事理论、毛泽东思想和中国特色社会主义理论体系概论、西方文明通论、形势与政策、中国近代史纲要、马克思主义基本原理概论	逻辑导论、哲学概论、伦理学、政治学概论、社会学概论、社会心理学、公文写作与处理	国际课程、创新类课程	军训、公益劳动和志愿服务、社会实践、法律诊所、专业实习	学年与毕业论文
学分：34	10	4	14	11

中国人民大学				
基础技能、素质拓展	通识课程全校共同课	其他	实践教育	
课程：大学英语、公共数学、计算机数学、体育、心理健康教育、国防教育、职业生涯规划、公共艺术教育	思想道德修养与法律基础、中国近代史纲要、马克思主义基本原理、形势与政策、新生研讨课、经典历史阅读	国际课程	社会研究与创新训练、社会实践与志愿服务、专业实习	毕业论文
学分：30	必修19学分，选修8	2	8	4

续表

	北京大学				
	全校公共必修课程	学科基础课程必修	通选课	社科类平台课	
课程	毛泽东思想和中国特色社会主义理论体系概论、马克思主义基本原理概论、思想道德基础和法律基础、中国近现代史纲要、文科计算机基础、文科计算机专题、军事理论、体育、形势与政策	大学国文、中国当代文学、现代汉语（上）、中国古代史。	数学与自然科学类、哲学与心理学、历史学类、语言学类、文学、艺术与美育类、社会可持续发展类	国际关系学院、新闻与传播学院、社会学系、信息管理系的课程	毕业论文+实习
学分	23~29	13	8~14	5	5
	台湾大学				
	共同必修课程	通识课程	全校课程	其他	论文
课程	文学与艺术领域、历史思维领域、世界文明领域、哲学与道德思考领域、公民意识与社会分析、量化分析与数学素养、物质科学领域、生命科学领域	国文、英文、体育、进阶英语	新生专题、基本能力、写作教学	军训、服务学习	
学分	12	12			

续表

东吴大学				
	共同必修	综合课程		实践课程	
课程	国文、外文、生命关怀、思维方法、民主法治、通识课程（6）、体育	逻辑、应用文及习作、政治学、社会学、法律人生涯探索与抉择、心理学、法学日文		法律攻防实务研习民事、刑事、司法文书与诉讼实务、深度实务诉讼解析、法律实务实习	
学分	12				

相比较中国政法大学法学实验班的通识课程学分是最多的[1]，但是存在以下问题：一是通识必修课过多，影响学生的积极性，也不能满足学生的兴趣；二是中文及文学课程少，一方面不利于中华文化的传承，另一方面不利于学生写作水平的提高；三是自然科学类的课程几乎没有；四是英语课是公共英语，专业英语课程少。

首先，法学实验班开设的通识类课程与中国人民大学法学院开设的这类课程比较接近，课时也差不多。中国政法大学和中国人民大学都有国际暑期，学生必须修 2 个学分的国际课程。中国人民大学还开设经典著作导读课程，包括必修和选修，经典文本的解读对于培养学生历史思考，建立古今的相关性都有重要意

---

[1] 虽然法学实验班是六年制，这里刨去了五、六年级的课程和学分。

义。中国人民大学开设的新生研讨课和职业生涯规划课各有1学分的课程,这样对新入学的大学生尽快适应大学教育,对即将毕业的学生帮着进行职业的规划都有裨益。另外,两个学校有创新类的必修课,中国政法大学是作为普通课程,中国人民大学放作为实践类的课程更合适。

其次,比较北京大学,北京大学除了全校公共必修课、素质教育通选课、任选课,还开设了大类平台课,这是北京大学利用其优势,加强基础教育、素质教育的改革措施,即法学院与政府管理学院、国际关系学院、新闻传播学院、社会学系、信息管理系开设社科类课程,共35门,学生需要选够5学分。北京大学利用其综合性、多学科的优势,给学生充分的选修课程的自由,其培养目标是淡化专业,鼓励学生的兴趣与好奇心、专业内外知识的互补,注重对学生能力、人格素养等全方位的培养。如英语课是进阶分级式,2~8学分,最高为8分,如果水平高的不需要学满学分,剩下的学分在自主选修课补足。再有,法学院开设了55门通选的法律课程,规定除了"国际人权法"外,其余课程法学院学生均可以不选。

再次,与台湾地区的大学相比较,台湾大学与东吴大学都设有国文与文学方面的课程。台湾大学学习国文课程的目标,即通过经典文本的解读,使学生熟悉人文思维程序,并深度了解中国的人文传统;通过讨论与写作,增进学生及语文的表达能力;借由阅读历史名著,启发学生历史意识,引导学生建立古今之间的相关性。比起台湾地区,大陆地区对传统文化承继不够注重,大陆地区学生不仅语文功底相对薄弱,而且文书的写作能力与口语表达能力也是学生的软肋。这是因为我们的基础教育相对忽视了对学生写作与表达能力的培养，法律职业更加强调口语与书面的表达，法律人应该成为"雄辩家"，大学教育对学生这两个方面的培养不足。

此外，我们几乎没有自然科学领域的课程。台湾大学让法学学生选学物质科学领域、生命科学领域的课程。旨在透过物理、化学、天文、地球及环境科学、工程与工技、生物与生命科学等相关知识的学习，使学生认识科学知识，引导学生建立探索的思维模式、掌握推理、验证及解决问题的方法，启发学生探讨生物科技对人文社会的冲击。现在科学技术领域如生物、遗传等产生新的事物由此带来新的法律问题，台湾大学法学院还开设生物医学与科技伦理法律问题等课程。因为台湾大学与北京大学是综合性大学，可以让学生选修自然科学领域的课程。中国政法大学是以法学为主的文科院校，很难开设这类课程，故可以借鉴东吴大学通识课程开设方式。东吴大学只有五个学院，法学是其强学科，给全校学生开设12个学分的通识必修课，包括：生物技术、法律与伦理、人性需求与自我发展、逻辑思维、工程与人类文明的生与死、健身运动与全人健康、文化、艺术与环境、生命尊严与环境、医学基础概论、当代精英的责任与关怀、说唱与戏曲表演艺术、幸福生命学、作家论佳作。这些课程是以讲座的形式，每个讲座都是18周，每周两个课时，都是几个老师一起上，绝大多数是校外聘请的人员。从以上课程题目可以看到课程涉及自然科学以及文化艺术方面，由各个领域的"大咖"来授课。如笔者在东吴大学访学期间，旁听了其中"当代精英的责任与关怀"。该门课程每周都是不同的人来上，其中不乏知名人士，其中一位"立法委"的委员讲台湾地区的老龄化和少子化的问题，通过这些讲座让学生了解社会问题及培养学生们的社会责任感。

因此笔者建议，通识课程也采用"5+X"，"5"是全校学生必修的通识课程，"5"不包括体育、外语、国文课程，"X"给各个院自主权来开设通识必修课程。每个院利用各自的优势，吸引校外包括实务部门的人员开设通识课程。

总之，中国政法大学"六年制"法学实验班开了法学教育的先河，不仅需要高瞻远瞩的培养目标，而且还要对课程设置、教学的内容和方式都要进行革新，以期达到法学教育改革培养卓越人才的目的，而不是让学生成为改革的"试验品"。

《道德与法治》任课教师专业素养及提升途径初探

——基于北京市部分中小学调研的分析

◎张永然*　王兰涛**

摘　要：《道德与法治》课作为青少年法治教育的主渠道和主阵地，任课教师的专业素养尤其是法治素养决定着课程效果。基于对北京市部分中小学的调研分析，当前《道德与法治》任课教师在专业知识水平、教学能力和职业价值观等专业素质方面存在着和青少年法治教育任务要求不适应的地方。完善制度保障，健全培训体系，形成系统合力，全面提升《道德与法治》任课教师的专业素养成为增强青少年法治教育实效性和科学性的必然要求。

---

*　张永然，中国政法大学副教授，法学博士。
**　王兰涛，北京教育学院副教授。

关键词：《道德与法治》课程　教师专业素养　青少年法治教育

青少年是祖国的未来、民族的希望。加强青少年法治教育，是全面推进依法治国、加快建设社会主义法治国家的基础工程。中小学《道德与法治》课作为青少年法治教育的主渠道和主阵地，对于青少年法治思维和法治信仰的形成具有重要意义。《道德与法治》任课教师作为主力军，其专业素养尤其是法治素养决定着《道德与法治》课程效果，对于青少年法治素养的养成具有深远的影响。对此，《青少年法治教育大纲》明确指出，要大力加强法治教育师资队伍建设，逐步建设高水平的法治教育教师队伍。而随着当前中小学《道德与法治》课程深入发展，提升任课教师专业素养，是不断增强青少年法治教育科学性和实效性的必然要求。

一、《道德与法治》任课教师专业素养的调研情况

为贯彻落实《中共中央关于全面推进依法治国若干重大问题的决定》中"把法治教育纳入国民教育体系，从青少年抓起，在中小学设立法治知识课程"的要求，自 2016 年秋季学期起，《道德与法治》课在中小学全面开设。其作为原有思想品德课程的升级重构版本，任课教师队伍与课程建设亦同时起步。迄今，课程开设三年有余，任课教师的专业素养能否满足现有课程建设的要求、契合当前青少年法治教育的任务要求，成为关乎《道德与法治》课程和青少年法治教育深入发展的关键。

为此，笔者以《道德与法治》任课教师专业素养为调研主

题，聚焦当前青少年法治教育的难点，选取北京市中小学部分负责人、《道德与法治》任课教师，以及市区青少年法治教育主管部门和教学研修部门的部分负责人作为调研对象，立足个人主观认知和制度客观运行两个维度，从知识水平、教学能力以及职业价值观三个层面，以问卷、访谈等方式调研、分析当前《道德与法治》任课教师群体的专业素养，尤其是法治素养的水平。

第一，笔者设计青少年法治教育教师专业素养调查问卷，了解受访者个人状况、《道德与法治》课程效果以及教师法治素养提升途径等问题。问卷面向北京市中小学《道德与法治》任课教师发放，最终回收问卷1251份，其中有效问卷1219份，有专职教师779名、兼职教师440名填写。[1]

第二，笔者走访市区教育主管相关部门以及有代表性的中小学，[2]访谈学校负责人、任课教师，北京市区两级教育主管部门部分负责人，了解当前《道德与法治》课程建设和教师队伍发展现状和面临的问题。

另外，笔者作为北京市法治教育名师工作室的理论导师，梳理来自北京市各区中小学作为《道德与法治》教学名师的候选人资料，并通过面谈等方式有意识地了解其知识背景、教学经历、专业特长和个人认知等基本情况，进而了解当前《道德与法治》任课教师的优秀群体的专业素养及法治素养水平。

---

[1] 问卷样本来自北京16个市辖区的中小学，来自小学、初中、高中的受访教师分别为784名、435名、32名。而根据现有的课程安排，《道德与法治》课程是在小学和初中阶段开设。本次32名高中的受访教师未纳入统计范围。问卷发放详情参见https://www.wjx.cn/jq/45579976.aspx。

[2] 实地走访既有北京市史家小学、东交民巷小学等具有代表性青少年法治教育先进学校，也有远郊区的青少年法治教育较薄弱的学校。调研的教育主管部门包括北京市和西城区、东城区、丰台区、石景山区、昌平区、大兴区、房山区、延庆区等教委负责人。

二、《道德与法治》任课教师的专业素养现状分析

调研显示，当前北京市《道德与法治》课程发展和教师队伍建设取得了显著成绩。北京市各中小学均按照配备1名至2名专任或兼任法治教育课教师的要求，配齐《道德与法治》任课教师，一些中小学还有专门的教研室和教师团队，师资力量雄厚。北京市各级教育主管部门和中小学很重视任课教师专业素养的提升，各级各类培训尤其法治教育专题培训已经体系化和常态化，基本上实现了对《道德与法治》任课教师群体的全覆盖以及对课程教学内容的全覆盖。调研显示，超过93%的受访教师参加过相关培训，仅有3.3%的受访者对培训效果持否定或怀疑态度。北京市涌现出一批优秀《道德与法治》任课教师，其在中小学教师法治教育能力展评活动和中小学法治教育名师工作室计划中崭露头角，对于《道德与法治》课程建设起到良好示范引领作用，有力地提升青少年法治教育的实效性。

但成绩面前，也必须看到现有任课教师专业素养尤其是法治素养与《道德与法治》课程建设和青少年法治教育发展需求确实还存在不小差距。这具体体现在：

（一）《道德与法治》任课教师的专业知识水平，尤其是法律知识水平亟待提升

专业知识水平作为专业素养的基础，扎实的专业知识是《道德与法治》任课教师的入门功。相较《品德与社会》《品德与生活》等原有课程，《道德与法治》的教材体系、授课内容以及课程标准都有显著的变化，其中关于开展青少年法治教育，普及法律知识以及诠释社会主义法治理念的内容和要求对于任课教师的专业素养尤其法治素养提出了全新的要求。尤其随着六年级

（上）以及八年级（下）法治教育专册的统编教材使用，任课教师普遍出现了专业知识尤其是法律知识水平和实际需求脱节的现象。

调研显示，一些教师法律基础知识薄弱，所掌握的法律知识零散，不成体系，对法律基本概念缺乏认识。这导致教学中出现常识性错误，教师无法解疑答惑，引发了同学乃至家长质疑，弱化了道德与法治课教学效果。还有一些教师具备一定法律知识基础，但对青少年法治教育的本质缺乏深刻认识，将《道德与法治》课程等同于法律知识传授，往往是就法论法，就事论事，不能辩证掌握权利和义务、道德与法律、德治和法治之间的关系，不能将社会主义核心价值观教育与社会主义法治教育有机融合起来。还有个别教师缺乏政治敏感性和鉴别力，缺乏分辨各种非马克思主义法律观点的能力，不能自觉理解、运用并向学生传授习近平新时代中国特色社会主义法治思想，无意之间使得一些似是而非、夹带私货的观点给学生认知带来负面影响。对此，有41%受访教师认为影响《道德与法治》教学效果最主要因素是个人法律知识和法律素养的不足。

（二）《道德与法治》任课教师的教学能力与课程建设目标要求有着差距

教学能力是专业素养的关键，讲好中国法治故事，弘扬社会主义核心价值观是《道德与法治》任课教师的基本功。《道德与法治》作为一门实践和理论紧密结合的课程，需要诸如故事教学、情景模拟、角色扮演、案例研讨、法治辩论、价值辨析等丰富教学方法。面向互联网时代成长起来的当代青少年，更需要综合运用法学、心理学、教育学、社会学等方面知识，契合不同年龄段、学段学生的生理心理特点和需求特点开展教学。

调研显示，路径依赖思维在部分《道德与法治》任课教师中仍然存在。不少教师缺乏主动获取教学资源、创新教学设计的能力，教学内容和设计以教材和教参为准，以研修教材替代关照现实，知识讲授重于价值引领。以调研中受访教师获取法治教育资源途径为例，47.2%是从教材和教参中活动，30%是从报纸、报刊中获得，15.5%是从讲座培训获得，仅有7.4%的从专业法律书籍中获取。将《道德与法治》课程变成全面地讲教材、教教材，实际忽略上其丰富性和实践性，很容易成为简单的知识讲授和空洞的理论说教。当前，我国基础教育地区差异的现实客观存在，任课教师能够立足教材，针对不同基础、不同阶段的学生进行"同课异构"，实现因材施教是基本的教学能力。如在涉及知识产权相关知识讲授中，教师就要根据学生特点进行分层分类教学：对经济社会发达地区的学生，可侧重讲授保护知识产权，振兴民族品牌；而对不发达和欠发达地区的学生则可侧重讲要知假识假，保护消费者和合法商家的权益。

实践中，任课教师教学基本功欠缺影响了教学效果。调研显示，66.3%的受访教师认为当前勉强胜任甚至难以胜任道德与法治课的教学，57.9%的受访教师对于道德与法治课教学效果持一般性乃至负面评价。而接近43%的受访教师认为，教学方法单一，学生不爱听影响课堂效果。

（三）《道德与法治》任课教师群体职业认同与青少年法治教育队伍所承担的育人任务还存在差距

职业价值观是专业素养的核心，热爱青少年法治教育、德法兼修是《道德与法治》任课教师的必修内功。青少年法治教育作为建设社会主义法治国家的基础工程、青少年社会主义核心价值观重要途径。建设一支政治素质坚定，专业能力过硬，爱岗敬业奉献担当的法治教育教师队伍是推进青少年法治教育的根本保障。《道德与法治》任课教师作为队伍建设的重中之重，坚定社会主义法治信仰和立德树人信念，将社会主义核心价值观贯彻教育教学全过程是其专业素养核心所在。

当前北京市中小学均按照要求配齐《道德与法治》任课教师队伍。但《道德与法治》课程建设刚起步不久，考核评价机制也在探索之中。相对于语文、数学等成熟的学科，《道德与法治》任课教师多为《品德与社会》等原思想政治理论课或者语文等相关学科转岗过来。因学校的重视程度或者教学资源等原因，一些学校《道德与法治》任课教师队伍建设名实不符。而且因为当前基础教育中仍存在着"升学导向"的倾向，一些学校《道德与法治》课程被边缘化，开设不够乃至流于形式现象也依然存在。

这也导致了《道德与法治》任课教师群体的职业认同感和成就感相对较低，调研显示，只有50.4％的受访教师认为从事青少年法治教育得到上级和学校重视，48.4％的受访教师表示对从事课程教学具有认同感和成就感。吸引高素质人才来从事青少年法治教育，使之安下心、留得住、将《道德与法治》教学作为自身事业，这应当成为各级政府、教育主管部门和学校高度关注的问题。

三、《道德与法治》任课教师专业素养存在问题之分析

综上，从实现全面依法治国，建设社会主义法治国家、法治社会、法治政府的根本目标，从弘扬中国特色社会主义法治精

神,塑造青少年法治信仰的工作要求来看,当前《道德与法治》任课教师在知识水平、教学能力和职业认同等专业素养存在诸多不足。究其原因,"先天不足,后天不全"是当前《道德与法治》任课教师队伍建设发展较为真实的写照。

(一)《道德与法治》任课教师队伍的专业知识背景的"先天不足"成为制约青少年法治教育发展的瓶颈

面对当前课堂教学和实践教学中大量的法治教育内容,任课教师普遍反映"压力山大"。调研显示,虽然《道德与法治》任课教师整体素质较高,具有大学学历及以上的占到84.6%,但有法学专业背景仅有6.9%;《道德与法治》专职教师这一比例也只达到8.9%。在具备法学专业背景教师中,少有知名法学院校或优势专业的学习经历。如在北京市教育法治名师工作室成员选拔中,来自各区的百余名申请者均为各校《道德与法治》任课教师佼佼者,但仅有一名具有名校法学硕士研究生学历,其他均为教育学、思想政治教育等专业背景。

目前北京市教育主管部门亦认识到这一问题。《北京教育系统法治宣传教育第七个五年规划(2016—2020年)》就明确提出,鼓励有条件的学校录用法学专业本科及以上毕业生担任法治教育专任教师。但从目前高校法学专业学生就业和现有北京就业政策来看,这一目标在短期很难实现。即使有少量法学专业毕业生加入,很难改变当前《道德与法治》任课教师队伍整体状况。而具备法律专业知识只是青少年法治教育教师的基本前提之一,其必须还要懂得基础教育的规律,了解青少年成长规律。

（二）《道德与法治》任课教师队伍建设的顶层设计"后天不全"影响了专业素养整体水平的提升

"本领恐慌""能力不足"已成为当前《道德与法治》任课教师面临的最大问题。系统的、针对性的培训作为提升队伍专业素养的有效途径，目前已初成体系，并初见成效。与此同时，也暴露出诸多问题。首先，培训部门多头，缺乏整体规划。目前北京市各级教育主管部门、教育研修部门及相关高校、教育部教育法治基地都在开展培训，因缺乏整体统筹，内容上的重复和时间冲突并不少见，带来资源的浪费。其次，各类培训未能形成有效合力，尤其在解决《道德与法治》课程教学与中国特色社会主义法治理论发展的同频共振这一青少年法治教育核心问题上，未能聚焦聚力。一些培训内容出现观点不一致甚至冲突的情况，这给教师带来诸多困惑。调研显示，41.7%的受访教师表示培训应当提高授课教师的专业水平。最后，各类培训多为短期主题类培训，内容零散不成体系。尤其在涉及法律知识学习方面，少有系统全面地传授法律理论体系。因绝大多数《道德与法治》教师缺少法学专业背景，调研中超过87%的受访教师希望接受系统的法律知识培训，接近61%的受访教师希望接受法律学历教育。由此可见，进行系统的法学学历教育需要尽快提上日程。

在制度建设层面，《道德与法治》任课教师队伍建设的整体规划、激励保障机制仍待健全。目前尚未出台基于《道德与法治》学科特点的考核评价和职称晋升机制，队伍职业发展方向不明确。另外，课堂主渠道与社会法治教育资源未形成有效合力。实践中出现了一些校外讲座在内容上过度强调维权，注重个人利益，这不符合当前中国法治建设的现实和未成年人的认知发展规律,也会大大影响课堂教学的效果。另外,当前政府、企事业以及高校等丰富的社会法治教育资源没有得到充分利用。调研显示,超过77.6%的受访教师所在学校没有聘任校外的专家领导担任兼职法治教育教师;45%的受访教师所在学校未和公检法、政府机关、其他高校等建立法治教育的合作关系。

四、《道德与法治》任课教师的专业素养提升途径建议

综上调研分析,立足于当前青少年法治教育的任务要求,笔者建议,可从以下途径提升《道德与法治》任课教师的专业素养:

(一)加强顶层设计,完善制度保障

法治教育作为青少年思想道德建设和社会主义核心价值观教育的重要内容,对于青少年系好人生成长第一粒扣子具有重要意义。各级政府和教育主管部门要高度重视,贯彻落实《关于深化新时代学校思想政治理论课改革创新的若干意见》及《关于加强新时代中小学思想政治理论课教师队伍建设的意见》等文件的要求,做实做好道德与法治课等思政课以及思政教师队伍建设。首先,从人员编制、经费保障上配齐配好《道德与法治》教师队伍,确保课有人上,而且是保质保量地上。其次,进一步明确《道德与法治》任课教师的准入标准,立足青少年法治教育的要求,选拔一批具备丰富德育课教学经验和具备一定法律基础知识的教师来从事《道德与法治》教学。再次,健全激励保障机制,立足于学科特点,实现《道德与法治》任课教师的职称单独评审、考核标准单独制定。另外,针对当前青少年法治教育中存在着上热(上级高度重视,工作推进轰轰烈烈),中间冷热不均

（学校落实差异明显），下冷（作为受众的学生学习效果并不理想）的情况要层层压实责任，将青少年法治教育的开展成效作为各级政府、教育主管部门和学校工作的考核指标，明确考核要求，确保《道德与法治》任课教师在内的青少年法治教育教师队伍建设到位，开好开足《道德与法治》课。最后，要着眼长远，为青少年法治教育教师队伍提供源源不断的人才保障。统筹人才培养和社会需求两个大局，充分利用法学类和师范类等高校资源，订单式培养一批懂法律、懂教育的复合型人才，为青少年法治教育教师队伍的可持续发展奠定基础。

（二）健全培训体系，提升专业素养

健全完善的培训体系是《道德与法治》任课教师专业素养提升的助推器和催化剂。各级教育主管部门应当进一步规范现有培训项目，制定中长期的培训规划，建构资源融汇、整体统筹的培训体系。培训要坚持以问题导向，实现综合培训和专题培训相结合，理论培训和实践培训相结合，学历培训和能力培训相结合，知识培训和方法培训相结合，资格培训和提升培训相结合的五个相结合。培训要坚持以需求为导向，充分利用"大云物智"（大数据、云计算、物联网、人工智能）等现代信息技术，实现线上和线下结合，打造基于教师发展需求的个性化网络培训平台，实现内容统一发布、课程个性选择，时间自我安排。如具备法学专业背景的教师可以重点选择教育学方面的内容研修，而其他专业背景的教师则可以根据自身情况，选择法律专题培训亦或教学方法培训等。培训要坚持以发展为导向，进一步激发教师自我学习和自我发展的主动性。教育主管部门可与高校合作开专、本、硕等多层次的法学学历教育，通过专项基金的形式资助教师修读不

同层次学历。对于其中特别优秀教师，设立思想政治理论课或者法学教育系列博士直通车计划，着力培养一批青少年法治教育卓越人才。通过培训机制的健全、培训内容的整合、培训技术手段的更新以及教师内在学习动力的激发，最终形成全面覆盖教师群体，满足教师个性化成长需求的现代化、智能化的法治教育培训体系，全面助力教师专业素养提升。

（三）推进系统联动，形成育人合力

青少年法治教育作为系统工程，提升《道德与法治》任课教师的专业素养，需要社会各方力量加入。全社会都要来关注青少年法治教育，要从培养社会主义可靠接班人和合格建设者的高度认识《道德与法治》课程建设和教师队伍建设的重要意义，关心关爱《道德与法治》任课教师这个群体，营造良好的尊师重教氛围。学校要认真落实《道德与法治》教研室和专门教师团队建设要求，给《道德与法治》任课教师以团队支持，推进学科整体发展。各级政府和教育主管部门积极推进《道德与法治》任课教师与法治副校长、法治辅导员等青少年法治教育兼职队伍之间的协同，在交流中实现能力的共同提升，形成同心同向的青少年法治教育合力。充分发挥高校等青少年法治教育优势社会资源，通过大中小学思政课一体化建设，以专题讲座、交流座谈、进修学习等方式，借助高校优质师资力量全面提升《道德与法治》任课教师专业素养。

参考文献

1. 黄纶田、左璜、罗羽乔、魏国武：《广州市中小学道德与法治教师专业素养的调查研究》，载《中小学德育》2019 年第

5 期。

2. 孙民：《新使命 新要求 新实践——道德与法治教师专业素养之我见》，载《中小学德育》2018 年第 11 期。

3. 林鎏奕：《用好新教材 增强课堂教学效度——提升道德与法治教师专业素养之我见》，载《思想政治课研究》2019 年第 1 期。

4. 朱小蔓、王坤：《初中〈道德与法治〉教材使用对教师的期待与引领》，载《中国教育学刊》2018 年第 4 期。

政法院校法学课程思政建设问题探讨*

◎谢 波** 刘会娜***

摘 要：2016年全国高校思想政治工作会议召开后，"课程思政"逐渐成为一种新的思想政治教育理念和模式，主要目的在于发挥所有课程的"隐性"育人作用。政法院校作为新时代法学教育和法治人才培养的主力军，法学课程思政在贯彻落实党的教育方针、培养德法兼修法治人才、解决专业教育思政问题等方面皆表现出相当的必要性。在加强法学课程思政建设整体规划及保障、充分挖掘法学课程思政元素、强化教师课程思政

---

* 本文系2019年重庆警察学院课程思政建设项目"宪法"（项目编号：jyjg201908sz）；2016年重庆市高等教育教学改革研究项目"课程群体系视域内公安院校证据法学课程改革与新思维"（项目编号：163154）的阶段性成果。

** 谢波（1983—），男，重庆市人，西南政法大学刑事侦查学院副教授，法学博士。主要研究刑事诉讼法学、公安学。

*** 刘会娜（1977—），女，天津市人，重庆警察学院法学部讲师，法律硕士。主要研究宪法学、刑法学。

意识和能力培养、促成课程思政与思政课程同建同行等方面着力，有助于政法院校深入推进法学课程思政建设。

关键词：政法院校　课程思政　法学　教学

思想政治教育作为高等教育的重要内容，是高校落实立德树人根本任务之根基。政法院校是新时代法学教育和法治人才培养的主力军，其培养"法律人"思想政治素养的高低对法学教育教学质量具有深刻影响。[1] 近年来，随着高等教育领域一系列重要会议的召开[2]，课程思政作为一种教育教学之新理念日益被强调，教育部在全国部署推广课程思政，高校着力深化课程思政改革探索，政法院校法学课程教学亦应发挥其应有的课程育人功能。目前学界对课程思政的探讨虽已不少，但专门针对法学课程思政的研究还不多见。[3] 为此，本文在阐释课程思政基本内涵基础上，结合一些政法院校改革探索实践，分析法学课程思政之必要性并提出建设的初步路径。

一、课程思政之提出及其基本内涵

在当下大学生价值取向多元化时代，"课程思政"并非"思

---

〔1〕　由于公安院校也以培养广义上的法治人才（作为执法者的警察）为重要目标，法学课程亦是公安专业的重要基础课程，加之约定俗成也有类似认识，故本文所称"政法院校"包括公安院校。

〔2〕　全国性会议主要包括：2016年全国高校思想政治工作会议（习近平总书记作重要讲话）、2016年全国公安院校思想政治工作会议（公安部召开）、2018年全国教育大会（习近平总书记作重要讲话）、2018年新时代全国高等学校本科教育工作会议（教育部召开）、2019年学校思想政治理论课教师座谈会（习近平总书记作重要讲话）等。

〔3〕　笔者经中国知网检索，2016年以来以"课程思政"为主题的论文为数不少，钱欣、曾宁的《高校推进"课程思政"研究述评》（载《思想理论教育导刊》2019年第6期）一文对近年来该问题研究作了述评，但以"法学"和"课程思政"同时作为主题仅检索到8篇相关论文（最后访问日期为2019年10月20日）。

政课程"语词间的简单调换，但不可否认两者有着密切关系，对这两个范畴的认识皆应放到"培养什么人、怎样培养人、为谁培养人"这一教育根本问题下加以理解和把握。经检索相关文件资料，课程思政源自对 2016 年全国高校思想政治工作会议内容的提炼，本次会议中针对高校思想政治教育，习近平总书记指出要坚持把立德树人作为中心环节，把思想政治工作贯穿教育教学全过程，实现全程育人、全方位育人；要用好课堂教学主渠道，使各类课程与思想政治理论课同向同行，形成协同效应。会后不久，有政法院校党委书记撰文提出，高校需在宏观上整体把握思想政治教育，秉持全面、立体、创新的思政教育理念，主动转变思路，开启课程思政建设，促进各类课程与思政教育融合，挖掘各类课程的思政教育资源。[1] 此后在 2017 年中共中央办公厅、国务院办公厅印发《关于深化教育体制机制改革的意见》，以及习近平总书记在 2018 年全国教育大会、2019 年学校思想政治理论课教师座谈会重要讲话中，又数次强调了立德树人、挖掘思政教育资源、全员全程全方位育人等内容。正是为了落实这些要求，教育部近年召开会议、出台文件开始在全国部署推进课程思政改革[2]，这里列出教育部文件有关规定如下表。

---

〔1〕 曹文泽：《以"课程思政"为抓手创新育人手段》，载《学习时报》2016 年 12 月 26 日，第 A8 版。

〔2〕 如教育部于 2017 年 6 月在上海召开高校思想政治理论课教学质量年上海调研片会暨高校"课程思政"现场推进会，交流"课程思政"改革的经验做法。参见董少校：《打赢提高思政课质量和水平的攻坚战——教育部召开高校"课程思政"现场推进会》，载《中国教育报》2017 年 6 月 23 日，第 3 版。

表1 教育部出台文件中"课程思政"相关的表达

出台时间	文件名称	"课程思政"相关表达
2017.12.4	《高校思想政治工作质量提升工程实施纲要》	大力推动以"课程思政"为目标的课堂教学改革，优化课程设置，修订专业教材，完善教学设计，加强教学管理，梳理各门专业课程所蕴含的思想政治教育元素和所承载的思想政治教育功能，融入课堂教学各环节，实现思想政治教育与知识体系教育的有机统一。
2018.4.12	《关于加强新时代高校"形势与政策"课建设的若干意见》	各高校应结合实际和学生需求，开设形势与政策教育类的选修课，完善思想政治理论教育课程体系，发挥"课程思政"作用。
2018.9.17	《关于加快建设高水平本科教育全面提高人才培养能力的意见》（以下简称《新时代高教40条》）	在构建全员、全过程、全方位"三全育人"大格局过程中，着力推动高校全面加强课程思政建设，做好整体设计，根据不同专业人才培养特点和专业能力素质要求，科学合理设计思想政治教育内容。强化每一位教师的立德树人意识，在每一门课程中有机融入思想政治教育元素，推出一批育人效果显著的精品专业课程，打造一批课程思政示范课堂，选树一批课程思政优秀教师，形成专业课教学与思想政治理论课教学紧密结合、同向同行的育人格局。

续表

出台时间	文件名称	"课程思政"相关表达
2019.9.29	《关于深化本科教育教学改革全面提高人才培养质量的意见》	把课程思政建设作为落实立德树人根本任务的关键环节,坚持知识传授与价值引领相统一、显性教育与隐性教育相统一,充分发掘各类课程和教学方式中蕴含的思想政治教育资源,建成一批课程思政示范高校,推出一批课程思政示范课程,选树一批课程思政优秀教师,建设一批课程思政教学研究示范中心,引领带动全员全过程全方位育人。

通过上表不难看出,自《新时代高教40条》制定以来,教育部对课程思政的认识逐渐走向稳定。文件表述虽然未对"课程思政"作明确界定,但可清楚看到课程思政与思政教育、思政课程、立德树人、育人等概念间的关联,在人才培养意义上这些都是为了实现立德树人之教育根本任务。实际上,早有先哲指出教育不能仅仅是传授知识,如教育家雅斯贝尔斯提出教育须有信仰,而大学应实现"让学生在一切行动和信仰上做出自己的抉择,并通过认知让他们完全清楚地意识到自己所负责任的意义"[1]。我们将课程思政放到"大思政"育人格局中更容易理解其丰富的内涵,至少可以从四个维度进行。首先应该明确的是,思政课程是《马克思主义基本原理》《中国近现代史纲要》等思想政治理论课的简称,而课程思政中的"课程"则是除思政课程以外的其他课程。从本质上看,课程思政是思政教育的有机组成部分,亦可说是一种新的思政教育理念,通过将课程作为思政

---

[1] [德]雅斯贝尔斯:《什么是教育》,邹进译,生活·读书·新知三联书店1991年版,第113页。

"场域"提供了一种理解课程的新范式,集中凸显了以课程构建精神的教育内涵。[1] 从目的来看,课程思政强调通过课程实现育人,意即"所有课堂都有育人功能"[2],因此需要挖掘专业课程所蕴含的思政教育元素,并将其融入课程教学各方面各环节,所有教师在专业知识传授中将"立德"和"求知"融合起来,把大学生价值观培育和塑造贯穿教育教学始终,从而形成"三全"育人氛围。从功能上看,如果说思政课程主要发挥"显性"思政功能,课程思政则强调与之协同的"隐性"思政功能,教师需巧妙地将思政寓于课程,实现润物细无声式的立德树人。正是由于长期以来对此种隐性思政功能的忽视,有学者提出新时代重构思政体系"从思政课程到课程思政"之命题。[3] 从内容看,课程思政中的思政教育元素与"德"联系紧密,要起到价值引领作用,从笔者收集的一些高校课程思政建设实施意见方案看,主要包括理想信念、社会主义核心价值观、中华优秀传统文化、职业伦理教育等方面。

二、政法院校法学课程思政之必要性

大学都应承担相应的政治责任,政法院校亦不例外,而思政教育与大学的政治责任紧密相连。有学者指出,大学是一国之内的大学,与政治是很难截然分离的,在实践中承担着对政治思想进行引导、为国家现实提供政治应用及学术的政治批判等责任,

---

[1] 伍醒、顾建民:《"课程思政"理念的历史逻辑、制度诉求与行动路向》,载《大学教育科学》2019年第3期。
[2] 邱伟光:《课程思政的价值意蕴与生成路径》,载《思想理论教育》2017年第7期。
[3] 董勇:《论从思政课程到课程思政的价值内涵》,载《思想政治教育研究》2018年第5期。

这在客观上呈现了大学的社会服务功能。[1] 政法院校所承载的政治责任、思政教育鲜明的政治性和阶级性，加之法学为社会科学中具有同样属性的一门科学，无不显示出政法院校法学课程思政之必要性，具体可从以下三个方面加以分析。

（一）法学课程思政是政法院校贯彻落实党的教育方针之需要

教育方针是一个国家教育基本政策的集中概括，决定了一定历史时期教育事业发展的方向。党的十九大报告指出，必须把教育事业放在优先位置，办好人民满意的教育，要全面贯彻党的教育方针，落实立德树人根本任务，培养德智体美全面发展的社会主义建设者和接班人。我国将全面依法治国纳入"四个全面"战略布局，这对法学教育提出了新的更高标准和要求，法学教育应充分发挥其基础性、先导性作用。2017年5月，习近平总书记在中国政法大学考察时强调，全面推进依法治国是一项长期而重大的历史任务，要坚持中国特色社会主义法治道路，坚持以马克思主义法学思想和中国特色社会主义法治理论为指导，立德树人，德法兼修，培养大批高素质法治人才。

放眼国际社会，2015年联合国教科文组织在一份名为"反思教育"的研究报告中提出，除了获得专业技能以外，形成完整的人格也是教育宗旨之重要组成部分，这是实现教育未来可持续发展的一个关键。特别是当今世界，国际局势发生着深刻的变化，意识形态领域的较量日趋激烈，这直接影响到新时代我国的法学教育。既然大学所有课程皆有育人功能，那么政法院校无疑当用好课堂教学这个主渠道，在法学课程教学中牢牢把握意识形态工

---

〔1〕 王向华：《大学的道德责任》，北京师范大学出版社2017年版，第112~113页。

作主动权。政法院校的毕业生大都选择从事法律职业，有的还会进入政法机关工作。[1] 早有学者指出："法律学乃是权衡利弊的科学，如果没有高超的标准，怎么能够得到一种公正的权衡呢?"[2] 可见，较之于其他职业，公平正义是法律人最重要的道德要素，因此立德树人便更具特殊的重要性。

（二）法学课程思政是政法院校培养德法兼修法治人才之需要

"德法兼修"是新时代高素质法治人才培养之重要目标，既要求提高学生法学知识水平，也要求培养学生的思想道德素养。人才培养中"德"与"法"两者应相互促进、共同发展，不可偏废其一。对于这个目标，中国政法大学党委书记胡明撰文提出："高校要努力培养德法兼修、明法笃行，又博又专、愈博愈专的高素质法治人才，为完善中国特色社会主义法治体系、建设社会主义法治国家提供有力的人才支撑和智力保障。"[3] 应该说"德"对于法律人而言，在其职业活动中应得到更高标准的呈现。如有学者指出，律师较之其他行业的一个关键区别为："他不仅要对客户/被告人负责，承担伦理义务，而且还服务于'国家法律与社会正义'，亦即他享有执业许可而运作其中的法律制度，以及支撑那制度的政治理想与道德价值"[4]。反面如司法腐败即

---

〔1〕 以中国政法大学为例，根据互联网上公布的《毕业生就业质量报告（2018）》，2018届毕业生到党政机关、一流律师事务所就业人数较多；西南政法大学《2018届毕业生就业质量报告》相关数据也显示，党政机关和律师事务所是法学专业毕业生热衷的就业单位。随着人民警察招录培养体制改革的推进，公安院校毕业生成为公安队伍补充警力的主渠道，毕业生入警比例日益提升，如重庆警察学院2018届毕业生的入警率已达93%。

〔2〕 吴经熊：《法律哲学研究》，清华大学出版社2005年版，第316页。

〔3〕 胡明：《培养新时代高素质法治人才》，载《光明日报》2018年1月1日，第7版。

〔4〕 冯象：《政法笔记》（增订版），北京大学出版社2012年版，第139页。

是法律人职业道德沦陷的一种集中表现,对社会主义法治建设危害极大,国家以"零容忍"态度惩治司法腐败。至于法治人才培养与全面依法治国间的关系,习近平总书记深刻指出法治人才培养上不去,法治领域不能人才辈出,全面依法治国就不可能做好。著名法学教育家孙晓楼也指出,只有法律知识"断不能算做法律人才",法律人才培养要具备"有法律的道德"这一要件,只有这样的人才有资格来执行法律,而法律道德最重要的就是守正不阿和牺牲小己的精神。[1] 2018 年,教育部、中央政法委联合制定《关于坚持德法兼修实施卓越法治人才教育培养计划2.0的意见》(以下简称《法治人才培养2.0意见》)对法治人才培养提出了新要求,重点改革举措之一就是通过"厚德育"铸就法治人才之魂,具体包括把社会主义核心价值观、法律职业伦理教育贯穿法治人才培养全过程,各门课程既要传授专业知识又要注重价值引领等,而这些显然都需要通过法学课程思政方能实现。

(三)法学课程思政是政法院校解决专业教育思政问题之需要

目前,政法院校法学课程教学的一个突出问题就是专业教育和思政教育出现"两张皮",这是长期以来我国高等教育"重专业轻思政、重智育轻德育"的集中表现。这个问题使法学课程之育人功能难以有效发挥,同"三全"育人基本精神也是相背离的。从笔者掌握的情况来看,问题至少体现在三个具体方面。

一是法学教师课程思政意识之缺失。尽管传道、授业和解惑是教师的重要职责,但仍有不少法学教师在教学中偏重于授业和解惑,较为忽视传道职责,受这种教学惯性之影响,一些法学教师缺乏相应的课程思政理念,甚至认为课程思政会挤占专业教育

---

[1] 孙晓楼:《法律教育》,商务印书馆2017年版,第10~11页。

时间。而正是"传道"与当下所言思政教育密切相关，要求教师在传授知识的同时培养学生人格品质。二是法科学生对思政教育不重视。受知识爆炸、就业竞争等因素影响，政法院校学生更重视法学专业知识学习，对思政教育往往是被动接受。有学生告诉笔者，接受思政教育是为应付考试，思政教育无外乎"考前突击"，思政教育对自己职业发展用处不大。正是这种对课程思政价值认识之局限性，使学生轻视思政教育，有的甚至产生抵触情绪。三是法学课程教学中思政融入效果不佳。一方面，政法院校虽然大都积极实施课程思政，但在法学课程教学过程中，思政元素与法学专业内容结合得还不够紧密，缺乏大的格局观，具有一定的"为思政而思政"色彩。正如有人所指出，专业教育中思政教育内容融入的一个通病即"从漠不关心走向被动应付"。[1] 另一方面，政法院校法学教师课程思政在形式上较为老套，未充分运用微课、慕课等新方式，致使课程思政的创造力和吸引力不足。为解决这些问题，成熟的法学课程思政模式实践探索就显得十分必要。

三、政法院校法学课程思政建设之路径

2018年，在新时代全国高等学校本科教育工作会议上，教育部部长陈宝生指出："高校要明确所有课程的育人要素和责任，推动每一位专业课老师制定开展'课程思政'教学设计，做到课程门门有思政，教师人人讲育人。"因此政法院校应从制度保障和教学实践两个层面，着力推进法学课程思政建设。针对法学课

---

[1] 王秋：《课程思政的思与行》，载《黑龙江教育（理论与实践）》2019年第6期。

程思政教育教学改革，有学者已提出坚持方向性、示范性、主体性及科学性原则〔1〕，笔者也是赞同的。而正是在这些原则引领下，政法院校法学课程思政建设路径可从以下四个方面考虑。

（一）加强政法院校法学课程思政建设整体规划及保障

政法院校首先要科学统筹协调，做好顶层设计意义上的课程思政建设整体规划，这是开展法学课程思政建设之基本前提。如中国政法大学在课程思政建设顶层规划上，就根据有关会议及党中央、国务院文件精神，于2019年由学校党委常委会审议通过了《中共中国政法大学委员会关于推进课程思政建设的实施方案》。〔2〕笔者以为，课程思政建设整体规划之要点至少应涵盖组织领导、管理运行、评价监督、激励保障等方面。具体到建设内容上，整体规划应从课程教学大纲、授课教案、教学方法、考核评价、教学案例总结等方面对课程思政提出明确要求，进而形成完整的教学管理、教学实践、教学质量监控与评价体系。如笔者收集的某公安院校《课程思政工作实施方案》在"工作任务"部分就有"课程大纲修订"要求：完善现有课程教学大纲，在教学目标中增加课程思政目标，根据目标设计相应的教学环节，将课程思政元素融入学习任务中，体现在学习评价方案中。这一要求是针对该校所有课程而言的，自然对法学课程思政建设也应予直接适用。又如，在评价考核方面，某政法大学法学院《课程思政

---

〔1〕 沃耘：《高校法学"课程思政"教育教学改革路径与对策》，载《天津日报》2019年3月4日，第9版。

〔2〕 按照该方案部署，中国政法大学教务处2019年10月下发通知开展本科课程思政系列建设工作，打造"一学院一特色""一专业一特色""一课程一特色""一教师一特色""一教学组织一特色"的课程思政建设体系。参见中国政法大学教务处网站：http://jwc.cupl.edu.cn/info/1048/5565.htm，最后访问日期：2019年10月11日。

建设实施方案》提出：要加强探索创新，形成有效的课程思政教学评价体系，激励引导教师转变观念，动员广大专业教师在课程教学中发挥育人作用，承担起课程思政的主体作用；加强总结考核，把课程思政理念融入学期教学质量考核和年度考评体系。法学课程思政需要每位法学教师积极参与，这种方案表达有助于调动法学教师的积极性，投身于法学课程思政教学改革。

法学课程思政建设整体规划之落实离不开相应的保障。这种保障应该从制度和资金两个方面加以考虑。资金保障可以采用立项投入的方式，如2019年西南政法大学共立项31门课程思政示范课，其中就包括《刑事诉讼法》《中国法制史》《国际法学》等法学课程；中国政法大学计划在未来立项300门课程思政示范课，每门资助5万元，并从中择优遴选20门作为重点建设示范课程，每门资助15万元。制度保障除建章立制外需关注制度落实，正如学者指出课程思政的制度诉求即"完善立德树人系统化落实机制"。[1] 政法院校党委应高度重视课程思政建设，学校党委书记做好"第一责任人"，深入法学课程教学一线指导课程思政建设。上海在课程思政改革试点中，推出一批"中国系列"品牌课程，在沪高校（含政法院校）党委高度重视，为课程配备优质资源保障，学校党委书记、校长均亲自上讲台授课。[2] 法学课程思政建设亦需部门与教师协同联动，由是可考虑在全校范围统筹教育资源，健全完善由学校党委牵头，教务、学工、思政教学部门、法学二级学院和专业教师协同机制统领法学课程思政建设。

---

[1] 伍醒、顾建民：《"课程思政"理念的历史逻辑、制度诉求与行动路向》，载《大学教育科学》2019年第3期。

[2] 高德毅、宗爱东：《从思政课程到课程思政：从战略高度构建高校思想政治教育课程体系》，载《中国高等教育》2017年第1期。

政法院校教务部门应牵头制定课程思政建设规范和评价标准，加强法学课程思政示范课建设；人事部门牵头制定激励办法，在教师培养、评先评优、职称评审等方面予以体现。通过整体规划及保障形成政法院校党委统一领导、相关部门和法学教师齐抓共管合力建设格局，以保证法学课程思政建设有效开展。

（二）充分挖掘政法院校法学课程思政蕴含的思政元素

思政元素涉及法学教师教什么和学生学什么的问题，因而只有深度挖掘法学课程所蕴含的思政元素，才可能有效开展课程思政。就其本质而言，"思政元素"属于一种精神元素，在内容上是国家对大学生必备精神素质的基本要求，在形式上是精神教化的有效方式。[1] 在表1所列的教育部文件中也多有发掘课程蕴含的思政教育元素相关的表达。为此，政法院校法学教师应在把握专业教育与思政教育同一性的基础上，找准法学知识与思政元素的契合点，在讲授法学课程时不能仅简单地传授知识，还要充分发掘法学知识背后的制度定位、价值关怀等思政元素，从而实现法学课程教学之价值引领作用。2019年，西南政法大学推出了多门法学课程思政示范公开课，如龙大轩教授通过《中国法制史》课程讲授孝道与法律问题，剖析孝文化内核及其背后的法律意义，向学生传递了尊老爱幼、孝老爱亲的社会主义核心价值观。华东政法大学在探索课程思政建设中推出《法治中国》课程（属前述"中国系列"品牌课程），该课程围绕法治中国面临的重大理论和实践问题展开，把知识传授和价值引领结合起来。[2]

---

〔1〕 伍醒、顾建民：《"课程思政"理念的历史逻辑、制度诉求与行动路向》，载《大学教育科学》2019年第3期。

〔2〕 刘昕璐：《市人大代表、华东政法大学校长叶青：让学生铭记"法行天下，文入人心"》，载《青年报》2017年1月20日，第A04版。

同时，由于不同法学课程有其自身特点，这就决定了课程思政建设之差异，课程思政建设中应认识到法学课程的特点，在思政元素发掘方面有所侧重。笔者认为，至少可类分为理论法学和部门法学课程发掘其蕴含的思政元素，具体如下表。

表2　理论法学与部门法学课程思政元素发掘的侧重点

课　程	法学课程思政元素发掘的侧重点
理论法学课程	①中国特色社会主义法治理论（全面依法治国战略）；②社会主义核心价值观：民主、自由、平等、公正、法治、诚信等；③中华优秀传统文化：精神观念、文化思想、道德传承等；④法律职业精神。
部门法学课程	①法律制度背景、沿革及意义：立法的考量因素、制度的政治和社会意义、制度改革的历程等；②法律制度中外比较：中外国情对比、制度自信、家国情怀等；③法律制度未来展望：经济社会发展蓝图、国家重大战略决策等。

如上表所示尽管思政元素挖掘可能有所侧重，但侧重点之划分并不绝对，完全可能交叉重叠。有学者指出，法理论对部门法学具有重要意义，它是"法的分析学"和"法律科学的方法论"且对法实践间接发挥着弯道效益。[1] 正是如此在法学课程思政元素发掘上便不可能截然分开。如有高校法学教授指出，对于宪法课程就可从宪法内容鲜明的政治性和我国宪法历史发展进程两个维度去挖掘课程思政资源，进行系统梳理加工后服务于宪法课

---

〔1〕　雷磊：《法理论及其对部门法学的意义》，载《中国法律评论》2018年第3期。

程思政教学。[1] 在教学实践层面，应在充分挖掘各门法学课程思政元素基础上，将其融入教学设计条目和课堂教学内容，待成熟后再体现到法学课程教学大纲中；教师课堂教学应将这些思政元素同法学知识巧妙关联起来，潜移默化帮助学生树立社会主义法治信仰、正确认识法治进程中的问题，以实现德法兼修目标。例如，2017年以来西南政法大学以立德树人为指引、以知识传授为基础，着眼于学生全面成长，将课程思政融入"特色示范课堂"建设，在拓展学生价值塑造路径、深化学生对专业的价值认同、增强学生专业思维与创新能力等方面均起到了很好的效果。[2]

最后需指出的是，在课程思政探索过程中可能为培养学生思想道德素养而新设法学课程以优化课程结构，如《法治人才培养2.0意见》要求把法律职业伦理教育贯穿法治人才培养全过程，面向全体法学专业学生开设《法律职业伦理》必修课。而此前包括政法院校在内的高校大都不够重视该课程，最多只将其作为法学专业通识选修课开设。而现实情况是随着我国法学教育规模的扩大，法学专业毕业生素质缺陷的一个表现就是"大多数的法学毕业生却不具备较强的法律职业伦理观念"。[3] 实际上，法学教育中职业伦理教育不可缺失，对学生的价值塑造具有重要影响。法律职业伦理之内容包括正义、认真对待法律、责任等，总体要

---

[1] 王小萍、孙晓红：《基于课程思政理念——法学本科宪法课教学的探索与创新》，载《中国法学教育研究》2019年第3期。

[2] 张建文、章晓明：《立德树人 课程育人 培养具有政法特色的高素质法治人才——西南政法大学关于新时代中国特色法学教育路径的探索》，载《法学教育研究》2019年第2期。

[3] 朱立恒：《法治进程中的高等法学教育改革》，法律出版社2009年版，第42~43页。

求是法律人应树立公正理想,通过法律为人们解决纠纷,维护社会秩序。[1] 因此,《法律职业伦理》课程成为集中展现思政元素的法学专业基础课程,无疑会有更多的思政元素得到发掘与运用。

(三)强化政法院校法学教师课程思政意识和能力培养

教师的课程思政意识及能力是有效实施课程思政之关键,正如不少高校所提出教师是课程思政的"主体",但是长期以来高校思政教育往往陷入"孤岛"境地,集中表现为思政课教师唱独角戏,由是形成"无教育的教学"之困局。在课程思政教育理念的指引下,教师除了要具备丰富和扎实的知识能力外,同时须践行课程育人的使命任务。简言之,教师既要做到授业和解惑,也要发挥传道的作用。有学者指出,法律人具有自身独特的思维方式,其中包含一套十分复杂的概念体系、价值体系、逻辑推理方式,也蕴含一系列涉及权利、义务和责任的分配体系。[2] 政法院校作为新时代法治人才培养的主力军,法学教师课程思政意识和能力之高低便显得愈发重要。为此,笔者认为可以从三方面着力培养。

第一,提升法学教师思政素养能力。有学者指出,课程思政在教师"教"的方面,要在讲授专业知识的基础上将理想信念、价值理念和道德观念作为主要教学内容;在学生"学"方面,应在历史、哲学、社会发展理论等领域强化知识储备。[3] 据此,

---

[1] 夏勇主编:《法理讲义:关于法律的道理与学问》(下),北京大学出版社2010年版,第805~806页。
[2] 陈瑞华:《法律人的思维方式》,法律出版社2007年版,第4页。
[3] 蒋红雨:《课程思政的教与学》,载《黑龙江教育(理论与实践)》2019年第6期。

法学课程思政首先要求教师具备较高的思政素养，其必须了解中国历史与中国政治，熟悉人类社会发展趋势潮流，深刻领会党的重大理论创新成果。政法院校及法学二级学院应将思政意识培养纳入教师培训体系，加大法学教师培养培训力度，通过基层党支部"三会一课"、主题党日活动等形式，强化法学教师思想政治理论学习，提升教师思政素养和思政意识，进而提高思政教育和价值引领能力。同时，通过教师发展中心、研讨交流会等平台渠道，为教师获取及分享法学课程思政经验搭建平台。政法院校教师在法学课程教学过程中，应紧密围绕法治人才培养目标，在充分挖掘法学课程思政元素的基础上，将其融进教学目标、教学内容、教学环节及教学评价等教学全域，借以实现"教育"与"教学"有机融合。这正如有政法院校在课程思政建设中所提出，教师应致力成为学生的学业导师、思想导师和人生导师。

第二，建设法学课程思政教学团队。教学团队建设之目的在于集合师资力量研究和实施法学课程思政。如某公安院校对课程思政教学团队建设提出要求：团队带头人原则上为专业负责人，具有良好师德水准、较高教学水平、较深学术造诣及创新学术思想，能长期致力于本团队课程思政建设；教学团队年龄结构、梯队结构、职称及知识结构合理，具有良好的合作精神，在激励和指导中青年教师提高专业素质和业务水平方面成效显著。从中不难看到，团队建设有助于强化教师间的合作，在课程思政建设上形成"老中青、传帮带"的良好氛围。在目前政法院校高思政水平法学教师不足的情况下，有必要吸纳思政课教师加入教学团队，通过思政课教师与法学教师互动交流，解决法学课程思政建设中的重、难点问题。此外，受法学教育中"双师同堂"教学模式的启发[1]，为提升法学课程思政之效果，笔者曾尝试在《法理学》《宪法学》课程中针对某些知识点，实施团队中"思政+法学"教师"双师同堂"教学改革，受到了学生普遍欢迎。这也显示出法学课程思政教学团队发挥作用的可能路径。

第三，创新法学课程思政教学方法。公安院校法学教师应转变在当下我国法学教育中占据主导地位的"师授生听""就法论法"教学方式[2]，增强教学中师生和生生间的互动交流，在实施研究讨论、案例分析、情景模拟、角色体验等教学中融入思政元素，促使学生深度参与、思考与讨论以实现课程思政目标。习近平总书记在全国高校思想政治工作会议上指出："要运用新媒体新技术使工作活起来，推动思想政治工作传统优势同信息技术高度融合，增强时代感和吸引力。"在当今信息社会中，教师还要充分运用微课、翻转课堂等教学方式，满足学生个性化学习需求，进而提升法学课程思政教育效果。

（四）促成政法院校法学课程思政与思政课程同建同行

政法院校法学课程思政建设应厘清其与思政课程间的关系。对此习近平总书记在全国高校思想政治工作会议上明确指出："要用好课堂教学这个主渠道，思想政治理论课要坚持在改进中加强，提升思想政治教育亲和力和针对性，满足学生成长发展需求和期待，其他各门课都要守好一段渠、种好责任田，使各类课程与思想政治理论课同向同行，形成协同效应。"在学校思想政

---

[1] 有学者指出，"双师同堂"具有深刻的理论意涵，应该成为常态教学模式；法学教育中"双师同堂"包括理论与实务同堂、实体与程序同堂及法律与生活同堂。参见朱伯玉、徐德臣：《双师同堂理论解构——以法学教育与定分止争内在逻辑为中心》，载《河北法学》2015年第12期。

[2] 李磊：《法学类课程开展课程思政的进路研究——以民法学中"农村土地承包经营权"的授课为例》，载《攀枝花学院学报》2019年第6期。

治理论课教师座谈会上,习近平总书记又强调思政课改革创新要坚持"八个统一",其中包括"坚持显性教育和隐性教育相统一,挖掘其他课程和教学方式中蕴含的思想政治教育资源,实现全员全程全方位育人"。这些要求在表1所列教育部出台的相关文件中也得到融贯。细加分析可知,课程思政与思政课程因同属思政教育体系而密切关联,但课程思政并不完全等同于思政课程。如果说思政课程是思政教育的"主渠道",课程思政则是发挥课程育人功能的"分渠道",两者在育人目标上应当保持一致性。如有学者在论及高校思政教育课程体系时生动指出:"发挥思政课的'群舞中领舞'作用,实现所有高校课程的'共舞中共振'效应。"[1] 因此,法学课程思政要与思政课程同建同行就需把握好两者协同之契合点,有学者提出两者可在四个关键点上协同育人,即教学理念、教师、教材和教法。[2] 笔者认同此种观点,两者间的关系可如下图表示。

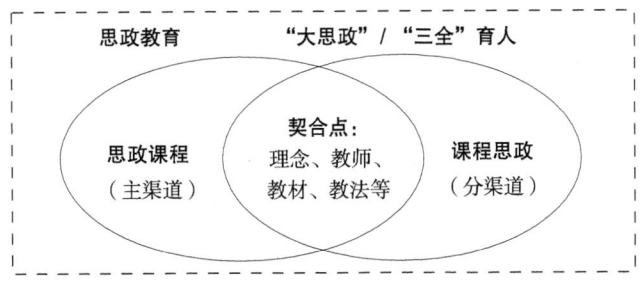

图1 课程思政与思政课程间的关系及契合点

---

〔1〕 高德毅、宗爱东:《从思政课程到课程思政:从战略高度构建高校思想政治教育课程体系》,载《中国高等教育》2017年第1期。

〔2〕 林流动:《"思政课程"与"课程思政"的协同要素探析》,载《闽南师范大学学报(哲学社会科学版)》2018年第4期。

实际上只有在"大思政"育人体系下实现这些关键点上的协同，才能促使课程思政与思政课程相辅相成、同向同行，从而合力提升育人质量，政法院校法学课程思政建设亦然。如有学者指出："加强'思政课程'的同时，着力'课程思政'建设，促进各类课程与思政课相互配合，打通两类课程间的关系，使非思政课与思政课程同向同行，形成互促互进的协同效应，如此才能构建'大思政'育人格局，形成更强大的育人合力。"[1] 此外，在当前我国高度重视课程思政背景下，政法院校在推进法学课程建设过程中还应避免"走极端"倾向，即过度强调课程思政以致出现法学课程教学中思政教育淹没专业的倾向。之所以出现这种倾向，就是没有正确认识和把握思政教育和专业教育的关系，其典型表现为：在法学课程教学中机械地耗费大量时间开展思政教育，从而大幅压缩法学专业教育之空间，导致专业教育人才培养目标未能实现。对此也有学者细析原因在于：一是对课程思政建设的特殊性缺乏正确认识；二是出现"思政教育中心主义"片面病，将"每门课程都要体现思政教育内容"理解并落实为"每门课程都要充分甚至全部体现思政教育内容"，使专业课程异化为思政课程。[2] 通过上图也可以看到，分别代表"思政课程"和"课程思政"的两个椭圆，在思政教育体系下尽管存在相交的契合点，但并不是完全重合的。因此，要保证法学课程思政与思政课程同建同行，政法院校必须认识到两者间的联系和区别，在法学课程教学中做到知识传授与价值引领有机融合、同频共振而不

---

[1] 徐晓明：《构建"大思政"育人格局》，载《人民日报》2019年10月8日，第5版。

[2] 王秋：《课程思政的思与行》，载《黑龙江教育（理论与实践）》2019年第6期。

能偏废其一。

四、结语

19世纪教育学家赫尔巴特提出了著名的教育性教学理念,在此种理念下德育教育是不能同整个教育相分离的,不承认"无教学的教育"和"无教育的教学"。[1] 我国著名教育家梅贻琦也指出,学问范围宜广不宜狭,"这样才可以使吾们对于所谓人生观,得到一种平衡不偏的观念"[2]。先哲早已看到教育形塑价值与信仰之重要性,这与课程思政在理念上是高度契合的。课程思政作为当下我国高等教育领域的一场变革,显然有助于扭转思政教育的"孤岛"困境,提升大学教师的德育意识和育人能力。尽管政法院校大都积极探索实施课程思政建设,但不可否认目前仍然处于起步和摸索阶段,法学课程思政尚缺乏成熟的设计论证和实施机制。政法院校只有在大胆探索、总结经验的基础上,深入推进法学课程思政建设,方能在法学教育中发挥法学课堂教学主渠道作用,全面落实立德树人之根本任务。

---

〔1〕 [德]赫尔巴特:《赫尔巴特文集5》(教育学卷三),李其龙等译,浙江教育出版社2002年版,第12页。

〔2〕 梅贻琦:《大学的意义》,古吴轩出版社2016年版,第12页。

供给侧视域中法学学年论文的课程化建设研究[*]

◎ 杨锦帆[**] 李永宁[***]

摘 要：法学专业学年论文教学在应然意义上是培养法治人才专业写作能力、进行法律检索和法律思维的训练的最佳环节。然而，供给侧教育要素的配置存在"供给约束"的问题，制约了师生们的精力投入，造成学年论文教学工作流于形式的结果。通过法学教育供给侧的结构性改革，将法学专业学年论文教学进行小班制的课程化建设，可以实现对教师与学生的制度性激励以利于他们积极地投入"强专业"与"厚德育"的双重建设，从而推动法治人才供给体系的质量与效果的提升。

---

[*] 本文系 2017 年西北政法大学高等教育教学改革研究项目"从知识传授到科研引导——《比较法学》课程教学改革初探"（项目编号：XJY201707）的阶段性成果。

[**] 杨锦帆（1978—），西北政法大学法学理论专业副教授，硕士研究生导师，西北政法大学刑事法学院博士研究生，美国康奈尔大学访问学者。研究方向：法理学、法学教育。

[***] 李永宁（1976—），西北政法大学教务处副处长，硕士。研究方向：教育学、思想政治教育。

关键词： 供给侧　法学教育　法治人才　学年论文　课程建设

引　言

2018年10月8日，教育部、中央政法委共同发布《关于坚持德法兼修实施卓越法治人才教育培养计划2.0的意见》，意见的总体思路强调应"找准人才培养和行业需求的结合点，深化高等法学教育教学改革"[1]。这意味着，法治人才的培养应当以法律职业的专业性和实践性为导向。法学教育不只是传授扎实的法律基础知识，而且应当强化法律应用和实践能力的培养，尤其是以法律检索和法律思维训练为内容的规范化的法律写作能力的培养。通观我国的法学本科的教学体系[2]，作为必修内容的法学论文教学是对法治人才进行法律检索和思维训练，培养法律应用和写作能力的理想阶段，甚至对于德育工作也具有不可替代的价值。然而，在长期的教学管理实践中，法学学年论文的教学工作并未得到足够的重视，甚至设置该教学环节的合理性都遭到了质疑。

为了探明法学学年论文教学究竟存在着哪些问题，从2016年到2019年，笔者对本校法学专业本科三、四年级的235位学生、12位专业课教师和7位教学管理人员进行了问卷调查和跟踪访谈。法学学年论文教学实践中存在的主要问题可以归纳为四个

---

[1] 《关于坚持德法兼修实施卓越法治人才教育培养计划2.0的意见》，载中华人民共和国教育部官网：http://www.moe.gov.cn/srcsite/A08/moe_739/s6550/201810/t20181017_351892.html。

[2] 陆根书等：《国外一流大学本科生与研究生课程考核方法比较研究》，载《复旦教育论坛》2017年第6期。

矛盾,即教学目标与写作基础之间存在着较大的差距,教学内容与求学内容之间存在根本的分歧,教育投入与教学付出之间存在严重的不平衡,教学使命与教学现状之间存在显著的不适应。

为了厘清并解决上述矛盾,依据2019年10月8日教育部《关于深化本科教育教学改革全面提高人才培养质量的意见》(以下简称《本科教学改革意见》)中强调的,高等教育改革应服从国家供给侧改革基本逻辑的这一要求。本文提出,在法学课程建设和教育教学的改革中同样应当遵循国家供给侧结构性改革的一般要求和基本原理。将《本科教学改革意见》的指导原则作为分析问题的方法论依据便不难发现,导致法学学年论文教学应然的积极作用难以发挥的实质问题在于法学教育要素的"供给约束"——严重制约了师生们的精力投入,致使学年论文的教学工作流于形式,也背离了法治人才的培养目标。通过对法学教育相关的五大供给要素进行逐一地分析,依据国家供给侧改革的基本逻辑,本文提出将法学专业学年论文教学进行小班制改革的课程建设方案。法学学年论文小班制的教学改革方案意在优化论文教学的供给要素,实现对教师和学生的制度性激励,从而有利于对法治人才"强专业"和"厚德育"双重教育目标的实现,进而推动卓越法治人才供给体系的质量与效果的提升。

一、法学专业学年论文教学工作的研究价值

(一)法学论文教学在"德法兼修"的教育中发挥着不可替代的作用

1. 新时代对法学教育的新要求:"强专业"与"厚德育"

为了贯彻习近平新时代中国特色社会主义思想和党的十九大

精神，2018年10月8日教育部、中央政法委共同发布了《关于坚持德法兼修实施卓越法治人才教育培养计划2.0的意见》（以下简称《法治人才培养意见》）。该意见的总体思路强调围绕建设社会主义法治国家的需要，应"找准人才培养和行业需求的结合点，深化高等法学教育教学改革"。

从育才的层面而言，《法治人才培养意见》明确地将"强专业"和"重实践"作为筑牢法学教育之本和强化法学教育之要，强调高校应主动适应法治国家建设需求，强化法学专业知识教育，不断提高专业建设与社会需求的契合度。这意味着，法治人才的培养应当重视以法律职业的专业性和实践性为导向。法学教育不只是传授扎实的法律基础知识，而且应当强化法律应用和实践能力的培养。

从育人的层面而言，根据教育部《关于加快建设高水平本科教育 全面提高人才培养能力的意见》，高校的法学教育应构建"五进三全"的教育格局、做好"专业思政"的育人工作。《法治人才培养意见》也进一步将"厚德育"作为铸就法治人才之魂，强调法学教育应注重培养法科学生的思想道德素养，坚持"一课双责"，各门法学专业课程既要传授专业法律知识，又要注重向上向善的价值引领。

2. 法学论文写作在育才和育人的两个方面均发挥着不可替代的作用

一方面，法学论文写作的核心直指法律思维的训练和创新能力的培养。为了建设一支高素质的法治工作队伍，全国各法律院校都在积极探索卓越法治人才的培养方案。2018年，北京大学的潘剑锋教授对2012年以来该校法学院在法治人才培养中的成功经验,以《推进全面依法治国 加强法治人才培养》一文进行了总结,并在《法制日报》上发表。潘教授总结道,除了确保基础课程的质量外,北京大学法学院还研发了法律写作训练课程。他指出法律写作课程不仅有利于学生熟练掌握法律检索,而且有利于对学生进行法律思维和法律方法的训练。对于法律写作训练的重要性,潘教授称之为"打通法学教育到法律应用的最后一公里路"[1]。

事实上,人工智能与法律的深度融合对于法治人才应用法律的实践能力已经提出了更高、也更迫切的要求。近年来,人工智能、机器学习以及区块链等法律科技的应用已能够完成初级律师和法律辅助人员的大部分工作。在不久的将来,法律职业者的很多业务工作将被"自动化"所取代。只有善于运用法律思维和法律方法,综合应用法律技能以解决问题并进行专业化表述,具有机器学习所不具备的创造性,才不会被人工智能等法律科技所取代。可见,法律写作训练对于法治人才的培养极为重要。因为,它既不是法律知识的简单重复,也不同于格式化法律文书的制作,而是法律知识的创造性输出。在法学专业课程体系中专门进行法律写作训练的法学论文教学是以产出导向为基本要求的,它与一般的以法学知识的传授为特征的课堂教学具有显著的差异。随着人工智能时代的到来,法学论文教学在法治人才的法律思维训练和应用能力培养方面的优势,还将进一步凸显。潘剑锋教授所总结的北京大学法学院在法律写作方面的课程改革经验也值得全国法学院校学习和借鉴。

---

[1] 潘剑锋:《推进全面依法治国 加强法治人才培养》,载法制网:http://www.legaldaily.com.cn/zt/content/2018-09/10/content_7641700.htm?node=93464.

另一方面，法学论文的教学过程是引导学生树立正确的法律观与价值观的契机。以"厚德育"为宗旨的法治人才的思想教育工作，其实质就是通过正确的社会价值导向来引导法治人才的人生价值取向。法学论文的教学过程是极为宝贵的立德和育人阶段，是以中国特色社会主义的社会价值导向指引法科学生端正个体价值取向的黄金期。法学论文教学正值学生个体价值取向的形成阶段。在法科学生运用法律思维分析、解决法学理论问题或法律实践问题的过程中，他们必须综合运用所学的法律知识，细致地分析法律现象并提炼出他们对于法律问题的理解和判断，必须经过审慎的思考，基于自己的逻辑、经验和价值观独立地提出他们认为正确的结论。因此，法学论文写作是他们较为系统地形成其世界观和法律观的过程，也是初步建立他们对于未来法律职业的人生态度的过程。可见，法学论文的教学过程是法学教育工作者和思想教育引导者深入了解学生价值取向的宝贵机会。因而，该教学过程也是教师有针对性地引导学生个体价值取向的理想环节〔1〕。在我国当前的法学教育体制下，只有论文教学能够给每个学生都提供与专业教师进行"一对一"交流和辅导的机会。这不仅是学生得以提升自己学识的难得机会，对于法治人才培养而言，也是立德、育人工作的难得契机。在学生的世界观、价值观和法律观、职业观初步形成的关键期，教师可以因材施教，通过指导论文写作进而展开思想道德教育和职业伦理教育。"一对一"的法律专业指导和思想教育引导，十分有利于法学教育工作者指引青年法治人才树立正确的政治方向，确立端正的思想品德和塑

---

〔1〕 吴海翠、张政：《供给侧视角下高校思政课教学中存在的问题及对策》，载《文教资料》2019 年第 3 期。

造健全的职业伦理。

（二）法学学年论文教学是更适宜于专业思维训练和思想政治培养的教育环节

1. "毕其功于毕业论文一役"的教学实践是对法学教育基本规律的背离

对于法治人才的培养而言，无论是育人还是育才，都离不开长期的积累和训练，也都需要经历一个潜移默化的过程。可是，反观当前法学教育的现状，很多法学院校在教学实践中，一方面对法学学年论文教学工作放任自流，另一面却一味地对毕业论文高标准、严要求。在这种"前松后紧"的教育现状的背后，存在的是"毕其功于一役"的惰政思维。毋庸讳言，它们都是对法学教育基本规律的严重背离。

近年来，教育部多次对高等院校的毕业论文提出要求，以达到提高毕业论文质量的目的。为了杜绝抄袭、剽窃和买卖论文等学术不端行为，还对毕业论文明确规定了查重的要求。然而，在教学实践中，相当一部分高校的做法是在毕业论文管理环节设置严格的程序与规范要求，并严把论文查重的"数字"关。最终，教育部对毕业论文提出的所有量化指标都可以如期完成，甚至可能执行得更为严格。至于教育部对毕业论文提出的程序要求和量化指标所服务的目标——提高毕业论文质量和学术水平——则避而不谈、视而不见。其缘由很容易理解：形式化和可量化的指标借助技术手段是很容易完成的；而提高毕业论文的学术水平，则意味着必须提升学生的研究和创新能力。这不仅意味着教育要素和资源的重新配置，而且还存在着教育投入难以在工作业绩中体现的风险。于是，在避重就轻的惰政思维影响之下，在毕业论文的管理和教学实践中,走形式的情况自然不乏其例。

2019年4月,陕西宝鸡职业技术学院的学生赵某在提交毕业论文未被通过后自杀。这是一位临毕业的学生在用自己年轻的生命在警示很多高校:前期不重视学生的学术训练,临毕业时试图通过严抓、严管来应对教育部考核的教学管理方式,是极不合理的教学设置和违背教育规律的形式主义;教育实践中"前松后紧""避重就轻"和"毕其功于一役"的惰政思维所导致的只能是误人子弟的制度之恶。

2. 充分发挥学年论文教学的优势将更有利于对法治人才进行"德""才"的双重培育

(1)当前法学学年论文教学管理中的不合理之处需要进行深刻的反思。为了厘清法学论文教学实践中究竟存在哪些具体的问题,笔者借助主持所在学校的教学改革项目的机会,对本校法学专业学生进行了多次问卷调查和访谈。数据显示,65%的受访学生在撰写毕业论文时尚不清楚学术论文写作的完整步骤和基本方法;91%的受访学生表示直到撰写毕业论文之前,在三年多的求学过程中从未写过规范的"开题报告";73%的受访学生对写作"文献综述"的要求表示不理解,也不知道"文献综述"该写哪些内容。有学生针对毕业论文在问卷中坦言,"学校只一味地要求我们在毕业前拿出高质量的'产品',却从未告诉我们'产品'该如何'制造'"。

调研的结果不仅表明,法学教育领域中确实存在着"重知识传授、轻学术训练"的结构性不平衡,以及在法学学年论文和毕业论文教学中存在着管理上"前松后紧"的不合理,而且以直观的数据和学生的感受表明这些不平衡、不合理已经达到了令人堪忧的程度。因此，有必要对论文教学中的这些不平衡、不合理之处进行深刻地反思。

毕业论文是法学本科学生四年学习成果的集中反映。想要完成高质量的法学毕业论文，既需要学生掌握扎实的法学专业知识，也需要他们熟悉学术论文的写作方法和规范，更需要具备批判性思维和创新能力。显然，学习和了解学术规范以及论文写作程序，培养法律思维、进行基本的学术训练等，都是学生在撰写毕业论文之间早就应当完成并能够熟练掌握的内容，而不应该让学生在面临着毕业和升学的压力情况下，为了尽快地完成毕业论文的任务，还得从法学论文写作的基本要求、基本规范，以及最基础的法律检索方法学起。

鉴于当前在法学教育的教学设置中，多数法学院校除了毕业论文之外还安排学年论文的教学环节，本文提出，对学生进行专业学术训练以及思想政治培育的最佳阶段时机其实应当是在法学学年论文的教学阶段。

（2）法学学年论文环节更适合对法治人才进行"德法兼修"的培养和训练。本文提出法学学年论文环节更适合于学生批判思维的训练和创新能力的培养，也更适合于思想品德的培育。其一，在法学专业学年论文的写作阶段，学生们的法律知识已经积累到可以初步进行独立分析问题的程度。法学专业学年论文的写作往往安排在第五学期，也就是三年级第一学期。经过两年的通识教育和法学专业知识的学习，学生们在一定程度上已经具备了尝试法律研究工作所需的最基本的人文基础和法律知识的储备。其二，在法学专业学年论文的写作阶段，学生们的时间和精力足以保障专业性训练的顺利进行。大学三年级的学生，尚无就业和升学的外在压力,有足够的时间和精力可以投入创新能力的培养和以产出为导向的学术训练。其三,在法学专业学年论文的写作阶段,学生们能够自觉、自愿地接受培养创新能力的训练。经过对法学知识的涉猎和对法律实践的接触,作为本科阶段的高年级同学,往往对知识以外的能力提升有了较为清晰的意识和自觉。概言之,法科学生在学年论文的阶段,他们的知识储备、时间安排和学习意愿都更加符合学术训练的要求;没有毕业和升学的直接压力,学生们可以潜心钻研学问也能够心无旁骛地直面学术上的困惑,避免了科研、就业、深造三重压力叠加带来的巨大心理压力。其四,在法学专业学年论文的写作阶段,学生们的心理尚未完全定型,是进行正向的德育引导的理想契机。学生们在撰写学年论文的阶段与撰写毕业论文的阶段在接受教育的心理上也有很大的不同。在学年论文阶段,他们不仅处于获取法学知识的旺盛期,而且在心理上也认为自己有接受来自教师的知识传授与价值观引导的必要性。换言之,在撰写学年论文的阶段,学生们正处在接受智育和德育的最佳阶段。因此,本文主张法学专业的学年论文环节更适合对法律人才进行"德法兼修"的培养和训练。

二、法学专业学年论文教学工作面临的主要问题

通过上文的分析我们可以认识到,在应然层面,法学专业的学年论文教学是对学生们同时进行育才与育人的理想阶段。可是,法学学年论文的实际教学情况却是另一番景象。学年论文相关的几类主体——撰写学年论文的学生、指导学年论文写作的教师和管理学年论文教学工作的行政人员——都存在着对这项教学工作的不满情绪,甚至有一种不在少数的观点是:学年论文工作

劳民伤财，没有实际的教育意义，应该尽快取消这一教学设置。

为了探明法学学年论文教学在实践中究竟面临着哪些问题，也为了了解相关各方主体的真实想法，笔者对本校235位法学专业的本科生（包括2014级、2015级和2016级正在撰写学年论文、毕业论文或完成了毕业论文的学生）、12位专业课教师（具有5年以上从事法学学年论文和毕业论文指导工作经验的教师）和7位教学管理人员（学校和学院两级从事学年论文和毕业论文教学管理工作的行政管理人员）进行了问卷调查和跟踪访谈。结合问卷调查与访谈的结果，笔者将法学学年论文教学实践中存在的主要问题归纳为四个矛盾。

在对此四个矛盾进行讨论前，为了表述的清晰和简洁，笔者参照学者罗志敏对高校人员的划分模式[1]，将高校相关各方划分为"党政主体""行政主体""学术主体"和"学习主体"四类。"党政主体"主要指高校的党、政领导，负责对高校内的重大事务进行决策；"行政主体"是指高校的各级行政组织，他们是高校内重大决策的执行者和具体教学事务的管理者；"学术主体"是指高校的教学、科研人员和组织；"学习主体"是指在校的大学生。

（一）矛盾一：教学目标与写作基础之间存在着较大的差距

随着党和国家对法治人才的需求不断升级，教育主管部门对于法科学生的研究、创新能力的要求也在不断提高。其中一项内容就是要求提升法学论文的质量和学术水平。在这里，从教育主管部门到法学院系的党政主体以及行政主体，通常会有一个基本

---

〔1〕 罗志敏：《我国大学治理的制度供给逻辑》，载《教育发展研究》2014年第5期。

的判断——读到大学三年级的法学专业的学习主体,当然具备独立完成一篇 5000 字的学术论文的能力。而且,随着授课质量、教学难度的提升,学习主体的研究能力也当然会不断提高。

然而,从调查问卷反映的情况来看,正是上述"想当然",成为后续各种矛盾的起点。笔者在 2016 年、2017 年、2018 年三个秋季学期之初,对即将开始撰写法学学年论文的大学三年级学生进行了调研,反馈的信息显示:仅有 13% 的受访学生表示,在大学三年级之前曾撰写过规范的法学论文;39% 的受访学生表示,在大学三年级之前从未写过一篇超过 1000 字的完整的法学方面的文章;25% 的受访学生表示,此前虽然写过一篇以上的法学文章,但主要的形式属于课后作业;57% 的受访学生表示从未独立进行过法律检索;更有高达 81% 的受访学生表示,在撰写学年论文之前,无法区分法学论文中的注释与参考文献。

假设这些随机调研的数据大致可以反映普通高校法学专业学生的实际研究水平的话,那么基本上可以说,在撰写法学学年论文之前超过半数的法科学生几乎没有接受过较为正式的学术训练,甚至可以说是论文写作"零基础"。调研数据反映出来的相当一部分学习主体实际的论文写作基础与党政主体、行政主体前述"想当然"的判断之间存在的差异是十分显著的。因而,学习主体实际的论文写作基础也必然与法学论文工作的教学目标之间存在着较大的差距。所以,凡是基于类似上述"想当然"判断的主体,可能都难以想象、更难以理解当前法学学年论文(以及毕业论文)教学工作的现实困境。因此,下述一些矛盾的形成也就不可避免。

（二）矛盾二：教学内容与求学内容之间存在根本的分歧

这里的"教学内容"是指从事法学学年论文指导工作的教师，即学术主体认为他们所承担的论文教学指导工作应包含的内容，或者称应该"教"的内容。这里的"求学内容"是指学习主体在法学学年论文教学过程中，希望学到的内容或者需要接受的学术训练应包括的内容，或者称需要"学"的内容。详言之，学术主体认为法学学年论文的教学内容应该是：由他们来帮助学习主体解决后者在学年论文撰写过程中遇到的主要问题；指导学习主体独立地完成学年论文。可是，对于超过半数的论文写作零基础的学习主体而言，他们需要的求学内容是对学术论文及其写作工作进行全面地了解，包括学术论文的基本规范，学术研究的主要步骤等；他们需要的学术训练应包括法律检索、资料收集、案例分析和规范解释等对基本学术方法的掌握。

正是因为学术主体认为自己应该"教"的内容和学习主体需要"学"的内容之间分歧如此之大，所以才有相当多的学术主体在访谈中表示学生们的学术基础太薄弱，论文指导工作十分吃力。有个别的学术主体坦言：要教会学术零基础的学生写论文，得从最基本的训练开始，简直就是得"手把手"地教。可是，他们表示自己的教学、科研压力很大，没有足够的时间进行系统性的教学。于是，只好任由学生们自己摸索着写作，然后随便打个分数，应付差事了事。

对于法学学年论文的教学工作，学术主体与学习主体在"教"与"学"上的认识差异所造成的结果是：在大学四年级准备撰写毕业论文的受访学生中，仍有47%的人表示对写论文这项工作仍然感到非常困难；甚至仍有35%的受访学生表示还是没有搞清楚法学论文的写作规范，一些很基础的写作问题都未能在法学学年论文教学中得到有效的解决。也就是说，在"教"与"学"上的认识差异直接影响和制约了该阶段学术训练的效果和质量。

（三）矛盾三：教育投入与教学付出之间存在严重的不平衡

由于党政主体和行政主体对于学习主体的学术基础存在着前述"想当然"的判断。因此，他们往往认为学术主体所从事的法学学年论文的教学工作，其主要内容无非就是对学生写作中的遇到问题进行解答，以及对学生撰写的论文提出一些修改的建议等。因此，党政主体和行政主体一般认为指导学生论文写作的工作比起法学专业课的教学工作要轻松很多。也就很自然地认为没有必要对法学学年论文教学工作投入太多的教育资源。以笔者所在的学校为例，指导一篇法学学年论文的工作量被认定为2学时，而在硬件支持和教学设施方面几乎为零投入。

可是，对于学术主体而言，由于学习主体整体上的学术基础十分薄弱，其中的大部分都缺乏系统的学术训练。因此，学术主体的时间和精力投入往往是数倍于被行政主体所认定的工作量。对于绝大多数负责任的学术主体而言，一方面，他们在法学学年论文教学中的付出完全得不到物质或精神上的对等评价。另一方面，由于论文教学工作基本上起不到教学相长的作用，在当前科研压力繁重的情况下，他们在论文指导上的付出必然会影响他们在科研上时间和精力的投入。有受访教师坦言：学年论文指导任务就是纯粹的付出，它已成了老师们的一项负担。可以说，由于学术主体在法学学年论文教学工作上的付出没有得到足够的尊重和适当的评价，师德和耐心的双重考验已经严重地影响到他们的积极性和主动性。

此外，由于没有硬件设施、教学场地的保障，论文指导的随意性很强，使得本应非常庄重的学术训练因缺乏足够的条件保障而难以保证论文教学工作的严肃性，更谈不上论文教学过程的工作"留痕"。在这样的教学条件下，法学学年论文教学的进展情况根本无法被监督，教学工作的质量完全取决于学术主体的师德，也因此给个别不负责任的教学行为留下了极大的空间。这也是一些教学热情备受打击的学术主体主张取消法学学年论文教学环节的原因之一。

（四）矛盾四：教学使命与教学现状之间存在显著的不适应

随着中国特色社会主义法治现代化建设的全面展开，党和国家对于在未来将要从事法治建设事业的法律人才在"德""才"两个方面都提出了更高的要求。法学教育的使命不仅更加崇高，任务也更加艰巨。教育部明确要求法学教育要坚持正确的政治方向，法律人才培养的各方面工作也都应围绕着"德法兼修"的目标，在法学教育体系内也应尽快构建起"五进三全"[1]的教育格局，做好"专业思政"的育人工作。[2] 对照新时代法学教育的"德法兼修"新使命和全程全员全方位的"三全育人"新要求，作为法学教育中一个重要环节的法学学年论文教学，也理应尽快贯彻立德树人的教育目标，贯彻专业思政的育人要求。

可是，当前的法学论文教学现状与新时代法学教育的使命之

---

[1] 吴泽群：《把习近平新时代中国特色社会主义思想研究推向新境界——习近平新时代中国特色社会主义思想研究中心（院）座谈会发言摘要》，载《学习时报》2018年4月18日，第2版。
[2] 《坚持以本为本 推进四个回归 建设中国特色、世界水平的一流本科教育》，载中华人民共和国教育部官网：http://www.moe.gov.cn/s78/A08/moe_745/201806/t20180621_340586.html，最后访问时间：2019年5月20日。

间存在着明显的不适应。从目前的法学学年论文教学的实际情况而言，法学专业层面的学术训练尚存在着管理主体无法监督、学术主体无暇顾及、学习主体训练不足等问题，或者说育才的任务尚且完成不了、做不到位。那么，可以想象，即便教育主管部门和高校的行政主体将"德法兼修"的教学任务布置下来，目前也缺乏有效的教学机制去保障育人任务在法学教育全过程的实施，尤其是无法保障"一课两责"在法学论文教学工作中的落实——学术主体没有时间和精力从事育人工作，行政主体无法监督育人工作的进展，党政主体和教育主管部门也无法检验育人工作的成效。现实的教学情况很难令任何一位研究者感到乐观。如果当前法学学年论文教学中的矛盾仍然得不到关注，如果存在的问题始终得不到解决，那么，无论"德法兼修"的使命多么重大而崇高，也都难免在教学实践中沦为轰轰烈烈的走过场。

三、在研究中采用供给侧分析方法的意义与作用

通过上述对高等教育政策和社会调查结果的分析可以知道，从应然层面而言，以培养法治人才的法律思维和创新能力为初衷，以师生"一对一"指导为形式的法学学年论文教学，在"德法兼修"教育中具有鲜明的特点和显著的优势。可是，从实然层面而言，法学院系内党政、行政、学术与学习主体之间的信息阻隔与认识偏差，致使法学学年论文教学存在严重的形式化的问题并招致多方的批评。

（一）在对法学学年论文教学工作的研究中引入供给侧方法论的意义

2019年10月8日，教育部《关于深化本科教育教学改革全面提高人才培养质量的意见》（以下简称《本科教学改革意见》）中强调的，高等教育改革应服从国家供给侧改革基本逻辑的这一要求。因而，在法学课程建设和教育教学的改革中同样应当遵循国家供给侧结构性改革的一般要求和基本原理。据此，本文主张将国家供给侧改革的基本原则和新供给经济学的基本原理引入法学教育的研究领域，特别主张将供给侧的分析方法应用于对法学学年论文教学改革问题的研究。

首先，深化高校供给侧改革是本次《本科教学改革意见》的基本要求。教育部高教司负责人就《本科教学改革意见》答记者问时强调，高等教育改革"小逻辑"应服从国家供给侧改革"大逻辑"的要求。法治人才培养是高等教育体系内的类别之一，法学学年论文教学又是该类别中的一个环节。因此，小逻辑系统中一个环节的改革也同样应当遵循国家改革大逻辑的要求。惟其如此，才有助于保障法学教育系统中具体环节的改革与整个高等教育改革乃至国家的供给侧结构性改革的一致性和统一性。

其次，围绕着法治人才培养，法治建设与法学教育也构成了一对相辅相成的"需求与供给"[1]。中国特色社会主义法治现代化建设迫切地需要德才兼备的法治事业的建设者和接班人。在一定意义上，这便构成了法治人才的需求侧。在相同的意义上，正在培养卓越法治人才的法学教育领域，也具有鲜明的人才供给侧

---

[1] 贾康、苏京春等：《新供给经济学：理论创新与建言》，中国经济出版社2015年版，第18页。

的基本特征。事实上，我国的法治建设对法治人才的需求也的确构成了人才供给的原生动力。并且，国家对法治人才的需求升级也决定了法学教育改革的方向和内容。

最后，法学学年论文教学改革的问题本身也决定了引入供给侧原理的合理性。法学学年论文教学这一问题并非一个纯粹的法学问题或教育学问题。围绕着该环节的教学改革，主要针对的是法学教育相关要素应如何区分与排列的结构性问题。供给侧分析方法的研究重点就在于实现供给侧要素结构的合理化。因此，供给侧方法论的采用正好适合于分析和解决法治人才供给要素结构的优化与合理化，以便推动法学教育改革从而实现有效的人才供给[1]。

（二）以供给侧方法论对法学学年论文教学相关要素的分析

前文论述了法学教育中的结构性不均衡、管理上不合理，以及法学学年论文教学中的种种矛盾。为了避免就事论事，这些问题都应当放置于科学的分析框架内。供给侧理论侧重于供给体系的质量与效率的提升。为了有效地分析，它通常把供给侧的众多变量归纳为五大要素[2]，即劳动力、土地等自然资源，资本，科技创新，制度与管理。供给侧分析方法主要用于区分与辨别供给侧要素的结构性问题。供给侧改革的目标是供给管理的科学化和供给要素结构的合理化，以便形成有效供给。通常，供给侧理论将供给侧要素的结构性问题分为两类，一则是造成无法充分满

---

〔1〕 许祥云、钱宇航、贾凌昌：《高等教育制度供给不及与弥补路径选择》，载《高教探索》2015年第8期。

〔2〕 贾康等：《供给侧结构性改革理论模型与实践路径》，企业管理出版社2018年版，第12页。

足需求的供给约束，另一则是抑制了新需求的供给抑制。供给侧结构性改革的实质就是优化供给要素结构的改革。

本文以供给侧方法对法学学年论文教学相关要素进行分析，分析的过程可以分解为如下步骤：第一步，将本文研究的内容放置于供给侧理论的分析框架之内。第二步，对法学学年论文教学供给侧的结构性问题进行定性分析。第三步，针对定性的问题，逐一分析法学教育相关的五大供给要素。从而阐明当前供给要素结构不合理的原因，以及供给侧结构性改革的基本方向。第四步，依据供给侧改革的逻辑对法学教育供给要素的结构性优化提出可行的解决方案。

就第一步而言，借助供给侧理论的分析模型，将法学教育的相关要素依据不可通约的指标也概括为五大要素：法学教育的人员、法学教育的硬件及资源、法学教育的资金投入、法学教育的科技创新、法学教育的制度和管理。

就第二步而言，基于前文的分析，对当前法律人才供给侧要素进行改革的原因，是现有的法学教育尤其是法学论文的教学工作无法满足国家对于法治人才的需求升级。因此，按照供给侧理论，法学学年论文教学改革要解决的问题的性质是"供给约束"，而不是"供给抑制"。

下面是第三步，逐一分析法学教育供给侧的五大要素：

第一大要素，即对"法学教育的制度和管理"的分析。本文研究法学学年论文教学改革的背景就是当前的法学教育实践难以应对法治人才的需求升级。在本文看来，当前法学教育中存在的根本性问题是法治人才培养中的结构性不平衡，即重知识输入、轻知识输出，重基础理论、轻创新思维，重课堂教学、轻专业训练。那么，如果能够通过对法学教育根本制度和管理模式进行改革，将彻底扭转法治人才培养中的结构性不平衡。从而，也就从终极意义上解决了当前法学教育的问题，或者，称为法治人才供给约束的问题（也就没有必要再去探讨法学学年论文教学改革的问题了）。不过，很显然，触及法学教育根本制度以及其基本结构的变革是法学教育领域最深层次的改革，它必然是一个长期而艰巨的过程。因此，在当前还无法彻底改变法学教育供给要素宏观结构不平衡的前提下，比较可行的方式是围绕其他要素进行教育供给要素结构的微调，也就是在"法学教育的制度和管理"要素的范畴中进行具体机制或教学方式的改革。

第二大要素，即对"法学教育的科技创新"的分析。在"互联网+"时代，全国高校纷纷推动现代信息技术与教育教学的深度融合、慕课建设、线上线下的精品课建设、智慧教学环境的打造以及反转课堂等，教育科技创新推动了一系列的教学改革和课程改革。然而，长期以来的教育理念始终将课程讲授、知识传授作为以本为本的教学根本。包括法学教育在内，现代科技创新的成果在引入法学教育时仍然以法律知识的传授（输入）为主。法学教育科技创新应用的领域仍然以授课和知识传授的范围为限，在法治人才的创新与实践能力培养方面科技的驱动力还有待开发。因此，对于法学教育要素的结构性优化而言，尤其是在以"德法兼修"为目标的教育改革的范畴中，科技创新并不适合作为主导性的改革要素。

第三大要素，即对"法学教育的资金投入"的分析。前文在分析法学学年论文教学存在的矛盾中曾指出，学术主体在论文教学中的付出得不到对等的评价是一个突出的现实问题。通过资金的增加，提高对学术主体教学付出的物质回报固然是一个不错的改革进路。不过，资金投入的数量却是一个衡量该解决方案可行性的关键因素。以笔者所在学校的规定为例，学术主体指导一篇学年论文的工作回报是相当于2学时的补助。然而，学术主体的实际付出往往数倍甚至10倍于2学时。换言之，法学院校在法学学年论文教学方面的资金投入必须增长500%至1000%。从以往教学改革的实践而言，这种单纯以"资金"要素为主导的改革方案几乎没有任何可行性。

第四大要素，即对法学教育的硬件及资源的分析。由于在法学教育的范畴中，该要素与第三大要素的原理相同，因此可以得出结论，以"硬件资源"要素为主导的改革方案同样不具备可行性。

第五大要素，即对"法学教育的人员"的分析。前文已经阐述了，由于法学教育相关的党政主体、行政主体、学术主体和学习主体之间的信息不畅和认识偏差导致了法学学年论文教学领域中的四个矛盾。其中，由于学术主体的付出完全得不到对等和合理的评价而造成教育积极性和主动性的挫伤，是导致法学学年论文教学实然层面问题的关键因素。毕竟，对法治人才"德法兼修"的教育工作还是要依靠从事一线教学工作的学术主体。

也就是说，对于法学学年论文教学改革而言，"人员"要素在法学教育要素的结构性优化的改革中，才是居于主导地位的要素。从供给侧要素结构的优化而言，其他四项要素都应以"人员"要素的改革为核心来改变当前不合理的供给侧要素结构。根本的改革方向应当是对学术主体的教学工作进行合理的评价，或者说是对学术主体进行有效的制度性激励。

四、法学学年论文教学的供给侧改革方案：小班制的课程化建设

依据上述供给侧研究的分析步骤，这里将展开第四步，也就是依据供给侧改革的逻辑对法学教育供给要素的结构性优化提出可行的解决方案。

（一）法学学年论文小班制的课程化建设是对学术主体的制度性激励

习近平总书记多次强调，人才培养的关键在教师。以"德法兼修"为目标的法学教育工作始终要靠身处教学一线的学术主体。要让学术主体在法治人才培养，尤其是法学学年论文教学中愿意投入、持续创新，就必须通过供给侧要素结构的优化形成有效的制度激励。

1. 法学学年论文教学的课程化建设

这项改革的内容是指将法学专业学年论文教学的方式参照必修课进行建设，但无需改变其教学实践环节的性质。学年论文课程的教学工作量应不低于一般必修课的额定课时。课程化建设使学术主体在法学学年论文教学中的时间和精力投入可以获得公正合理的评价，避免了党政主体和行政主体因信息阻却、认识偏差或部门本位主义等造成对学术主体的教学积极性的挫伤。同时，还解决了法学学年论文教学工作没有固定时间、没有教学场地以及缺少教学设施保障等老问题。

以往分散、低效、难以管理、无法考核的法学学年论文指导工作被学年论文实践课程所取代，使法学专业学年论文教学成为有部门组织、有纪律约束、有质量监督和有制度保障的法治人才培养环节。同时，课程化建设也给党政主体、行政主体与学术主

体、学习主体之间的信息传递提供了保障机制。学术主体与学习主体在论文教学中遇到的困难也有了正常的渠道向行政主体反映；党政主体和行政主体也有条件及时了解论文教学工作的实际进展，从而有利于实现决策的科学化和管理的人性化。

2. 法学学年论文的小班制教学

法学学年论文教学不仅应进行课程化建设，而且法学学年论文课程还应采用小班制的形式，人数限定在 15 人以内。笔者曾借助在美国康奈尔大学法学院做访问学者的机会，对美国哥伦比亚大学、康奈尔大学和乔治敦大学等高校内开设的修辞与写作课程进行过调研。这些全球一流大学为了保证写作课程的授课效果和教学质量，通常都采用 10 人到 15 人的小班制。因为，小班制才可以保证教师有足够的精力对每一位学生进行分别指导。在法学专业学年论文课程的周期内，教师也只有清晰地了解每位授课对象的学术兴趣、专业基础、研究水平和写作能力才可能因材施教。小班制的授课形式也可以确保每一位参与该课程训练的学生在每周固定的时间与教师进行较为充分的互动和交流，也给学生们共同探讨专业问题提供了良好的学术氛围与学习环境。此外，小班制教学形式对于其他供给侧要素配合"人员"要素改革也提供了便利。例如，就"资金"要素而言。按照以往指导一篇学年论文计 2 学时工作量的计算方法。指导 15 名学生的工作量是 30 学时。在小班制教学形式下，按照一般必修课程的 36 学时计算工作量的话。从以往的法学论文指导形式改革为小班制的课程化教学形式，"资金"要素的增加比例仅为 20%，基本上不会因为资金投入过多而影响到教学改革方案的可行性。

（二）法学学年论文小班制的课程化建设有利于以"德法兼修"为目标的卓越法治人才培养

1. 法学学年论文课程化教学有利于育人与育才工作的有机结合

在法学学年论文课程化教学的条件下，学术主体拥有较为充裕的教学时间和条件保障，可以对学习主体就法学论文写作进行法律思维的综合性训练以及写作技能的系统性培养，尤其是学术主体可以对学习主体进行学术规范和学术伦理方面的教育。由于德育中的"德"是一个十分宽泛的概念，既包括高尚的思想品德，也包括正确的政治方向。最佳的德育工作不是进行宏大、抽象的道德叙事，而是应当从小处着眼、从具体的德性规范着手。在学习主体学习法学论文写作的过程中，通过规范化的写作行为践行学术规则和学术伦理。育人和育才便不再是不相关联的两项工作，而是通过撰写法学论文的学术训练密切地结合在了一起。也就是说，通过在学术训练中实践德行来理解并树立学术工作中的德性，这是比道德规范的说教和伦理知识的讲授更加生动也更为深刻的德育教育，也是将育人与育才在法治人才培养层面的有机统一。

2. 法学学年论文课程化教学有利于形成法学特色的德育教育

由于教育部已经明确要求各高校都应构建"五进三全"的教育格局、做好"专业思政"的育人工作，那么，实践中将难以避免一些情况的发生：当思政教学在各门课程和各个教学环节中都齐头并进地展开时，教学内容上的重复必然会发生。不过，法学学年论文课程化教学与其他专业或通识课程都不一样，它是以知识输出为特点的学术训练。以理论自信的教学为例。在一般的课程教学中，如果每个老师都讲授理论自信的话，大量内容和信息的重复在所难免。可是，在法学学年论文教学中，学术主体会指导学习主体有意识地围绕中国特色的社会主义法治现代化建设的具体实践，寻找"中国问题"，在思考和研究中国问题的过程中，学习并尝试着讲好"中国故事"。也就是说，学习主体通过他们独立的专业思维，积极主动、形式各异地实践了理论自信。这种极具法治人才个性特征的教学方式不仅有利于把"专业思政"教学变得更加丰富、生动，也使"一课两责"的教学过程更具法学专业的学科特色。

公共外语教学改革视角下的法学（西班牙语）专业建设实践与反思[*]

◎李 蕴[**]

摘　要：根据国家的发展需要，中国政法大学制定并实施了法学（西班牙语）特色实验班项目。法大于2015年9月起，从新生中遴选30人左右，组建法学（西班牙语）特色实验班，是法大"开展法学专业改革、培养卓越法律人才"深化人才培养模式的一项重要举措，在全国的"多语种涉外法治人才培养"和"非通用语公共外语教学"领域都具有鲜明的前瞻性和探索性。因此，需要依靠法大人才培养的优势，充分汲取相关实践的经验和教训，充分盘活校内外、国内外资源，本着对学生高度负责的精神，打破既有体制障碍，不断发现和随时纠正在实验班运行阶段遇到的问题。为进一步深

---

[*] 本文系2019年中国政法大学研究生教育教学改革项目（项目编号：KXKJGLX1907）成果。

[**] 李蕴，中国政法大学外国语学院讲师，法学博士。

化公共外语教学改革，推进法学（西班牙语）实验班建设的步伐，丰富法学（西班牙语）实验班建设之内涵，重构人才培养模式，本研究旨在对实验班的建设实践和跟踪反思进行具体研究。

关键词： 多语种涉外法治人才　非通用语公共外语教学　建设实践　跟踪反思引言

笔者作为中国政法大学法学（西班牙语）实验班的任课教师，自实验班成立伊始，对其实施、开展情况进行了跟踪调研。调研形式包括对实验班任课教师、学生进行一对一访谈，群体访谈，进行问卷调查等。

2019年4月，笔者有幸申请到中国政法大学研究生院2019年跨学科研究生教育教学改革项目"'一带一路'背景下西班牙语法学人才培养研究"，笔者对之前的调研数据和采集的样本进行了分析、提取，同时对该实验班的培养方案、开设课程、教学手段等进行了评估。

目前，国内学术界鲜有对西班牙语专业外语复合人才培养的研究成果，在中国知网上搜索以"西班牙语外语复合人才培养"为主题的学术文章，显示"无法搜索到"[1]。笔者希望借此文，能够填补国内对该领域研究的空白，亦期将来能为其他高校提供经验和反思。

一、公共外语教学改革历史梳理

改革开放40多年来，我国外语教育发展依次经历了服务于"四化建设"的外语教育恢复和重建阶段（1978—1991年）、服

---

[1]　最后搜索时间：2019年12月24日。

务于扩大对外开放的外语教育发展阶段（1992—2000年）、面向国际市场的外语教育强化阶段（2001—2012年）和服务于国家"走出去"战略的外语教育新时代（2012年至今）[1]。

作为我国外语教育政策与规划的重点领域之一，高校公共外语教学改革由于其受众群体大、涉及面广泛始终备受关注。1979年制定的《加强外语教育的几点意见》指出："要大力办好高校公共外语教育……培养既懂专业又掌握外语的科技人才，增加高校公共外语课学时"[2]；1998年，教育部颁布《关于深化教学改革，培养适应21世纪需要的高质量人才的意见》，该意见指出以全面培养高素质和复合型外语创新人才为目标，提高学生的人文素养。40多年来，我国高校公共外语教学得到了全面恢复与发展。在回顾和总结大学外语教学发展历程中取得的硕果的同时，也有学者反思40多年来高校外语教学改革中存在的问题。在对宏观改革问题的反思中，复旦大学外文学院蔡基刚教授指出国内对于中国外语教育定位的讨论明显缺失，外语教学要兼顾工具性和人文性是一个伪命题，纠正我国外语界对外语教学工具性和人文性的误解有助于我国外语教学的健康发展。[3]

《国家中长期教育改革和发展规划纲要（2010—2020年）》在其第七章"高等教育"中指出："加快创建世界一流大学和高水平大学的步伐，培养一批拔尖创新人才，形成一批世界一流学科，产生一批国际领先的原创性成果，为提升我国综合国力贡献

---

[1] 曾天山、王定华主编：《改革开放的先声：中国外语教育实践探索》，外语教学与研究出版社2018年版，第48~73页。

[2] 曾天山、王定华主编：《改革开放的先声：中国外语教育实践探索》，外语教学与研究出版社2018年版，第52~53页。

[3] 蔡基刚：《从语言属性看外语教学的工具性和人文性》，载《东北师大学报（哲学社会科学版）》2017年第2期。

力量。……到2020年，高等教育……特色更加鲜明，人才培养、科学研究和社会服务整体水平全面提升，建成一批国际知名、有特色、高水平的高等学校，若干所大学达到或接近世界一流大学水平，高等教育国际竞争力显著增强。"在第十六章"扩大教育开放"中指出，"适应国家经济社会对外开放的要求，培养大批具有国际视野、通晓国际规则、能够参与国际事务和国际竞争的国际化人才。"[1]

2018年9月10日至11日，党中央在北京召开全国教育大会，习近平总书记出席会议并发表重要讲话。讲话中指出，要打造"一带一路"教育行动升级版，在布局上、重点上、资源和力量投入上都要向"一带一路"建设聚焦。通过改革高校公共外语教学，为"一带一路"建设培养大批懂外语的各类专业技术和管理人才。推送高校毕业生到国际组织实习任职，为参与全球治理培养更多高素质国际化人才。

2019年9月17日，教育部高等教育司在北京召开了加强公共外语教学改革工作会议，正式提出要从国家战略高度规划公共外语教学，为主动服务"一带一路"建设，加强国际组织人才培养工作，加强非外语专业学生第二、第三外语公共课程建设工作，培养更多懂专业、通外语的高素质国际化复合型人才。教育部启动了面向非外语专业学生的公共外语教学改革试点工作，将选取一批层次高、生源佳、基础好、资源优的高校，充分发挥其专业特色和语言优势，充分发挥其国别和区域研究优势，以5年为周期，实施面向非外语专业学生的公共外语教学改革，提高学

---

[1] 《国家中长期教育改革和发展规划纲要（2010—2020年）》，载 old.moe.gov.cn/publicfiles/business/htmlfiles/moe/info_list/201407/xxgk_171904.html。

生第二、第三外语综合应用能力,培养一大批"一精多会"(精一门外语、会多门外语)、"一专多能"(懂专业,能多语种沟通写作)的高素质国际化复合型专门人才,为深入推进"一带一路"建设、为国际组织人才培养提供支撑。教育部计划在北京大学、清华大学等9所高校先行试点,在我校和中国人民大学等11所高校重点培育,有序开展。

加强公共外语教学改革工作会议在国家政策层面对大学外语教学做了重要导向,对教学实践将会产生深远影响。培养"一精多会"(精一门外语、会多门外语)、"一专多能"(懂专业、能多语种沟通写作)的高素质国际化复合型人才已经成为高校公共外语教学改革的共识目标。

2019年3月22日至24日,第四届全国高等学校外语教育改革与发展高端论坛在北京召开,会议围绕着新文科建设和复语人才培养等主题探讨了外语教育在新时期的发展方向。

二、"一带一路":中拉关系的新发展

近年来,在中拉关系发展的框架下,拉美国家积极参与中国的全球战略,对于中国提出的"一带一路"倡议的认可使得越来越多的拉美国家参与到共建之中。截至2018年12月13日,共有厄瓜多尔、萨尔瓦多、多米尼加、智利、苏里南、格林纳达、委内瑞拉、哥斯达黎加、乌拉圭、多米尼克、圭亚那、玻利维亚、安提瓜和巴布达、特立尼达和多巴哥、巴拿马15个拉美国家与中国签订"一带一路"相关合作协议,"一带一路"倡议使中拉关系在新时期又上了一个新台阶。

虽然拉美地区并不在"一带一路"沿线,但首届"一带一

路"国际合作高峰论坛却迎来了 20 多个拉美国家的参与。拉丁美洲作为海上丝绸之路的自然延伸，在 16—19 世纪期间中国—东南亚—拉美的贸易路线发挥了极其重要的作用，跨太平洋的海上，政治互信、经济互补为中拉双方带来了全球经济浪潮之中的携手稳步前进。

2017 年 5 月，习主席会见到访参加首届"一带一路"国际高峰合作论坛的阿根廷总统马克里时强调，"拉美是 21 世纪海上丝绸之路的自然延伸。中方愿同拉美加强合作，包括在'一带一路'建设框架内实现中拉发展战略对接，促进共同发展，打造中拉命运共同体。"2017 年 11 月，中国与巴拿马签署了中国与拉美国家的第一份"一带一路"建设谅解备忘录；2018 年 1 月中拉论坛第二届部长级会议标志着"一带一路"倡议开始全面进入拉美；2018 年 11 月 30 日至 12 月 1 日，习近平出席在阿根廷举办的 G20 峰会，接着在访问拉美国家的 9 天时间里同阿根廷、巴拿马分别签署《关于电子商务合作的谅解备忘录》《关于服务贸易合作谅解备忘录》，将"一带一路"写入中阿联合声明，并将与巴拿马继续扩大铁路和电力领域的合作；2018 年 12 月 12 日，中国与厄瓜多尔签署"一带一路"建设谅解备忘录，共同推进广泛领域的合作共建。截止到最新发布的中厄共建"一带一路"新闻，拉美国家参加"一带一路"倡议数量不断增多，共建领域也包含了经贸、外汇、基础设施建设等多个领域。

三、中国政法大学西班牙语法学人才培养实践

当前，随着国际形势变化、中国国际地位提升，越来越多的西班牙语国家主动加入"一带一路"倡议。大学"双一流"建设

提速、人工智能等高科技革命浪潮日盛，如何主动服务"一带一路"建设、"一带一路"建设在西班牙语国家的情况及国际组织语言服务人才的培养与输送、加强国际组织人才培养、培养高素质国际化复合型人才、非通用语教学与公共外语教学改革、培养"一精多会""一专多能"高素质国际化复合型人才、如何适应并服务于新时代发展的客观需求成为值得很多高校深思的问题。

随着我国与西班牙语地区和国家合作的快速发展，精通法律、掌握西班牙语的复合型人才稀缺状况愈加凸显；中国政法大学是一所以法学为特色和优势的一流院校，我校旨在培养精通西班牙语的高级职业法律人才，为国家利益提供战略保障。

根据国家的发展需要，中国政法大学制定并实施了法学（西班牙语）特色实验班项目。法大于 2015 年 9 月起，从新生中遴选 30 人左右，组建该特色实验班，是法大"开展法学专业改革、培养卓越法律人才"深化人才培养模式的一项重要举措，在全国的"多语种涉外法治人才培养"和"非通用语公共外语教学"领域都具有鲜明的前瞻性和探索性。依靠法大人才培养的优势，学校充分汲取相关实践的经验和教训，充分盘活校内外、国内外资源，本着对学生高度负责的精神，打破既有体制障碍，不断发现和随时纠正在实验班运行阶段遇到的问题。

为进一步深化公共外语教学改革，推进法学（西班牙语）实验班建设的步伐，丰富法学（西班牙语）实验班建设之内涵，重构人才培养模式，本研究旨在对实验班的建设实践和跟踪反思进行具体研究。

四、法大法学（西班牙语）实验班人才培养探索

（一）培养西语法律复合人才的必要性和紧迫性

第一，当今社会，外语人才多，法学人才也多，但缺少既懂法学又懂外语的"稀缺人才"，尤其缺少既懂法学又懂小语种的"奇缺人才"，市场对这种高层次复合人才的需求量很大。

第二，近年来我国与西班牙语国家的经贸合作快速发展，需要相应领域法学人才的培养支撑。

第三，中国的法律产业正向全球化迈进，如何培养国际化的法律精英已成为法律教育界有识之士关注的核心问题。

（二）培养目标：高层次法律+西班牙语复合人才

法大法学（西班牙语）实验班人才的培养目标是：具有厚基础、宽口径、高素质、强能力的复合型、应用型、创新型高级法律职业人才。学生具有广泛的人文社会科学与自然科学领域的知识基础；具有较坚实的法学理论基础，系统地掌握法学知识和法律规定，了解国内外法学理论发展及国内立法信息；具有国际视野，通晓西语国家和特定区域规则，能够参与国别化和区域化法律事务，维护我国在西语国家和特定区域中利益；具有较高的政治理论素质、较强的分析能力、判断能力和实际操作能力；能较熟练地应用有关法律知识和法律规定办理各类法律事务，解决各类法律纠纷，并具有从事法学教育和研究工作的基本能力和素质。

（三）培养要求

学生通过学习国家的法律、法规和法学的基本理论与基本知识，掌握法学基本理论和技术，能够较灵活地运用所学理论指导实践工作，具有分析问题、解决问题和组织领导法学实践活动的

实际工作能力和创新能力。毕业生应获得以下几方面的知识和能力：

第一，掌握法学的基本理论、基础知识。

第二，熟悉法律工作的方针、政策和法规。

第三，具有执法的基本能力。

第四，掌握法学理论研究的基本方法，了解法学前沿理论及其研究动态，具有一定的教学、科学研究和实际工作能力。

第五，身体素质达到国家规定的大学生体育锻炼和军事训练合格标准，具备健全的心理和健康的体魄，能够满足从事本专业范围内的各项工作的要求，能够履行建设祖国和保卫祖国的神圣义务。

第六，能独立运用西班牙语进行基本听、说、读、写，初步具备研究生阶段能在西语国家进行学习深造的语言基础。

（四）实验班准入机制

1. 学生来源：零起点的法学专业新生

新学年伊始，法大教务处组织新入校的民商经济法学院、刑事司法学院和国际法学院的大一新生自愿报名参加西班牙语法学实验班。通过遴选考试的新生于同年9月份进入西班牙语法学实验班虚拟班级管理，并开始其培养过程。

2. 遴选机制：学生自愿与严格遴选相结合

每年的西班牙语法学实验班共有30个名额，由于报名学生众多，因此法大对考生的遴选程序和测试内容力争做到公正、公平和公开。遴选的目标为具备扎实的英语语言能力，对西班牙语有学习兴趣，在西班牙语法学学习和研究方面有发展潜力，将来有志于从事西班牙语法学职业道路，具备吃苦耐劳精神的优秀学生。

报名成功的考生须参加笔试和面试两个环节的遴选。笔试为测试考生的英语知识水平,以判断该生是否具有足够的英语水平助力其零起点的西班牙语学习。面试分为三部分,第一部分是西班牙语语音、语调模仿测试(由外国语学院西班牙语教师组织),第二部分是英语听力和口语测试(由外国语学院英语教师组织),第三部分是对考生的心理评价(由学校教务处组织),通过询问考生报考该实验班的动机、将来的发展方向、兴趣爱好、是否有付出更多时间精力的心理准备等问题来做出客观评价。

(五)学制、学位与学分

法大西班牙语法学实验班学制 4 年(修业年限 3~6 年),完成培养方案规定的课程和学分要求,考核合格,准予毕业并授予法学学士学位。

总学分 172 分,其中课堂教学 153 学分(含课内实践教学 6 学分);课外实践教学 19 学分(含社会实践 2 学分、学年论文 1 学分)。

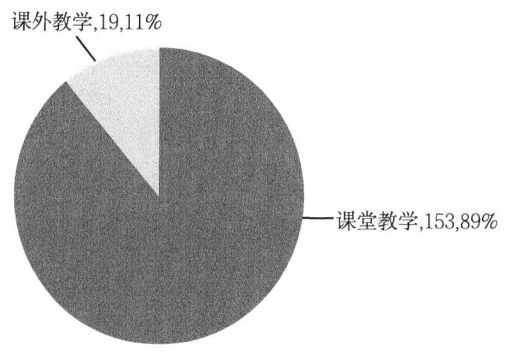

图 1 学分分布

（六）学籍管理

实验班的学生共同组建成一个虚拟班集体，但学生学籍不发生变化，仍归属于其原本所属的学院。实验班归属于中国政法大学教务处统筹管理，后下沉到外国语学院实施具体管理。因此，实验班学生需达到特制培养方案要求。

（七）课程设置

第一，根据西班牙语法学实验班培养目标的要求，结合社会需要，该实验班课堂教学课程体系由通识课和专业课构成，通识课和专业课均分别由必修课和选修课组成。通识必修课共43学分；专业必修课由18门课程组成，共58学分；专业选修课应修满22学分，具体要求为基础专业选修课组应修5学分、案例课组应修4学分、研讨课组应修2学分、实务技能课组应修2学分，西班牙语法律类课组应修9学分；全校通识选修课应修满22学分，具体要求是通识主干课4学分、一般通识课7学分，西班牙语语言类课组应修11学分；任选至少1学分。

表1 课程设置

教育模块	具体分类	学分要求	具体要求
通识课	通识必修课	43学分	《思想道德修养与法律基础》《马克思主义基本原理》《中国近现代史纲要》《西方文明通论》《毛泽东思想和中国特色社会主义理论体系概论》《军事理论》《中华文明通论》《形势与政策》
	通识选修课	22学分	通识主干课4学分、一般通识课7学分、西班牙语语言类课组10学分

续表

教育模块	具体分类	学分要求	具体要求
专业课	专业必修课	58学分	由18门法学专业必修课程组成
	专业选修课	22学分	基础专业选修课组应修5学分、案例课组应修4学分、研讨课组应修2学分、实务技能课组应修2学分，西班牙语法律类课组应修9学分

第二，优先选课权。法大在本科阶段实施学生自主设计选读课程的选课模式，为了避免实验班学生由于西班牙语类课程较多导致选修实验班课程组外的课程时发生时间冲突，法大教务处为实验班学生设置了优先选课权，保证实验班学生可以正常地修读完培养方案要求的所有课程。

（八）实验班师资配置

实验班有专职与兼职师资，专职师资中有具备西班牙语和法学教育双重背景的教师，同时聘请法大比较法学研究院具有西班牙语和法学教研背景的教师担任跨学科校内兼职师资。

此外，积极调动国内外该领域专家学者资源，采取讲座、短期授课、国际小学期授课等形式为学生提供丰富的知识课堂。

值得一提的是，为进一步加强学校国际化教育水平，全面提升人才培养质量，提高本科人才培养国际化水平和本科人才国际交流能力，优化、创新人才培养模式，法大教务处实施了国际小学期工作，外国语学院为实验班开设暑期国际小学期课程，于每学年的夏季学期（7月份）邀请来自西班牙语国家高校的法学教师为实验班学生开设学分为2学分、32学时的短期课程。每学年的春秋季学期，外国语学院也会不定期邀请西班牙语国家教师来开设短期课程。

表2　实验班国际课程汇总

授课时间	国　家	授课教师	课程名称
2016—2017学年夏季学期	阿根廷	Leopoldo Luis Peralta Mariscal	《拉丁美洲私法概论》
2017—2018学年夏季学期	智利	Álvaro VidalOlivares	《拉美合同法简介》
2018—2019学年夏季学期	智利	Angela Toso	《拉丁美洲的监管程序和国际贸易中的洗钱预防》
2019—2020学年夏季学期	阿根廷	Nicolás Laino	《法律援助制度比较研究》

（九）培养成效

实验班学生来自中国政法大学民商经济法学院、国际经济法学院和刑事司法学院[1]。自实验班成立伊始，共有154名学生参加了实验班的培养，上百名学生参与了国外院校交流项目。[2]

表3　实验班培养学生数

院　系	2015级	2016级	2017级	2018级	2019级
民商经济法学院	10	10	8	14	16
国际经济法学院	9	11	10	11	10
刑事司法学院	9	10	11	8	7
总　计	28	31	29	33	33

---

[1] 中国政法大学法学本科生教育共设四个法学院，分别是法学院、民商经济法学院、国际经济法学院和刑事司法学院。由于法学院开设改革模式培养实验班，因此法学院学生不再参加中国政法大学西班牙语法学实验班的遴选。

[2] 数据截止时间为2020年1月1日。截至2020年1月1日，2018级和2019级学生本科生出国留学交换项目还未开展。

表4 实验班学生国际交流情况

入学年份	2015级	2016级	2017级
在校期间参与本科生出国留学交换项目院校	马德里自治大学（3名） 西班牙德乌斯托大学（1名）	西班牙德乌斯托大学（2名） 西班牙IE大学（2名）	西班牙德乌斯托大学（2名） 西班牙马德里自治大学（1名） 西班牙庞贝法布拉大学（1名） 西班牙IE大学（1名） 冰岛雷克雅未克大学（1名） 加拿大蒙特利尔大学（2名） 日本名古屋大学（1名） 意大利博洛尼亚大学（1名）
学生总计	4名	4名	10名

第一届毕业生（2015级）共27人，有4名同学考取了DELE（西班牙语水平证书）考试B2等级证书。其中1人推免至北京大学法学院读研，6人推免或考取了中国政法大学研究生，1人考取了上海对外经贸大学研究生，2人获香港大学研究生录取，1人获香港中文大学研究生录取，1人获里斯本大学研究生录取，2人获西班牙卡洛斯三世大学研究生录取，1人获西班牙巴塞罗那大学研究生录取，1人获西班牙庞贝法布拉大学研究生录取，1人获爱尔兰都柏林大学录取，10人就业。

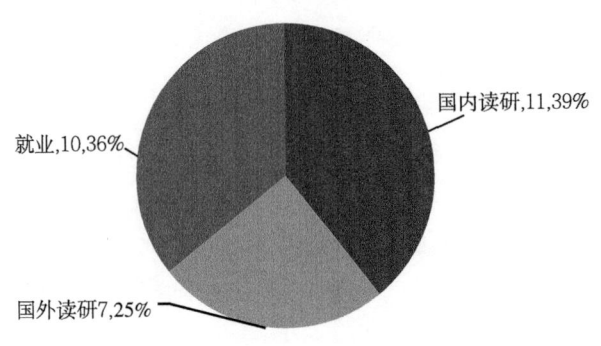

图 2 实验班第一届学生毕业去向

五、实验班培养方案实施过程中的问题及反思

(一)培养方案实施过程中的问题

第一,法大教务处和外国语学院于法学(西班牙语)实验班设立之初制定了《法学专业(西班牙语)特色实验班本科培养方案》,通过对该实验班开设四年以来学生学习情况的观察和研究,发现主要存在如下问题:

(1)培养方案课程设置不合理,有些课程的内容设置和时间安排不符合语言学习以及对象国法学学习的先后顺序。

(2)有些课程的教学大纲不确定,教学目标和内容不清晰,导致教师授课内容主观性和变化性较强。

(3)学生大三国外交流期间,我校规定必修的法学专业课程及语言课程如何与国外法学及语言专业课程相互对接与转换问题有待于思考。

(4)在就业导向下,如何增加符合就业需求、增强学生就业竞争力的课程、对现有培养方案进行改革和完善有待于思考。

第二,法大外国语学院西班牙语教研室于 2018 年 12 月对实验班大一至大四学生进行问卷调查,反映的主要情况有以下

几点:

(1) 西语法律课组内课程需提高与法律的相关性,同时注意难度,建议删除跟法律相关性差的课程。

(2) 在低年级时增加写作、口语与泛读等语言选修课。

(3) 大部分同学赞成降低校公选学分,把大一所置入的音乐、科学等课程置换为西语相关课。

(4) 提高语言课组所占学分比例,课组内增大西语基础课学分,减少课头。

(5) 对新课的期待,主要分布为案例、实务和研讨课等。

(二) 对问题的反思

针对以上问题,还需要在以下几个方面进行细化思考:

第一,对现有培养方案课程设置进行研究,梳理课程设置安排,制定较为合理的课程设置。

第二,对培养方案中每一门课程的教学大纲进行研究,确立其教学目标和内容。

第三,研究西班牙语国家高等院校法学专业本科教学及课程设置。对我校及西班牙语国家高等院校法学教育进行比较研究,为学生交流期间的课程对接与转换起到指导作用。

第四,研究就业目标单位用人需求,对现有培养方案进行改革和完善。大学法学教育应从校园走向社会,通过对目标用人单位调查,培养复合应用型的实践人才。

六、西班牙语+法学复合人才培养发展规划

在西班牙语+法学复合人才培养方面,可以制定短期规划和长期规划,分两步走,达到最终的复合人才培养目的。

（一）短期规划：利用现有资源培养法律+西班牙语的复合人才

1. 模式一

与北京外国语大学、北京第二外国语学院、北京语言大学等西语系开展积极合作，招收优秀西班牙语本科毕业生攻读我校法学研究生。

实施方式：①推荐免试研究生；②到外语院校西语系开展宣讲会，鼓励西班牙语专业毕业生报考我校法学研究生。

意义：此合作具有战略意义，不仅能拓宽西语专业学生的培养前景及就业面，而且将极大地促进中国与西班牙语国家的合作与交流。

2. 模式二

向中国政法大学的法学专业本科生和研究生开设西班牙语课程作为必修课或选修课，培养本校法学专业学生的西班牙语语言能力。

实施方式：针对法学专业本科生和研究生开设西班牙语精读、西班牙语阅读、法律西班牙语等课程作为必修课或者选修课，将西班牙语相关课程列入培养方案。

意义：培养高层次的法律复合人才，使法学专业学生有机会掌握西班牙语，拓宽法学专业学生的培养面及就业面，提高国际化竞争力。而且将极大地促进中国与西班牙语国家的合作与交流。

（二）长期规划

经过掌握1~2年的短期规划实施经验后，当师资力量达到一定规模时，外国语学院成立西班牙语系，由外国语学院独立招收西班牙语专业本科生，制定西班牙语+法学的复合培养方案，由中国政法大学独立培养高层次的西班牙语+法学复合人才。

注重西班牙语和法律复合人才的培养，突出政法大学的法学特色和优势。

实施方式：在本科培养方案中，采取西班牙语和法学课程同步进行的模式或者2年西班牙语+2年法学的模式。

除了培养学生扎实的西班牙语基本功，我们还要结合法大的法学特色和优势，强化学生在法律条文或法律文件方面的翻译能力，开设例如法律西班牙语、西班牙法律概况、拉美法律概况等课程。

不同的国家有不同的法律制度，法律翻译是沟通不同法律制度文化之间的桥梁。法律翻译涉及双重操作：语言的转译与法律概念的转换。这就要求法律翻译者对不同法系的法律术语和基本知识有所了解。

意义：丰富语种，完善结构，使外国语学院进一步走向国际化。进一步强化外国语学院的国际化定位。对提升法大在国内外的西班牙语+法学复合人才学术影响力和权威性有着重要的意义。

在本科生法学课程考核中引入口试的实践与思考[*]

◎娄 宁[**]

摘 要：口试旨在考查学生牢固掌握基本知识点的能力，可以与笔试结合起来，合理分工并有效衔接。应当参照《普通高等学校法学类本科专业教学质量国家标准》对法学课程的划分标准，并顺应国家统一法律职业资格考试的要求，在本科生各类法学课程考试中引入合理的口试形式。通过在中国政法大学法学本科期末考试的口试实践，可以发现学生的学习效果和教师的教学效果可以更好地展现出来，同时学生对基础知识的掌握和口头表达能力有了明显提高，教师的考试工作压力也得到了缓解。建议教务部门积极推进这一改革，并鼓励教师总结相关经验。

---

[*] 本文系笔者为负责人的2018年立项的中国政法大学教学改革项目"新形势下法学类课程考试制度改革研究"（编号：JG2019A001）的阶段性成果。

[**] 娄宇，中国政法大学民商经济法学院副教授。

关键词： 本科法学课程　期末考试　考核方式　口试

一、问题的提出

考试是大学课程教育的终点，在大学常规教育过程中居于中心地位，在某种程度上，考试的方式和内容决定了教师的课程设计和学生的学习偏好。长期以来，在各高校中（也包括中国政法大学），本科生法学课程的考试方式过于单一，目前只有开卷考试、闭卷考试、小论文三种方式，开卷考试仅限于客观题、名词解释题、论述题和案例题，小论文的选题范围过于宽泛，难以实现考核目的；考试内容过于僵化，一方面延续多年的题目，不能契合当今社会日新月异的发展，另一方面受考试形式所限，纯粹记忆的内容不能要求牢固掌握，理解应用的内容又无法深入展开。对于期末考试，教师们丧失创造力且在选课人数过多时叫苦不迭，学生们疲于应付且考完就忘。整个过程流于形式，似乎就是为了给学生们一个分数而考试，不仅难以实现法学专业本科教育的目的，而且与司法考试之间形成"两张皮"，学生们四年的法学学习到毕业时似乎都归于零，还需要再通过参加司法考试辅导班来补课。此现象已经构成大学法学本科教育的一大顽疾，日复一日，年复一年，虽然饱受诟病，但是似乎在教师和学生之间已经形成路径依赖，改革步履维艰。

作为法学教师，笔者深知课程考核方式和内容对学生学习的导向性作用，更清楚法学核心课程的设置与司法考试对课程考核的指挥棒作用，一味否认或无视这两项作用不仅是对教育行政部门不负责任的表现，更是对学生前途不负责任的表现。一言以蔽之，必须针对法学专业课程的设置和司法考试的要求重新设计课程考核，来一场彻底的考试革命。

笔者曾经留学德国，在法兰克福大学、弗莱堡大学等大学修过多门法学课程，并发现德国大学期末考试的口试形式非常有借鉴意义，可以较好地克服教师的教与考、学生的学与考之间的矛盾。自 2019 年以来，笔者在中国政法大学教改项目的支持下，在劳动法学、劳动与社会保障法概论、社会保障法学三门课程的考试中试行了口试方式，效果令人满意，下文是对此改革实践的总结与思考。

二、现有考试形式的缺陷与新的挑战

（一）各类考试形式的缺陷

我国本科生法学教育多采用大班授课的方式，民法、刑法、宪法等法学核心课程的上课学生往往达百人。中国政法大学作为法科强校，每年的法学专业本科生人数达到上千的规模，再加上非法学专业学生的选修，很多课程的学生数超过 100 人，个别课程甚至会达到 200 人。且不论教学效果如何，单是每学期期末的考试就让教师很是头疼，法学的学科特点决定了记忆的内容较多，答卷的内容多为文字，几乎没有理工科的公式和数字，上百份试卷看得教师们头晕眼花，基础核心课的老师们大多采用了流水作业的方式，每人负责一至两道题，此方式虽然能够提高效率，但是"审美疲劳"效应带来的厌倦心理更加凸显，阅卷质量难以保障。

也有一些课程（多为选修课）将小论文作为考核的形式，但是效果也差强人意。课程小论文培养的是逻辑思维能力与创新能力，强调对知识点"系统、全面和深入"的掌握，[1] 而且一篇合格的论文还要满足学术规范的要求，法学专业本科生仍然以学习基础知识为主，过早地进入论文训练无异于"揠苗助长"，而且论文的评价很难量化，主观因素也很强，不利于本科生课程的成绩评定。

开卷考试也是一种可供选择的形式，严格来说，开卷考试也是笔试的一种类型，与闭卷笔试的区别仅在于这种考核方式允许学生查阅书籍资料，有鉴于目前发达的移动互联网技术，开卷考试实际上也无法限制学生使用网络查阅。一方面，开卷考试适用于学习目标为一般了解的课程，如各类非专业选修课，对于法学专业本科生而言，无论专业必修课，还是法学其他必修课或选修课，都强调了对知识点的牢固掌握，因此都不适合采用开卷的形式；另一方面，案例分析等需要综合运用所学知识解决实际问题的题型可以引入开卷考试的形式，这在某种程度上已经不能视为纯粹的开卷考试了。[2] 如果一次考试中对基本知识的考查使用闭卷考试，对高层次知识运用的考查使用开卷考试，对我校这种选课人数较多的考试而言，操作的难度太高，而且，分成两次考试必然会加大阅卷的工作量，与改革之前并无本质的区别。

（二）新的挑战

2018年，中国法学本科教育进入了新时代：4月，教育部高等学校法学类专业教学指导委员会公布了《普通高等学校法学类本科专业教学质量国家标准》（以下简称《国家标准》）；6月，

---

[1] 颜士刚等：《"小论文写作"的教学设计与实施》，载《山东理工大学学报（社会科学版）》2014年第2期。

[2] 舒展等：《〈环境与资源保护法学〉课程教学方法改革与创新》，载《教育教学论坛》2014年第4期。

司法部司法考试中心公布了《2018年国家统一法律职业资格考试公告（原司法考试）》。在此新形势下，高等学校的法学类课程考试制度面临着一场新的挑战，我们不仅仅要探讨旧的考试制度如何改革来解决已有的问题，同时还要研究如何让改革顺应新的形势。

《国家标准》将本科法学专业课程划分为三类，即专业必修课、其他专业必修课和选修课，专业必修课包括法理学、宪法学、中国法律史、刑法、民法等10门，其他专业必修课包括经济法、知识产权法、商法、国际私法等9门，选修课由各学校自行开设，由此形成了法学专业核心课程"10+X"的分类设置模式，其中10为必修课，各学校必须全部开设，X为其他专业必修课，共计9门，各学校选择设置的门数原则上不低于5门。由此，之前14门法学本科专业核心课程加选修课的"两框架格局"变成了"三框架格局"，法学专业课程设置进入了新时代，考试方式也必须随之改革，需要针对三类课程设计不同的考试方式。

司法考试并非大学法学教育成败的唯一标准，但是的确是重要的标准之一，[1] 目前我校法学类课程考试方案仍延续之前的主观题考查基础理论的思路。作为法科强校，我校应当引领司法考试导向下的课程考试改革，"以司考促课程考试"，进而"促本科教学"。从2018年开始，司法考试划定了18门课程（其中中国特色社会主义法治理论贯穿在其他17门之中，一般不单独开设），并按客观题和主观题两大类进行考查，此内容与方式应当成为高等学校法学类课程开设之圭臬。17门课程与"10+X"课

---

〔1〕 刘俊：《法律职业化与司法考试的关系分析》，载《南京社会科学》2007年第3期。

程设置基本相同,只有 X 中的财税法不在 17 门之列,以及证据法穿插在被列入 17 门课程的民事诉讼法、刑事诉讼法和行政诉讼法之中。也就是说,《国家标准》中的"10+X"的 18 门课程都将是司法考试的内容,只是比重不同,以及对知识点的掌握要求不同。

由此,应当全面统计新司法考试方案实施以来,17 门课程涉及知识点的考查范围和程度,对不同的内容采用不同的考试形式,促进平时的考试与司法考试"无缝对接"。以 2018 年法考客观题为例,民法与民事诉讼法合计占到全部考试内容的 1/4,刑法与刑事诉讼法占到将近 1/4,接下来是行政法与行政诉讼法(10.6%),商法(9%),法理与宪法(分别为 5%),经济法(3.6%),职业道德(2.5%),劳动法与社保法、环境资源法、国际法等占到 2% 左右,主观题全部为民法、刑法与行政法;从考查的程度而言,民法、刑法等不仅涉及了基本知识,而且还有复杂的案例应用,需要进行周密的逻辑推演,而经济法、劳动法、环境法的考题虽然也以案例分析的形式出现,但是大多通过简单的"涵摄"方式即可解题,识记重要的知识点便可满足要求。故而需要根据这些情况分门别类地引入课程的考核方法。

三、口试的优势以及与其他考核方式的关系

大学课程的口试采用的基本形式是,在课程学习之后设计一个考试季,在考试季中,由经验丰富的教师组成考官团,以话题形式与学生面对面展开,根据学生表现当场评价及评分。笔者在德国学习时,曾经参加过债法(合同法)、宪法(基本权利)、欧盟法、社会保障法等课程的口试,一般由授课教授与教学秘书三人至五人组成考官团，所有学生分为若干组，每组五人左右，每人依次回答教授随机提问的五个问题，每个问题用五句话左右回答，由秘书负责记录，考官团共同打分，分数分为五个级别，1分为最高，3分为及格，5分最低。以笔者的亲身体会并结合身边同学的反馈情况来看，口试可以较好地对法学专业课程中的识记知识进行考查，与其他考试形式结合起来可以全面考查学生的学习效果。

（一）口试的优势

一般而言，口试有以下优势：①将对专业知识的考核与对综合能力的考核相结合，学生的表达思维能力、心理素质、应变能力等得到全面的体现；②可以随堂进行，便于及时评价学习效果并因材施教；③注重知识掌握，分数制被等级制所取代，分数的效力被减弱；④教与学之间产生了互动，学生的积极性有所提升。[1] 理论上，所有笔试的内容都可以以口试的形式考查，但是实际上无法这样操作，原因在于，一方面，一些较为复杂的需要逻辑分析能力的考题更适合以笔试的方式作答，而初学者尚不具备这样的能力，如果强行推行口试，分数的区分度不理想；另一方面，随堂进行口试的前提是上课的学生较少，教师可以采用类似于讨论课的方式开展教学，这不仅与我校大部分法学专业课程的实际情况不符，而且本科生课堂上大量采用随堂口试还会冲淡基础知识的传授和接受，即便采用，也更适合研究生的课程。

也就是说，对于法学专业的本科课程考核而言，口试具备优势，但却不是万能的。引入这种考核方式需要满足一定的前提条

---

〔1〕 何婷婷等：《德布勒森大学口试考核模式在我国病理学课程实验教学中的应用》，载《中国高等医学教育》2018 年第 11 期。

件：首先，在考查的内容方面，应当以考查学生对基本概念的掌握为主，传统笔试中的名词解释、判断、侧重基本知识考查的单项选择与简答等题型更适合以口试来取代，案例分析等需要复杂的逻辑推演，口试将会浪费过多的时间且没有较好的区分度；其次，在课程方面，"10+X"中10门课程的基础知识和X门课程更适合通过口试来考查，由于目前的司法考试对基础知识的考查多采用案例分析的方式，没有直接涉及基本概念，法学专业学生的基本功还需要通过其他方式来考查，对识记程度要求较高的口试是最合适的方式；[1]再次，在阅卷工作量方面，口试未必一定优于笔试，只是由于前者采用了面对面交流的方式，疲劳感只是较晚出现而已，因此同一考官团的口试学生数也不能过多；最后，在评分标准方面，口试的评分精准度要低于笔试，如前所述，由于时间所限，口试的题目数量不多，评分只能分为若干个级别，同一级别内部的细小差异体现得并不明显，因此口试只能粗略地评价学习效果。

（二）与其他考核方式的关系

没有任何一种考核形式是完美的，也没有任何一种考核形式能够全面地考查学生的学习效果。必须针对学科的特点以及教学的目标，综合设计一套全面的考核方案，达到提升教学效果与优化教学评价方式的双重目的。

以《国家标准》设置的法学专业课程为基础，以国家统一法律职业资格考试的考核内容和形式为依据，笔者认为应当将口试作为一种重要的考核形式，在不同类型的课程之中与其他考核方

---

〔1〕 例如，民法学中的法律行为、意思表示、刑法学中的直接故意、间接故意等概念不会以名词解释的方式出现在司法考试之中，但是却是案例分析的基础，同时法学专业学生应当能够以规范的语言表达这些概念，口试就是最佳的考核方式。

式结合起来进行,具体包括:

1. 专业必修课

对于专业必修课,采用口试与笔试相结合的方式。口试以考查知识点记忆为主,五个学生分为一组,每个学生随机抽取五个题目,题目力求浅显、有代表性,重点考查学生对基本知识的熟练掌握程度,为法考的客观题(即卷一和卷二)做准备;笔试以案例分析为主,以近五年至十年司法考试(法考)出现的知识点来设计题目,分层次提问,方便初学者作答时有的放矢,对于高年级学生,提问可采用一揽子方式,考查学生提炼案例中出现的法律事实的能力,以及分层次撰写案例分析的能力。

2. 其他必修课

对于其他必修课,主要采用口试的方式。口试分为知识点记忆类和小案例分析类,知识点记忆类考试方式与专业必修课口试相同,小案例分析类可让学生随机抽取三个,每个题干不超过五十字,提问一个至两个,不设高难度试题,重点在于考查学生运用知识解决简单案例的能力,适应法考要求的其他必修课的考查方式。

3. 选修课

对于选修课,主要采用开卷的小论文方式。需要与法考的论述题紧密对接,不仅要考虑到该门课程特有的知识点,更要注意其与专业必修课、其他选修课之间的联系,每门课考试设三个至五个小论文,每个小论文的篇幅在三百字左右。虽然采用开卷考试形式,但是要严格控制时间,考虑到学生都是初学者,时间可以比法考时间略长一些。

四、口试的试行方案与总结

笔者承担过多门法学专业本科生课程的教学工作和阅卷工作，也曾经作为法学专业学生参加过法考，更参与过法考劳动法与社会保障法部分的命题和阅卷工作，对教师和学生的专业需求和心理认知有着深刻且切身的体会。2019年初，笔者申报的中国政法大学教学改革项目"新形势下法学类课程考试制度改革研究"获得立项，在随后的三个学期中，笔者在承担的劳动法学、劳动与社会保障法概论、社会保障法学三门课程中引入了口试的形式，基本思路是考查基本概念和基本原理，并与闭卷笔试相结合，从自身的体验与学生的反馈情况来看，此项教学改革试验是基本成功的，可以从中总结出一些经验，当然，如前所述，口试亦非万能，不足之处仍需要克服。

（一）试行方案

本次方案试行的三门课程都为"10+X"中的其他必修课，上课人数为30~60人，考官团由笔者和笔者指导的硕士研究生组成，仅由笔者评分，研究生负责记录。[1] 所有的学生自由分组，每五人为一组，以组为单位进行口试，每人随机独立回答五个问题，但是考虑的学生的承受能力，每次只回答一个问题，每个问题用时一分钟左右，用三四句话回答，提问之后直接答题，没有设置思考的时间。口试的时间定在考试周，时长为一个半天，三四个小时左右，中间可视情况安排一次休息。考试在两个教室举行，一个教室用于准备，另一个用于口试考试。

具体的问题没有预先透露给学生，而是由笔者在最后一节课

---

[1] 由于试行方案的课程都由笔者一人任教师，出于工作量与可操作性方面的考虑，100人以上规模的课程就没有推行口试方案。

划定复习范围。当然，由于上述的原因，口试的考查内容仅限于基础知识，而基础知识与考试范围的差异并不大，因此划定范围对于学生而言，实际上相当于事先告知了考题，由学生自行准备，例如在劳动法学这门课程中，划定的范围有非全日制用工的特点，考题是非全日制用工的"无因性"如何理解，又如在社会保障法学这门课程中，划定的范围包括基本医疗保险不支付的类型，考题是简述基本医疗保险代位求偿制度。从实际情况来看，每门课程的考试范围约为10项，考题约为30项，基本上做到了每名学生的考题都不重复。

评价分为五个等级，分别对应100分制中的优秀（90~100分）、良好（80~89分）、一般（70~79分）、及格（60~69分）、不及格（60分以下）。分数统一按照本等级中间分计算，如优秀记为95分，良好记为85分，口试分数作为平时成绩计入总评成绩。

笔试部分仍然按照其他必修课的传统方式，即开卷考试的方式进行，学生可自带资料，包括使用互联网，但是考试的题型为论述题与案例分析题，不再涉及基础知识的考查。

（二）经验与不足

整体来看，本次考试方式改革是成功的，至少反映在以下几点：

第一，提高了基础知识的识记程度。推行口试的这几门课程之前一直采用的是开卷笔试的考试形式，改革之后的考试由开卷笔试与口试共同构成。在口试中，学生不能查阅资料、不能讨论，而且需要迅速反应并组织语言作答，实际难度要高于闭卷笔试,因此采用的是"半开半闭"的方式[1]。学生们普遍认为,口试对知识的掌握要求更高,因为在开卷笔试中,侧重基础知识考查的名词解释、简答、客观题的答案能够比较容易地在资料中找到,移动互联网与功能强大的网络搜索引擎使得查找知识点更加容易,开卷笔试无非是将文献中的知识点抄写到试卷上,考试结束之后很快忘却,法考之前还需要再准备,而口试强化了对知识点的识记,让学生印象深刻。

第二,拓展了考查的知识面。开卷笔试抑或闭卷笔试的作答速度较慢,题量的设计与知识点的覆盖受到了较大局限,而口试节约了大量的作答时间,同时也提高了覆盖面。以本次改革的实验课程——劳动法学为例,之前的开卷笔试考试时间为120分钟,由5个名词解释、3个简答、2个案例分析与1个论述组成,涉及的基础知识点不会超过10个,而在改革之后的笔试和口试相结合的模式中,仅口试涉及的知识点就达到10个左右,而且,学生在作答过程中,教师还可以视情况引申到其他重要的知识点,考查的范围大大增加。学生们普遍反映,口试的复习难度高于笔试,因为需要考虑到这道题能够关联到的所有知识点,备考的工作量加大。例如劳动法学的口试中有一道题:简述裁员的程序,关联到的知识点就包括是否需要提前通知劳动者,由此涉及裁员的法律性质是无过错解除劳动合同,由此融会贯通了所有的知识点。

第三,降低了监考的难度。上百人规模的考试的监考是一道难题,闭卷考试的监考难度尤甚,仅依靠人力在很多情况下都会

---

[1] 王佳慧:《高校法学专业期末考试改革:方案及效果——以黑龙江大学经济法期末考试为例》,载《黑龙江教育(高教研究与评估)》2015年第3期。

引发争议,监考老师认为学生作弊而学生否认,为了解决类似的问题,很多学校甚至不惜成本,在每个教室安装了视频设备,一到考试季,整个学校的监控设备全力运转,教务人员如临大敌。如果采用口试加开卷笔试的考核方式,这种局面完全可以避免,学校将节省大量的人力和物力投入。

第四,降低了阅卷的难度。大规模的考试面临着繁重的阅卷压力,以我校民法、刑法等必修课为例,每到考试季结束,各教研室堆满的试卷如小山一般,阅卷老师流水作业,每天工作达8小时以上,尚需要若干天才能完成,之后的核对分数与登录成绩亦让人叫苦不迭,大家戏称,学生在过考试关之后,老师就要过阅卷关,而口试能够有效地节省时间和精力。从笔者实施的改革方案来看,每个半天以4个小时计算,可以完成对50名学生的口试,由此上百人规模的口试也可以在一天左右的时间里完成。如果采用平行口试的方式,即组成多个考官组,同时进行口试,阅卷的难度就会更低。由此,即使加上闭卷考试的阅卷时间,全部时间也要少于传统的笔试,工作量自然大幅度下降。

第五,提升了学生的语言表达能力和现场应对能力。法学专业学生在日后的工作中将面临很多口头表达的场合,远的且不说,考研的复试环节即是一场"真刀真枪"的检验,而传统的笔试难以为学生提供这样的操练。笔者曾经追踪访谈过参加了口试改革以及考研复试的学生,他们都表示口试的经历有助于积累临场应变的经验,提升信心。

当然,任何事物都是双刃剑。世界上没有完美的制度,口试以及与其他考试形式结合的模式也存在不足,至少表现在以下几个方面:

第一，评分的标准主观性比较强且难以实现统一。无论是开卷还是闭卷，笔试的试题都是统一的，且书面阅卷的思考时间也比较充裕，由此"同卷同判"的效果比较容易实现，而口试的题目较多，且记录的内容也难免"挂一漏万"，除非学生答题的水平特别高或者特别低，但对于中间水平的学生很难做到标准统一和精准评分。这类弊端只能通过尽量同化口试题目来克服，而那样又会将口试变成限定题目的"背诵"，即学生在考前把题目答案背过即可得高分，口试的上述第一项优势化为乌有。因此，必须将口试与其他考试方式相结合，尤其是要在笔试中增加对基础知识的考查。

第二，口试过程的控制难度较高。口试不是单向的提问与回答，考官需要引导学生答题并将知识点做合理的引申，这对考官的提问水平提出了较高的要求。考官必须有效地控制口试的过程，既要保证不拖时间，又要保证让学生有效答题和适度引申。由此，学生和教师对新生事物都需要一个适应的过程，在这个过程中遇到的困难甚至要多于传统的考试形式。笔者的切身体会是，改革的道路上必定充满艰难险阻，如果认定了改革道路是正确的，就必须矢志不渝地推进，一切问题都要在实干中解决。因此，笔者建议，我校教务部门应当积极鼓励法学专业课程引入口试形式，促进师生适应这一改革，具体措施可包括承认口试评分的有效性、为口试提供必要的场地并安排学生助理记录、通过教改项目立项增加经费支持并总结经验，等等。

法律职业

Legal Profession

嵌入式初任法官培养模式的建构初探
——基于 C 市的个案研究　谭　娟

嵌入式初任法官培养模式的建构初探

——基于C市的个案研究

◎谭 娟[*]

2018年10月《中华人民共和国人民法院组织法》以法律形式明确了法官助理[1]的职责及职业发展路线[2]。2019年4月《中华人民共和国法官法》进一步

---

[*] 谭娟，四川天府新区成都片区人民法院（四川自由贸易区人民法院）法官。

[1] 法官助理主要由未入额的法官、法院招录或者聘用的法官助理以及实习法官助理组成。其中转任的法官助理（法官型法官助理）是员额制改革过渡期的产物。聘用制法官助理以及实习法官助理，根据当前《中华人民共和国法官法》及司法政策文件，不能参加遴选考试成为法官，前述三类法官助理本文均不作探讨。本文探讨的法官助理是指有政法编制，高校院校法学专业本科以上学历，一般不具有审判经验的法官助理。这部分法官助理将是当前法官的主要来源，也是法院培训的重点内容之一。

[2] 参见《中华人民共和国人民法院组织法》第48条：人民法院的法官助理在法官指导下负责审查案件材料、草拟法律文书等审判辅助事务。符合法官任职条件的法官助理，经遴选后可以按照法官任免程序任命为法官。

明确法官助理作为法官人才储备的定位。[1] 按照当前的法官助理改革进路与制度设计,法官助理是法官的主要来源和"蓄水池"。随着法官员额制和选任制改革,法官助理角色定位发生变化,由准"助理审判员"变为准"精英法官"。且随着助理审判员的取消,法官助理要"一步到位"成长为精英式法官,与此同时,2016年最高人民法院停止了预备法官培训——自2006年以来作为初任法官培养最主要的培训项目。在这一系列改革变化背景下,法院如何适应新形势要求,将法官助理培养成初任法官?这是当前亟须回答的问题。本文将以C市法院作为个案,分析其初任法官培养的困境,并在此基础上探讨一个可行的培养模式。

一、初任法官培养困境——当前法官助理培训的制度局限

司法责任制与司法人员分类管理是当前司法体制改革的重点内容,而法官员额制改革是司法人员分类管理制度改革的关键一环,是司法责任制的前提[2]。《人民法院"四五改革纲要"》中正式确立了法官员额制,"建立法官员额制,对法官在编制限额内实行员额管理,确保法官主要集中在审判一线,高素质人才能够充实到审判一线"。实行法官员额制的目的是实现法官的正规化、专业化、职业化、去行政化以及精英化,通过对改革前法官进行"选拔认证"和"重新上岗",重构精英化法官队伍。从本质上讲,员额制改革是过渡性质的,也是"一次性"的,随着改

---

[1] 参见《中华人民共和国法官法》第67条:人民法院的法官助理在法官指导下负责审查案件材料、草拟法律文书等审判辅助事务。人民法院应当加强法官助理队伍建设,为法官遴选储备人才。

[2] 参见《最高人民法院关于落实司法责任制完善审判监督管理机制的意见(试行)》(法发〔2017〕11号)第1条。

革前法官选拔、分流而结束。以 S 省为例，从 2016 年正式推行员额制改革，启动第一轮法官遴选程序后，截至 2018 年 12 月，高院经三次遴选考试后，2019 年报名参考法官遴选的未入额法官仅 1 人，S 省 C 市中院 2019 年报名参加遴选考试的 3 人，C 市 22 个基层法院法官分流工作基本完成，基层法院"老"法官入额问题被遴选"新"法官问题所取代，也即员额制后法官人才队伍建设的重心已转移至初任法官培养和选拔上来。但是当前没有建立专门的初任法官培养制度，而已有的法官助理培训显然难以完成改革背景下初任法官培养任务。

（一）法官助理培训目标脱离精英式法官改革要求

经对法官员额制施行以来最高人民法及国家法官学院法官助理培养有关文件的梳理，自 2016 年最高人民法停止预备法官培训后，到今年，全国性的初任法官或者法官助理培养方案还没有形成。法官助理培养的目的、主体、模式、管理、组织保障等一系列问题均没有制度予以明确。2018 年、2019 年国家法官学院组织了短期的法官助理培训班[1]，S 省高院自 2017 年以来也是以组织法官助理示范性培训为主。C 市中院以及基层法院均没有建立初任法官培养方案或者建立专门的法官助理培训制度，专门的法官助理培训较少，且功能单一，多以短期的审判辅助业务训练为主。如表 1 所示，C 市中院 2017 年才将法官助理培训作为其全年 26 项教育培训任务中的一项任务，近三年每年组织为期 4~7 天的全市法院法官助理实务技能专题轮训。从 C 市两级法院法官助理培训计划看，培训目的是提升法官助理素能，以更好地辅

---

[1]《国家法官学院举办全国法院法官助理培训示范班》，载 http://njc.chinacourt.org/index/news/traininfo? id=8837，最后访问日期：2019 年 7 月 10 日。

助法官办案，其本质上仍是法官助理的岗位训练，培养审判辅助事务"熟练工"，而不是初任法官培养计划。这与当前对法官助理"未来法官""精英法官蓄水池"的定位不相适应。

表1 2015年至2019年S省法院法官助理培训计划

	S省高院
2015年	
2016年	开展预备法官（法官助理）培训。司法考试考前培训。指导中院扎实开展审判辅助人员、司法行政人员、诉讼服务岗位聘用人员和人民陪审员培训。落实预备法官（法官助理）培训实习指导工作。
2017年	开展法官助理示范培训。重点是政治素养、职业素养和岗位技能。
2018年	开展法官助理示范培训。重点是政治素养、职业素养和岗位技能。
2019年	开展法官助理示范培训。（地面集中与网络在线培训相结合，重点培训如何加快案件流动、案卷管理、团队协作，如何使用计算机和其他现代化手段。）
	C市中院
2015年	制定学历教育管理办法，鼓励在编干警参加学历教育。
2016年	鼓励、支持审判辅助人员参加法律专业研究生学历教育。
2017年	依托《法官助理职业技能培训教程》读本，采取专题授课、经验交流等形式，分3期对全市法院812名法官助理进行每期4天的实务技能专题轮训。
2018年	依托《法官助理职业技能培训教程》第二版，采取专题授课、经验交流等形式，依托西南政法大学师资力量，分4期择优选派法官助理进行每期7天的实务技能专题轮训。确保法官助理参训率33%以上。

续表

2019 年	着眼能力短板、着力优质供给。以提升法官助理协助办案经验、实际办事能力，文字表达能力、群众工作能力、与媒体打交道能力为目标，委托西南政法大学分 4 期组织全市优秀法官助理进行为期 7 天的司法能力提升集中培训。确保法官助理参训率在 33% 以上。

（二）法官助理培训内容脱离初任法官培养目标

C 市法院近三年的法官助理培训主要是由集中脱产学习、临时的专题业务讲座以及在线视频课程组成，没有固定的课程，培训内容多以业务知识为主。一是零散的课程无法实现系统性培养目标。课程是整体教育培训体系的核心，要帮助零审判经验的法官助理形成裁判思维、掌握审判技能、积累审判经验、培养司法品格与道德品行，需要长达数年、系统科学的课程体系。法院由于缺乏课程设计与组织实施的能力，除上级法院安排或者自主组织专题业务讲座外，往往是通过与高校合作，由高校按照法院需求进行课程安排。C 市法院每年的培训课程由不同的高校开发，即使是同一高校每年设置的课程也不一样，课程之间没有内在联系，是独立的短期课程。这种缺乏连续性与系统性的课程自然也不能担负长远的培养目标。二是技能知识为主的培训内容无法实现能力导向的复合性培养目标。法官助理要成长为法官，需要将书本法律知识转化为司法业务技能，实现静态法律知识向动态司法能力的有效转化。必须通过实践训练，才能促进裁判思维形成、审判技能掌握和审判经验积累，最终表现为审判能力提升。[1] 因此，各国的法官培养都很重视实习或者见习。如法国

---

[1] 参见胡志斌：《法官素质养成研究》，南京理工大学 2011 年博士学位论文。

国家法官学院两年半（31个月）的职前培训，其中21个月是实习，实习时间达到67.7%。[1] 但是自预备法官培训取消后，C市法官助理培训主要以技能知识集中讲授为主，基本没有能力设置训练类课程，也没有安排实习或见习。因此这些技能知识如何转变成为能力完全取决于法官助理自身的努力，这与培训的目的性和计划性相背离，也说明C市法官助理培训并没有将能力实际提升作为追求的目标。

（三）法官助理培训方式脱离法院工作现实

实践中，法官助理培训除了有组织的脱产培训，还有非组织化的学徒制，但这两种方式由于与法院工作场域实际脱离，难以在案多人少的矛盾背景下、有限的时空中，完成培养初任法官的复杂任务。首先，脱产培训与法院工作的时间冲突。S省组织的预备法官培训时间为一年，停止预备法官培训后，C市中院近三年并没有增设准法官岗前培训，自行组织的法官助理脱产培训时间甚至不增反降。2017年C市中院组织了为期4天的全市法官助理集中培训，而2018年、2019年只组织部分优秀法官助理参加为期7天的培训，全市人均参训时间减少1.7天，减幅达到57.7%。这与C市法院当前法院案多人少矛盾突出的现实有关。C市法院2018年法官人均结案320.58件，其中5个基层法院超过400件。由于办案负荷重，89%的受访法官抱怨"辅助人员不够"，超过93%的法官助理表示经常加班，其中平均每天加班时间（包括办公室或在家加班）超过2小时以上的占60%。C市法院法官助理培训方式主要是脱产集中培训以及网上视频课自主学

---

〔1〕 参见周道鸾主编：《外国法院组织与法官制度》，人民法院出版社2000年版，第105~109页。

习。这两种方式均需要将法官助理从工作中抽离出来,要么利用上班时间,要么利用利息时间,均属"脱产"学习。脱产培训必然要与工作进行时间抢夺,而以办案为中心的法院实际最终使得培训让位于办案[1],法官助理参训人数和培训时间在实务中不断缩减。其次,学徒制中师徒职责脱离。法官助理成长为法官除了有组织的教育培训外,也有工作中法官"传帮带"等形式的学徒制模式。法官助理与其所辅助的法官之间的师徒关系,既有基于预备法官培训中的"岗位实习"的制度安排,也有实际工作中的自发形成,是实现法官助理司法品格以及能力培养的重要途径之一。但是 C 市法院学徒制在助理培养中作用发挥非常有限,基于制度安排的"师徒"多流于形式,自发形成比较稳定的"师徒关系"则少。访谈法官助理大多表示"遇到问题时,主要通过自己查资料、请教有经验的法官助理或书记员等方式解决","一般不会麻烦法官"。学徒制在法院实践中"失灵",主要是由于法官助理的职责分离与法官在办案压力下的"职责脱离",也即师徒均游离在角色之外。主要原因有二:一是法官助理职责不符。学徒制是职业技能习得的一种传统方式,其核心是"言传身教",包括示范、指导和支持,即通过师傅的示范,学生对师傅的行为的观察和整合,在师傅的监管下实践基本知识的教学模式。[2]但是 C 市法院大多数法官助理实际从事书记员工作或者主要从事书记员工作,"游离庭审之外"。如 T 区法院法官助理 57 名,其

---

〔1〕 参见王禄生:《对本土制度语境下法官职业化的回顾、反思与展望——以三十年法院人事制度改革为分析样本》,载《四川大学学报(哲学社会科学版)》2010年第 2 期。

〔2〕 参见佟连发、王志权:《现代学徒制与中国法学教育改革》,载《社会科学家》2014 年第 1 期。

中 10 人实际主要从事助理工作，其余的助理均主要从事书记员工作。法官助理不能深度参与审判，成为法官事实上的"助手"，法官与助理之间基于工作的接触少，固定的师徒关系难以形成，法官与助理之间也无法进行有效互动，教授与传承缺乏基础。且"实习的角色身份非常重要，是作为旁听、起草文书助手性质的'法官助理'，抑是'亲力亲为'的'法官'，直接影响到培训的实效"。此外，当前法官助理实际工作与岗位职责不相符，事实上成为无"责"之人，既不能按法官助理，也不能按书记员来追究其责任，其个人成长完全取决于其个体内在的职业追求。二是法官实际上基本没有履行"指导老师"之职。在工作外，法官要专门指导或者支持法官助理，则需要花费额外的精力。法官一般没有动力，且过重的办案任务让法官不愿意或者不能够花费时间精力在与办案没有直接关系的事情上。如 C 市 T 区法 2019 年 1—8 月法官人均月办案量超过 400 件，除 6 名担任院领导的法官外，主要由 28 名法官对 57 名法官助理进行指导。经调查发现，法官要求法官助理汇报案件情况的不到 12%，询问法律意见或者与法官助理讨论案件不到 21%，指导法官助理起草裁判文书的比例不到 30%。再加上学徒制由于缺乏外在帮助或者监管，使其自发、低效，以及受师徒间互动质量等主观因素制约导致效果无法预测的缺陷更加凸显。

　　C 市当前法官助理培训与法官员额制和选任制改革背景下初任法官培养不相适应，这与法官助理的定位认识不到位，初任法官培养制度建设长期性和滞后性，法院对初任法官培养没有足够的重视，以及中基层法院教育培训工作能力不足等多种原因有关，要解决当前基层法院法官源头进路困局，需要对当前法官助理培训进行重构。

二、嵌入式初任法官培养模式建构——法官助理培训到初任法官培养

在司法体制改革背景下,将法官助理培养成为法官,将是法官职业化、专业化、精英化长远发展的重要内容和保障。如何实现助理培训到法官培养,需要转变培训法官助理"熟练工"的培训思路,对法官助理培训进行重新定位,对培训内容和方式等进行重新思考,重新构建初任法官培养模式。我们针对这种现实困境提出"嵌入式初任法官培养模式"。

(一)嵌入式初任法官培养模式的概念与特点

嵌入式初任法官培养模式即是将工作场所理论引入法官助理培训,重新构建初任法官法院自主培养模式。主要是将培养目标、课程内容、时间安排、师资及指导、管理等深度嵌入工作,通过在真实的工作场景中,基于法院工作真实情景进行职业训练,促使法官助理通过完成日常审判工作任务,在与法官、同事的合作交流中,获得对法官职业和身份的理解、认同,养成司法品格、修养以及思维,建构知识框架,积累审判经验,发展审判能力,促进自身角色从高校毕业生到法官助理最终到精英法官的转变。

嵌入式初任法官培养模式的特点:①注重能力生成。还原法官助理培养的职业教育本质,以培养职业能力为目的,注重通过工作亲历获得工作经验以及职业能力。②基于真实的工作场所。由法院工作场景提供培养所需的所有资料,包括课程、师资等,推动法官助理在工作中获得真实工作经验,并且构建职业所需要的认同感、职业修养、精神、习惯以及技能、经验等。③基于正式与非正式的互动。在真实问题解决情境之中,在与法官、其他人员的工作或非工作的多种交往沟通之中,获得适应工作需要的

知识、能力等。④促进法官助理角色转变。在工作中培养法官助理的态度品质，增强职业认同感，促使新角色生产和转变。[1]

（二）嵌入式初任法官培养模式的理论基础

工作场所学习理论是当前国际职业教育理论之一。[2] 德国、芬兰、澳大利亚等国家，均将工作场所学习作为职业教育系统的重要组成部分，以促进学生职业知识和技能的获得。该理论的基本观点有：①工作场所是一种学习和发展的重要环境。工作需要不断学习，学习发生在工作之中，学习与工作实践内在联系，工作场所作为学习发生的环境是工作场所理论的逻辑起点，工作场所提供了个体学习的环境或者情境，能够直接提供真实的工具、条件和环境，提供推动学习者获得硬技能和软技能的真实工作经验，并且构建职业所需要的认同、职业修养、精神、习惯以及技能、经验等。②工作场所学习的本质是基于工作的社会参与过程或活动。学习发生在"问题解决情境之中、在与同伴的交往沟通之中、在能力的积累之中"，以获得适应工作需要的知识、能力等。③工作场所学习价值是促进学习者向工作过渡。在工作场所学习中，学生作为全职员工，他们的学习项目渗透在工作场所中，能够同时满足员工的学习需求和组织的目标。场所学习在培养技能的同时能够培养员工或学习者的态度品质，增强学习者的职业认同感，促使他们的新角色的生产和转变。④工作场所学习过程观是指学习过程要基于正式与非正式的交互混合。对于高水平的专长发展来说，不仅要参与真实生活情境，还是深度整合理论

---

〔1〕 参见赵文平：《国际工作场所学习理论的基本观点分析》，载《职业技术教育》2017年第19期。

〔2〕 Michael Eraut, "Informal learning in the workplace", *Studies in Continuing Education*, 2 (2004), pp. 247-273.

知识、实践知识和自我管理知识。工作场所学习不是一个单向的过程，而是一个在工作场所、学习和学习者之间交互作用的过程。[1]

（三）嵌入式初任法官培养模式的证成

在法院这个特定的工作环境实现将具有一定法律知识的高校毕业生培养成为具备司法品格、修养、专业知识与高超审判才能的精英法官的目标任务，与工作场所学习理论高度契合。

第一，契合初任法官培养目标。法官身份转换，司法品格、司法修养，审判经验与能力的培养都必须通过实践。法官助理只有亲历审判，"他们才开始懂得法律的现实动作程序，才开始形成共同的法律思维和理念，才开始与法学家及纯粹法学拉开距离，才开始接受法律职业的行为准则"[2]，最后方能成为法官。该模式将真实工作任务作为整个培养的主体和基础，将职业角色转变和职业能力培养作为目标，通过"做中学""学中做"的循环反复来推进审判经验与能力的生成，认知、思想与品格转变，更加契合法官助理培养初衷。

第二，有利于克服当前法官助理培训的问题。该模式全部发生在真实工作场所中，将工作与培养完全融合，课程内容直接取材于工作任务或基于真实工作需要而设计，培训方式以不脱产学习和"导师制"为主，培养效果的考评指标与法官助理工作要求一致，以因应法官员额制下助理审判员取消所带来的法官助理成长路径变化，法官助理培训与工作"两张皮"、培养与目标脱离，

---

〔1〕 参见赵文平：《国际工作场所学习理论的基本观点分析》，载《职业技术教育》2017年第19期。

〔2〕 参见范愉：《中日两国司法改革的比较研究——兼谈法律职业精英化与法律教育的几个问题》，载何家弘、胡锦光主编：《法律人才与司法改革——中日法学家的对话》，中国检察出版社2003年版，第35页。

培训与工作时间冲突、师徒角色游离等现实困境。

第三，符合当前法院实际。在当前国家层面的法官助理培养制度尚在探索的情况下，基层法院作为嵌入式培养模式直接受益者最有动力被推动。基层法院受制于培训机构、培训专业人才以及可调动培训资源等客观因素制约，处于四级培训体系"金字塔"的最底端，具有整体数量优势和个体能力不足的特点。而基层法院又是初任法院产生和直接使用的单位，距离培养对象与培养目标最近，最了解培养对象与最清楚培养目标，嵌入式模式将基层法院定位为推动者和执行者，既能发挥其前端优势和数量优势，又能在各省高级人民法院、中级人民法院组织保障下得以实施。这种自下而上的推动，也能更好地为自上而下的改革提供经验。

三、嵌入式初任法官培养模式实施——法官助理培训的重造

嵌入式初任法官培养模式具体包括培养目标、方式、课程、师资、管理、效果评估以及组织保障等内容。

（一）培养目标

嵌入式法官助理培养总体目标是培养法官员额制和选任制改革下的精英型法官，即信仰司法事业，具有精深的法律知识，形成裁判思维，具备高超的审判能力以及良好司法品格、人文修养的精英型法官。根据总体目标以及法官助理进长路径，具体可为三个阶段：一是将新招录人员培养成初级助理。这个阶段主要是基本审判技能训练，使新招录人员能够在法官指导下能够处理程序性事务以及研究法律问题。[1] 二是将初级助理培养成高级助

---

［1］ 详见《最高人民法院关于完善人民法院司法责任制的若干意见》（法发〔2015〕13号）第19条。

理，法官助理深度参与审判，能够独立主持证据交换、调解，完成阅卷笔录、归纳争议焦点，提出审查意见，制作审理报告、庭审提纲，参与案件评议，发表裁判意见，起草裁判文书。三是将高级助理培养成"限权法官"。除无表决权、裁判权外，随着审判经验积累，达到精英法官标准。

此外，法院存在具有政法编制的书记员或者其他人员因符合法官助理条件而成为转任法官助理的情况，此时三阶段培养方案第一阶段可作适当调整。如果书记员或者其他人员经能力评估已具备初级助理能力，则可直接进入第二阶段。

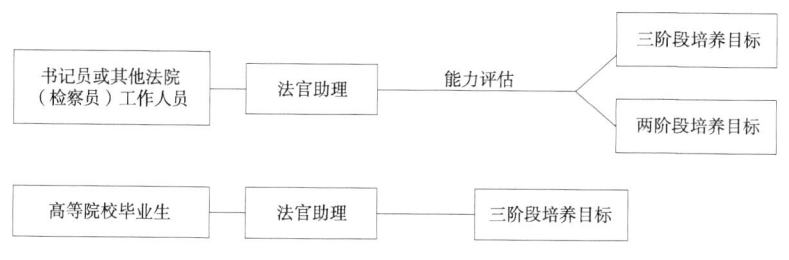

图1 嵌入式初任法官培养目标模式

（二）培养方式

根据工作场所学习过程理论，初任法官培养主要有以下几种方式：一是基于工作场所的实训。以完成根据培养目标设计的真实工作任务为主要培训方式。真实工作任务情景是整个培养的核心，法官助理通过实训的方式，亲历各审判环节程序性及实体性事实处理，以此获得知识、技能和经验。二是基于真实工作任务的模拟训练。以案例研讨、庭审模拟为主，模拟真实问题情景，在支持、结构化和指导过程中，训练法官助理裁判思维，帮助法官助理有意识地整合知识、技能，加快审判能力的提升。案例设计以基层法院发生的真实案例为主，案例所涉任务数与难易程度要以法官助理的背景知识和技能为基础，一般由易到难，由少到多，循序渐进。案例研讨要有资深法官或者从事案例研究的专业人士主持。三是业务知识的集中讲授。以知识集中讲授为主，学习任务与工作中的问题解决和任务中心活动相关。业务知识的集中讲授是必要，可以经济地、快速地实现静态、显性知识的传递。相对固定的业务知识等，可录制成教学视频，通过网络课程点播的方式由法官助理根据需要自行学习。对于最新的司法解释、专题审判技能或经验讲授等，则可以组织短期集中脱产学习。但是大量技能性、隐性知识无法通过此种方式获取，知识集中讲授时间总体安排不宜过多。四是非正式的学习交流。以观摩、考察交流等活动为主，可以帮助法官助理获得法官群体内部的观点、语言、思维和文化，以及扩大视野、丰富生活阅历、提升人文修养等，促进职业认同，形成司法理念、职业信念。[1]

（三）课程设置

课程围绕司法品格、人文素养、法律知识、裁判思维、审判技能及能力培养，利用真实工作任务来进行开发，注重基层法院审判工作需要的技能以及本土课程内容挖掘。比如基层法院案件调解率一般会在30%左右（30%主要是指基层法院案件整体调解率，包括民案件，行政赔偿以及刑附民案件等），民商事案件更高，那么调解技能以及相关的与当事人沟通技能就非常重要。在案例选择上，多以本院真实案例或者问题为主，消除或减少案例差异大而带来的知识迁移成本。此外，课程类型方面，既有正式

---

[1] 参见宋文良：《我国法官教育培训的回顾与反思》，吉林大学2008年硕士学位论文。

课程,也有非正式课程;既有知识课程,也有技能课程;既有集中统一课程,也有个性化课程;既有显性知识课程,也有隐性知识课程;既有核心业务课程,也有司法礼仪、人文修养、心理学、社会学等相关课程。三个培养阶段的课程在内容及类型上应有所偏重。第一阶段:以知识讲授、技能训练等正式课程为主,辅以司法礼仪、道德纪律、政治素养等课程。相应的法官助理的工作安排以处理程序性事务为主,实行业务庭轮岗制,其中立案庭、执行局工作时间不短于3个月,审判庭以加入简案或者类案团队学习为主。以审判案件程序性事务处理为例,从办理质量、所需时间、寻求帮助频率、错误率等指标评估情况看成,63%的无法院或者其他法律职业经历的高校毕业生法官助理能够较熟练地处理程序性事务需要6个月时间,此阶段建议时间1~2年。采取双导师,即法官导师(由法官助理所辅助的法官担任)+专职指导老师(可由法官或者法官助理兼任)。第二阶段:以隐性知识、技能实践等非正式课程为主,辅以模拟庭审、案例分析、专题讲座等。以业务庭轮岗为主,进入普案团队进行工作学习。经访谈具备法学硕士学历、通过法律职业考试的法官以及法官助理,40%以上表示在开始主动或被要求研究案情和法律问题后,对简单案件能够提出比较准确的案件审理、裁判意见需要6~12个月,能够较准确对普通案件提出审理、裁判意见则需要更长的时间,如独立起草普通案件裁判文书且得到法官认可率达到60%以上的,则需要1~2年。因此,此阶段建议时间为1~2年。被辅助的法官任指导老师,同时配有专职管理人员。第三阶段:以个性化课程为主,辅以专题研讨、人文修养、相关学科知识等课程。以审判庭轮岗为主,进入普案团队或者难案团队工作学习时间不少于1年。指导老师为法官助理辅助的法官。1年后,可根据个人意向和法官意愿进行双向选择,加入专业审判团队进行专业化发展。时间1年以上。

表2 嵌入式初任法官培养模式

	培养目标		培养方式	课程设置	具体实施
	目标描述	具体内容			
第一阶段	新招录人员到初级助理（1~2年）	基本审判技能训练,使新招录人员能够胜任助理工作,在法官指导下能够处理程序性事务以及研究法律问题	工作场所中的结构化学习为主。	以知识讲授、技能训练等正式课程为主,辅以司法礼仪、道德纪律、政治素养等课程。	相应的法官助理的工作安排以处理程序性事务为主,实行业务庭轮岗制,其中立案庭、执行局工作时间不短于3个月,审判庭以加入简案或者类案团队学习为主。采双导师,即法官+专职指导老师。法官导师,负责对其全面指导,包括经验传授、指导事务处理、问题答疑,出具学习情况评估报告等。专职指导老师负责组建法官助理交流小组,形成学习共同体,以及管理、日常沟通协调等事务。

续表

培养目标		培养方式	课程设置	具体实施
目标描述	具体内容			
第二阶段 将初级助理到高级助理（1~2年）	能够独立主持证据交换、调解，完成阅卷笔录、归纳争议焦点，提出审查意见，制作审理报告、庭审提纲，参与案件评议，发表意见，起草裁判文书。	有目的的、结构化的和组织化的基于工作的学习为主。	以隐性知识、技能实践等非正式课程为主，辅以模拟庭审、案例分析、专题讲座等。	以审判庭轮岗为主，进入普案团队进行工作学习。指导老师以所辅助的法官为主+专职管理人员。
第三阶段 高级助理到"限权法官"（1年以上）	除无表决权、裁判权外，随着审判经验积累，达到精英法官标准。	脱离工作的学习。有目的的、结构化的和组织化的基于工作的学习。	以个性化课程为主，辅以专题研讨、人文修养、相关学科知识等课程。	轮岗+定岗。进入普案团队或者难案团队工作学习时间不少于1年。1年后，可根据个人意向和法官意愿进行双向选择，加入专业审判团队进行专业化发展。指导老师为法官助理辅助的法官。

（四）组织实施

嵌入式法官助理培养模式建构及实施需要有专门组织机构，

熟悉审判，精通教学规律，熟悉教学方法的专业化管理队伍，职业教育专家，审判经验丰富和教学经验专兼职教师等，仅靠基层法院是无法组织实施的。由各省高级法院层面进行组织保障，统筹全省法院助理培养工作，具体负责资源调配、整体培养方案的完善确立、课程开发、师资培训及管理以及效果评估。中院应设有专门机构及专门人员确定实施方案、日常管理、阶段评估，培训需求调研、培训情况反馈等工作。基层法院作为具体执行者和推动者，应有专门人员，负责按照上级法院要求组织培训，组织师资推选，并承担指导老师或者专职管理人之职，支持、监管法官助理学习，定期与法官助理交流，了解问题及需求，及时与法官导师以及上级法院沟通，协助解决问题以及反馈教学情况等。

百花园

Spring Garden

新旧《中国共产党问责条例》比较研究　管　华　秦丽云

实践刑法学的扛鼎之作：评"中越边境常见跨国犯罪实务系列研究丛书"　王顺安

新时期大学生心理健康教育问题浅析　胡梦瑶

新旧《中国共产党问责条例》比较研究[*]

◎管　华[**]　秦丽云[***]

摘　要：2019年9月1日，新修订的《中国共产党问责条例》（以下简称新《条例》）颁布施行，这是深入贯彻十九大精神，加强和维护党中央集中统一领导，推动全面从严治党纵深发展的必然举措。新《条例》针对2016年版《条例》在实施运行中出现的漏洞和缺失，坚持问题导向，从问责思想、问责原则、问责情形、问责程序、问责救济等环节对问责工作予以全面规范。此次修订着眼规范问责、精准问责、严肃问责的要求，同

---

[*]　本文系西北政法大学教学改革重点项目"党内法课程建设研究"的阶段性成果。本研究得到中国国家留学基金、西北政法大学"党内法规研究"青年学术创新团队计划资助。

[**]　管华，西北政法大学行政法学院教授，"党内法规研究"青年学术创新团队主持人。

[***]　秦丽云，西北政法大学党内法规研究中心助理研究员。

时坚持"严管和厚爱结合""激励和约束并重"的理念，调整和完善了容错纠错机制、党员权利保障机制、问责程序监督体系等内容，对于构建完整问责制度，推动全面从严治党向纵深发展意义深远。

关键词：党内问责 从严治党 党内法规

问责是我们党"规范权力、整治腐败"的重要利器，在推进全面从严治党深入发展进程中发挥着举足轻重的作用。2016年版《条例》自实施以来，不仅为问责工作提供了重要的制度遵循，也为推动全面从严治党提供了重要的法规保障。[1] 当前，我们党所处的执政环境仍十分严峻，所面临的"四大考验""四大危险"等问题也更加突出、复杂。在党内问责工作中，2016年版《条例》由于规定的缺失和不足，在实施运行中出现了问责不力、泛化、简单化等诸多问题，因此，新《条例》应势所需，在原《条例》的基础上对问责制度进行了大量的调整和完善，为达到规范问责、精准问责、严肃问责起到重要推动作用。

一、《条例》修订的必要性

（一）加强党内问责工作政治性的需要

中国共产党作为马克思主义政党，旗帜鲜明讲政治是我们党的根本要求。党的十九大提出"把党的政治建设摆在首位"的重大命题，凸显了党的政治建设的极端重要性，对推动党的政治建设贯彻到党的建设各个方面，确保我们党始终成为中国特色社

---

〔1〕 郑继汤：《依规治党背景下党内问责精准化研究——以〈中国共产党问责条例〉为视角》，载《理论与改革》2016年第6期。

主义事业的坚强领导核心,意义重大而深远。因此,党的十九大以来,党的政治建设在党的建设中得到不断巩固和发展,特别是在党的制度建设中得到有效贯彻。2019年1月印发的《中共中央关于加强党的政治建设的意见》强调,"党的政治建设是党的根本性建设,决定党的建设方向和效果,事关统揽推进伟大斗争、伟大工程、伟大事业、伟大梦想",再次突出了"政治建设"在党的建设中的重要地位。[1]坚持党的政治建设,必须坚决维护党的领导,坚持用党的科学理论武装头脑。2016年版《条例》自颁布实行后,对于维护党的领导,保障党的方针政策顺利实施发挥了重要作用。政治性是党内法规的基本属性,而党内法规的指导思想是其政治性的重要体现,从旧《条例》的指导思想来看,存在着部分指导思想不能与时俱进和政治属性较薄弱等问题。为此,在指导思想上,新《条例》将"深入贯彻习近平总书记系列重要讲话精神","坚持党的领导,加强党的建设,全面从严治党,有责要担当、失责必追究"等表述,调整完善为以"习近平新时代中国特色社会主义思想"为指导,增强"四个意识"、坚定"四个自信"、做到"两个维护"的表述。

党的十八大以来,以习近平为核心的党中央着重强调,增强"四个意识"、坚定"四个自信"、做到"两个维护",为维护党中央权威和集中统一领导树立了坚定的政治方向。党的十九大把"习近平新时代中国特色社会主义思想"写进新修订的党章,作为我们党必须长期坚持的思想,为我们党的建设提供了科学的思想指引。坚决维护习近平总书记党中央的核心、全党的核心地

---

[1] 李金哲:《中共党史上三次净化党内政治生态的理论与实践述论》,载《理论导刊》2017年第4期。

位，坚决维护党中央权威和集中统一领导，是党和国家前途命运所系，是全国各族人民根本利益所在，是我们党最根本的政治纪律和政治规矩。新《条例》为加强党对问责工作的领导，进一步压实管党治党政治责任，把增强"四个意识"、坚定"四个自信"、做到"两个维护"，贯彻到问责工作的各个环节，促使各级党组织和党的领导干部深入贯彻习近平新时代中国特色社会主义思想，始终同党中央保持高度一致，坚持贯彻落实党的战略方针和党中央重大决策部署，为实现党的奋斗目标提供坚实的制度保障。

（二）推动全面从严治党深入发展的需要

全面从严治党，作为新时代中国特色社会主义基本方略的重要组成，是党的建设的重大创新和管党治党的重大举措。党的十八大以来，以习近平同志为核心的党中央始终以"严字当头"管党治党，坚持"思想从严""执纪从严""治吏从严""反腐从严"，党内政治生态焕发出新活力，全面从严治党取得重大成果。党的十九大把"全面从严治党"写入党章，同时纳入习近平新时代中国特色社会主义思想，"全面从严治党"上升为党的根本法和党的指导思想层面，为党的建设提供了坚实的纪律和政治保障。但新时代，我们党所处的执政环境仍然十分严峻复杂，面临的"四大考验""四大危险"等问题仍未得到根本解决，[1] 特别是近年来出现的秦岭北麓西安境内违建别墅、湖南洞庭湖违规违法建设矮围、京津冀违建大棚房、长春长生疫苗事件等严重违反党规纪法的典型案件背后都潜藏着贪污腐败、形式主义、官僚主

---

[1] 王琦：《全面从严治党的理论逻辑和实践逻辑》，载《学校党建与思想教育》2019年第15期。

义等严重问题,因此,全面从严治党依然任重道远。

习近平总书记强调:"要坚决把全面从严治党的主体责任压下去,加大问责力度,让失责必问成为常态。"[1] 新《条例》全面贯彻全面从严治党思想,"全面"规范问责情形,"从严"追究政治责任。新修订的《条例》第4条对不同问责主体的职责作了具体细化规定,明确党委(党组)应当履行全面从严治党主体责任,加强对本地区本部门本单位问责工作的领导;纪委应当履行监督专责,协助同级党委开展问责工作,纪委派驻(派出)机构按照职责权限开展问责工作;党的工作机关应当依据职能履行监督职责,实施本机关本系统本领域的问责工作。其目的就是为了分清各问责主体的职责,进一步压实管党治党政治责任,层层推动责任落实,真正做到有权必有责、有责要担当、失责必追究,从而树立制度刚性和权威。同时,新《条例》第7条将原有的6类问责情形细化为11类,涵盖了党的领导、党的建设和党的事业各个方面,基本实现了对党内失职失责情形的全覆盖,通过保障严肃问责,使违规违纪者无所遁形。总之,"问责"作为管党治党的重要利器,主要目的就是把管党治党的责任担当起来,规范党的领导干部正确使用手中的权力,从而造就一支忠诚干净担当的高素质干部队伍。

(三)规范和完善问责制度的需要

2016年版《条例》实施以来,为问责工作提供了重要的制度保证,使失责必问、问责必严成为常态。第十九届中央纪委第三次全会工作报告显示,2018年全国有1.3万单位党委(党组)、

---

[1] 《习近平在中共中央政治局第十六次集体学习时发表讲话》,载新华网:http://news.xinhuanet.com/video/2014-06/30/c_126691978.htm.

党总支、党支部，237个纪委（纪检组），6.1万名党员领导干部被问责。问责制度是问责工作实施的标尺，由于原《条例》自身规定的缺失和不足导致不能完全适应当前的问责工作，导致问责不力、问责泛化、简单化等突出问题不断显现，如"副局长洗澡未接电话被予以党内警告处分"的案例在社会上引起热议。对比新旧《条例》可以发现，原《条例》对问责指导思想和原则的部分规定已经滞后于当前实践发展，对问责主体、问责对象、问责形式、问责程序等内容规定的不够明确具体，因此使部分工作机关、组织部门对问责概念和问责程序把握不清，而怠于问责、随意问责、滥用问责，损害了制度权威。

从问责主体上看，原《条例》第4条规定，"党的问责机关是由党组织按照职责权限，追究在党的建设和党的事业中失职失责党组织和党的领导干部的主体责任、监督责任和领导责任"，此处规定的党组织包括各级党委（党组）、纪委（纪检组）和党的工作机关。通过分析条文内容可见，原《条例》只是对问责主体进行了概括性规定，并没有细分各自主体职责，因此，在问责实践中就出现了，地方部分党组织把纪委或监委当成主要问责主体，从而导致问责主体作用发挥不力和失衡问题。[1] 从问责程序上看，原《条例》第8条与第9条主要对"问责决定作出"和"问责决定执行"两个环节对问责程序进行了规定，具体操作还缺乏规范性和系统性，对比新《条例》，原《条例》对问责的启动、调查、报告、审批、实施等环节都未进行规范，导致部分地方党组织在开展问责时不注重规范，不讲程序，导致问责泛化简

---

〔1〕 吕永祥：《新中国成立70年党内问责制的历史沿革、现实困境与破解之道》，载《河南社会科学》2019年第7期。

单化问题频出。同时，通过对比新旧《条例》发现，原《条例》对坚持"惩前毖后，治病救人"的原则，以及落实习近平总书记"三个区分开"要求的规定尚显匮乏，从而很难达到督促党组织和领导干部强化责任意识，激发党员领导干部担当精神的问责目的。

二、新旧《条例》对比分析

新《条例》与原《条例》在结构上保持一致，都无章节设置，共27条新增了14条，修改了12条，由原条例的1900余字增加到4600余字。在内容上，新《条例》明确了问责的指导思想；完善了问责原则；明确了主体责任；丰富了问责情形，规范了问责程序；增加了不予问责或免于问责、从轻或减轻问责、从重加重问责，以及对问责领导干部的重新提拔任用情形；建立健全了对问责对象权力保障和救济程序。

（一）指导思想的变化

中国共产党作为马克思主义政党，自诞生以来，始终把马克思主义作为党的根本指导思想，带领着全国各族人民为共产主义的远大理想而不懈奋斗。随着党的建设不断深入，党的指导思想也在不断丰富和更新。新《条例》以"马克思列宁主义，毛泽东思想、邓小平理论、'三个代表'、'科学发展观'重要思想为指导"的基础上明确了习近平新时代中国特色社会主义思想的指导地位，增加"增强'四个意识'，坚定'四个自信'，坚决维护习近平总书记党中央的核心、全党的核心地位，坚决维护党中央权威和集中统一领导"等内容，修改了原《条例》规定的"深入贯彻习近平总书记系列重要讲话精神""坚持党的领导，加强党的建设""全面从严治党,做到有权必有责、有责要担当、失责必追究"的表述。

党的十八大以来,以习近平同志为核心的党中央不断深化对中国特设社会主义的认识与思考,对怎样坚持和发展中国特色社会主义进行不懈探索,创立了习近平新时代中国特色社会主义思想。习近平新时代中国特色社会主义思想是马克思主义中国化的最新成果,是我们党必须长期坚持的指导思想并庄严地写入党章,新《条例》确立习近平新时代中国特色社会主义思想的指导地位,和党章一脉相承,体现了《条例》在思想上的与时俱进。"四个意识"和"四个自信",是习近平新时代中国特色社会主义的重要组成,"增强'四个意识'"和"坚定'四个自信'",是我们党对9000多万共产党员最根本的政治要求,在国家全面深化改革的攻坚时期,只有"坚定'四个自信'"才敢披荆斩棘,迎接挑战,只有"增强'四个意识'"才能保持正确的政治立场,坚定政治定力。坚决维护习近平总书记党中央的核心、全党的核心地位,维护党中央权威和集中统一领导,是我们党的根本政治原则和政治任务,是牢固树立"四个意识"的集中体现[1],只有坚持"两个维护"才能把我们全党的智慧和力量凝聚到不断推进实现中华民族伟大复兴中来。

(二)问责原则的变化

新《条例》在原条例的基础上对问责原则进行了拓展,强调"失责必问、问责必严"的同时,增加了"权责一致、错责相当""严管和厚爱相结合、激励和约束并重"的原则。党的十八大以

---

[1] 许宝健:《高级干部要作"两个维护"的表率》,载人民网:http://theory.people.com.cn/n1/2018/1121/c40531-30412862.html。

来,"严字当头"是管党治党的一个鲜明特点,在问责工作中"失责必问、问责必严"已经成常态。在长春长生公司问题疫苗案件的问责结果中,多名省部级领导干部受到严肃处理,表明我们党对严肃问责的坚定决心。但在问责实践中,"严"是树立制度刚性和权威的手段,并不是问责的最终目的。问责是以激励领导干部切实增强担当精神,更好地履职尽责为目的。习近平总书记强调:"干部就要有担当,有多大担当才能干多大事业,尽多大责任才会有多大成就"[1],在管党治党中,如果一味打击犯错的领导干部,很可能损害其进取心和积极性。"惩前毖后、治病救人"是党管党治党的一贯方针,因此,在问责工作中,对待犯错误的领导干部,应当秉承科学态度和方法,既不能"放任不管",也不应该"一棍子打死"。为此,新《条例》规定了"严管和厚爱相结合、激励和约束并重"的原则,这一原则与《中华人民共和国监察法》第 5 条规定的"权责对等""惩戒与教育相结合""宽严相济"原则相得益彰,都强调了问责制度的关怀激励机制,是问责机制在不断完善中的一大进步。同时,新《条例》的原则规定也充分贯彻到了问责的具体条文当中,如新增第 17 条、第 18 条、第 19 条,规定的"可以不予问责或者免予问责""可以从轻或者减轻问责""应当从重或者加重问责"的情形,这些原则的贯彻对落实习近平总书记强调的"三个区分开来"要求,推动建立党内容错纠错机制具有重要的理论和现实意义。

(三)问责职责的变化

原《条例》规定由党组织按照职责权限进行问责,主要包括

---

〔1〕 任平:《不做政治麻木、办事糊涂的昏官》,载《人民日报》2019 年 7 月 15 日,第 4 版。

各级党委（党组）、纪委（纪检组）和党的工作机关三大类问责主体，但并未对问责主体的职责加以明确，所以出现部分问责机关把"问责"只看作是纪委的工作，忽略其自身责任，从而导致问责不到位。为进一步压实管党治党政治责任，新《条例》第4条对不同问责主体的职责作了具体细化规定，明确党委（党组）应当履行全面从严治党主体责任，加强对本地区本部门本单位问责工作的领导；纪委应当履行监督专责，协助同级党委开展问责工作，纪委派驻（派出）机构按照职责权限开展问责工作；党的工作机关应当依据职能履行监督职责，实施本机关本系统本领域的问责工作。同时，在问责对象规定上，原《条例》规定问责对象是"各级党委（党组）、党的工作部门及其领导成员，各级纪委（纪检组）及其领导成员，重点是主要负责人"。这一规定从表面来看是确定了问责对象，但没有划清问责对象的责任界限，从而导致上下级党组织和党的领导干部之间出现推卸责任的情形。条例修订的主要目的就是为了明确责任对象，突出责任主体，这一点在新《条例》增加的"权责一致、错责相当""集体决定、分清责任"原则中也充分体现。所以，为进一步突出责任主体，抓住"关键少数"，新《条例》第5条规定："问责对象是党组织、党的领导干部，重点是党委（党组）、党的工作机关及其领导成员，纪委、纪委派驻（派出）机构及其领导成员"；第6条规定：问责应当分清责任；对党组织问责的，应当同时对该党组织中负有责任的领导班子成员进行问责，并增加了"在职责范围内"承担领导责任的限制。这些规定都本着"权责一致、错责相当"的原则，在问责工作中扭住主体职责、抓住"关键少数"，确保精准问责有效实施。

（四）问责情形的变化

建党 90 多年来，我们党经历了由"从严治党"到"全面从严治党"的重大转变，"从严治党"前增加"全面"二字，是我们党对社会形势发展变化和自身建设规律的深刻把握，凸显了新时代以习近平为核心的党中央治国理政和管党治党思想的鲜明特色。习近平总书记指出，全面从严治党，基础在全面，关键在严。党的十八大以来，全面从严治党被不断赋予新内容和意涵，已经基本覆盖党的建设和党员生活的各个方面，贯穿了党的领导建设、党的政治建设、党的思想建设、党的组织建设、党的作风建设、党的纪律建设等各个领域。因此，新《条例》立足于全面从严治党的总体布局，将原有的 6 类问责情形细化为 11 类，新《条例》第 7 条第 1 项补充了党的领导弱化的问责情形，第 2 项至第 7 项对原《条例》中党的建设缺失的问责情形予以补充，第 8 项规范了全面从严治党不力的问责情形，第 9 项规定了履职履责过程中重大失职问题的问责情形，第 10 项突出损害人民利益的失责情形，第 11 项规定了问责的兜底。总体来看，这些规定基本包含党内失职失责的全部情形。同时，新《条例》在对问责情形的设定上，除了实现"总揽全局"，还有效地"突出重点"。如新《条例》第 7 条第 1 项对"党的领导弱化"进行拓展，列出"'四个意识'不强""'两个维护'不力""党的基本理论、基本路线、基本方略没有得到有效贯彻执行"等情形，再次凸显党的领导的重要地位。第 7 条第 8 项问责情形中增加"领导巡视巡察工作不力，落实巡视巡察整改要求走过场、不到位""该问责不问责"等内容，重点体现了我们党在监督执纪过程中面临的突出问题。第 7 条第 10 项问责情形突出的是对在维护人民群众最关心最直接最现实的利益问题上失职失责问题的问责,如生态环保、食药安全、扶贫脱贫等规定,也深刻体现了我们党贯彻党的群众路线、维护群众利益,牢记初心和使命的决心和信念。

(五) 问责程序的变化

问责程序是本次《条例》修订中占据篇幅最多、调整力度最大的部分。对比原条例,新《条例》增加了第9条、第10条、第11条、第14条、第15条内容,完善了第12条、第13条内容,对问责的启动、调查、报告、审批、实施等各个环节进行全面规范。新《条例》第9条明确了党委(党组)、纪委、党的工作机关应当经主要负责人审批,及时启动问责调查程序;纪委、党的工作机关启动问责调查、作出问责决定等有关事项应当报经同级党委或者其主要负责人批准的情形;规定对于应当启动问责调查未及时启动的,上级党组织应当责令有管理权限的党组织启动,根据问题性质或者工作需要,上级党组织可以直接启动问责调查,也可以指定其他党组织启动。这一条文增加了问责工作中的一般管辖、提级管辖、指定管辖规定,并通过规定一系列批准、调查与审批程序,强化上级党组织对问责工作的领导和监督,规范和完善了原条例对问责启动程序规定的缺失。另外,新《条例》对问责程序中涉及启动调查、形成报告、作出决定、督促执行等问责工作中的关键环节,严格规范了批准、审批流程,通过规范问责程序层层压实主体职责,以保证问责的规范性和严肃性。值得注意的是,本次修订在问责程序中增加了问责对象申辩、申诉的程序,新《条例》第11条关于问责事实材料应当与调查对象见面,听取其陈述和申辩这一规定的落实,是有效保障党员领导干部权利,树立制度的公信和权威的重大举措。总之,新《条例》对问责程序的完善,是实现问责工作规范化、制度化、法治化的重要一步,也为党委(党组)、纪委、党的工作机关把问责各项工作更细、更好的落实到位提供了具体依据。

三、《条例》修订的亮点

(一)党员权利保障更加完善

党的十八届四中全会将党内法规体系纳入中国特色社会主义法治体系以来,用法治思维和逻辑构建完善的党内法治体系,是推进依法治国和依规治党有机统一的重要路径。党内法治体系是党内法规体系的发展和延伸,[1] 党员的权利和义务作为党内法规的一对基本范畴,[2] 党内法规在强调党员义务优先的同时,也不可否认党员的权利地位。[3] 党的十八大以来,新出台的一系列党内法规坚持以"从严"为主导思想,在内容规定上以突出党员义务为主,对党员权益保障内容尚显匮乏。关于党员权利,《中国共产党章程》第 4 条规定了党员享有与会学习权、参与讨论权、建议倡议权、批评检举权、选举表决权、申诉辩护权等八方面的权利。2004 年中共中央颁布实施的《中国共产党党员权利保障条例》对党章规定的党员享有的基本权利进行了细化,是我们党关于党员权利保障的重要党内法规。党内法治保障体系是构建完善的党内法规体系的重要支撑。随着党内法规体系的不断完善,构筑一个以《中国共产党章程》为根本遵循的全方位的党员

---

〔1〕 肖金明:《论党内法治体系的基本构成》,载《中共中央党校学报》2016 年第 6 期。
〔2〕 伍华军:《论党内法规的基本范畴》,载《法学杂志》2018 年第 2 期。
〔3〕 周叶中,邓书琴:《论中国共产党党内法规的价值取向——以党员义务和党员权利为视角》,载《中共中央党校学报》2018 年第 4 期。

权利保障体系，是当前党内法规建设的重要任务。

为此，新修订的《条例》，把保障党员权利作为问责程序中的重要环节，并在《条例》中进行明确规定。新《条例》第11条规定，问责事实材料应当与调查对象见面，听取其陈述和申辩，并记录在案；第20条规定，问责对象对问责决定不服的，可以自收到问责决定之日起1个月内，向作出问责决定的党组织提出书面申诉。作出问责决定的党组织接到书面申诉后，应当在1个月内作出申诉处理决定。申辩权、申诉权，是《中国共产党章程》赋予党员的基本权利，在监督权力和保障权利过程中发挥着举足轻重的作用，[1] 在权利救济规定中也是不可或缺的组成部分。新《条例》关于对问责人员陈述申辩的规定，目的是为了保障被问责人员的合法权益，在问责过程中与调查对象见面，听取其陈述申辩，保障了被问责人员充分表达意见的权利，防止泛化问责和简单问责的发生。所谓"迟到的正义是非正义"[2]，新《条例》第20条的申诉规定是被问责人员被错误问责时行使救济的有效手段。值得注意的是，被问责人员在1个月内提出申诉请求的，作出问责决定的党组织接到书面申诉后，应当在1个月内及作出处理，这一规定体现了申诉的效率。因为，如果只是规定了申诉权，而申诉权得不到及时的伸张，那这种申诉救济制度也仅是一纸空文。总之，新《条例》关于申辩、申诉制度的完善，目的就是为了保护被问责人员的合法权益，同时强化问责制度的规范性，防止问责泛化、简单化。

---

〔1〕 茅铭晨：《论宪法申诉权的落实和发展》，载《现代法学》2002年第6期。
〔2〕 钱晓萍主编：《行政监察法概论》，中国政法大学出版社2016年版，第147页。

(二)容错纠错机制更加健全

党的十九大报告提出,"建立激励机制和容错纠错机制,旗帜鲜明为那些敢于担当、踏实做事、不谋私利的干部撑腰鼓劲",与我们党一贯坚持的"惩前毖后,治病救人"方针一脉相承,是我们党在当前全面从严治党形势下,正确处理失职失责领导干部,有效解决部分领导干部思想顾虑的重大制度创新。当前,国家全面深化改革已经进入攻坚时期,党在领导人民干事创业、改革创新的过程中,一系列新情况、新问题、新困难会不断涌现,党员干部在行使权力的过程中难免会出现失误。党在管党治党中,如果一味追求处分从严或责备求全,可能会造成一批想干事的领导干部产生"怕犯错、不敢干""怕追责、不去干""怕困难、不想干"的想法,从而打击领导干部的积极性。2018年7月3日,习近平在全国组织工作会议上的讲话强调,"每个干部都有这样那样的缺点和不足,对此要实事求是、正确对待,不能不问青红皂白、一棍子打死"。2018年5月中共中央办公厅印发的《关于进一步激励广大干部新时代新担当新作为的意见》以及2019年3月印发《关于解决形式主义突出问题为基层减负的通知》,均提出"建立容错纠错机制"的要求。

在本次修订中,新《条例》为进一步激发党员干部的担当精神,有效贯彻中央提出的"建立容错纠错机制"要求,保证问责制度与时俱进,由此建立和完善了问责工作中的容错纠错机制。首先,新《条例》严格贯彻习近平总书记"三个区分开来"要求,新增第17条"可以不予问责或者免予问责"的情形中,明确规定,对在推进改革中因缺乏经验、先行先试出现的失误,尚无明确限制的探索性试验中的失误,为推动发展的无意过失等情形，可以不予或者免予问责；第 18 条规定"可以从轻或者减轻问责"的情形中，对于及时采取补救措施，有效挽回损失或者消除不良影响等情形，可以从轻或者减轻问责；第 19 条规定"应当从重或者加重问责"的情形中，对党中央、上级党组织三令五申的指示要求不执行或者执行不力等情形，则规定应当从重或者加重问责。这三条规定是问责容错机制的体现，但是容错并不是无原则、无限制，以上条文对"可以不予问责或者免予问责""可以从轻或者减轻问责"以及"应当从重或者加重问责"的情形和范围都作出了明确规定。纠错是秉承"治病救人"的理念，帮助失责犯错的领导干部改正错误，激励领导干部重拾担当精神，重回干事执政舞台。新《条例》第 22 条明确了"对影响期满、表现好的干部，符合条件的，按照干部选拔任用有关规定正常使用"。这是问责中纠错机制的体现，是激励犯错领导干部积极改正错误的有益保障，与容错机制构成了问责工作科学规范有效实施的重要保证。

（三）问责监督体系更加严密

新《条例》开宗明义强调立规的目的是为了坚持党的领导，加强党的建设，全面从严治党，保证党的方针路线和党中央重大决策部署贯彻落实。建立健全党中央统一领导，是对当前党建工作提出的重要现实问题。在问责工作领域，新《条例》通过调整和规范问责启动程序和问责结果运行程序，形成了严密的问责监督体系，有效地强化党对问责工作的领导和监督。首先，在问责启动阶段，新《条例》严格规定了问责启动的审批程序和权限，要求启动问责必须经本单位主要负责人审批；纪委、党的工作机关对同级党委直接领导的党组织及其主要负责人启动问责调查，还应当报同级党委主要负责人批准。同时新《条例》强调，下级党组织应启动问责调查而未及时启动的，上级党组织应当责令其启动；根据问题性质或者工作需要，上级党组织也可以直接启动或者指定其他党组织启动。这是问责工作中提级管辖、指定管辖的规定，这一规定贯彻了法律中管辖规定的原则，规定对社会影响较大、复杂的事件，上级党组织可以直接启动调查，对于涉及本地区本部门利益或者其他的原因由其他党组织调查更为合适的，也可以指定其他党组织进行调查，明确了上级党组织对下级党组织问责工作的监督职责，主要目的也是为了加强党对问责工作的统一领导。问责启动环节是问责工作的关键环节，新《条例》在此环节中设置多道"审批""批准"程序，基本构建了问责工作的内部监督体系，为精准问责、严肃问责提供了程序性保证。其次，在问责结果运行阶段，新《条例》明确规定对党组织问责的，应当向该党组织宣布并督促执行；对党的领导干部问责的，应当向该领导干部及其所在党组织宣布并督促执行；规定有关问责情况应当向纪委和组织部门通报，分别归入廉政档案和干部人事档案；建立健全问责典型问题通报曝光制度，充分发挥问责典型案例警示作用；要求被问责党组织、被问责领导干部及其所在党组织明确整改措施，实现以案促改。新《条例》增加的督促执行、加入廉政档案、建立曝光制度等问责结果的运行规定，是完善问责监督的重要体现，也是推动问责结果能够公正、规范取得的重要保障。

实践刑法学的扛鼎之作：评"中越边境常见跨国犯罪实务系列研究丛书"

◎王顺安*

2019年12月19日，本人很荣幸受广西民族大学法学院之邀，参加了"中国—东盟刑法论坛"，期间又喜得广西民族大学法学院邓崇专教授与广西金狮律师事务所黎仲诚主任联袂撰写的"中越边境常见跨国犯罪实务系列研究丛书"（以下简称"丛书"），"丛书"包括《走私罪司法认定与执法完善问题研究》《妨害国境管理罪司法认定与刑罚适用问题研究》《毒品与组织卖淫犯罪司法认定疑难问题研究》。作品在一年内相继推出，可谓隆重、震撼，令人刮目相看！由于本人主要从事刑法学、犯罪学与刑事执行法学的研究，且对中国与东盟

---

* 王顺安，中国政法大学教授，中国政法大学犯罪与司法研究中心主任，博士生导师。

国家之间出现的越来越多的跨国犯罪问题也持有浓厚的研究兴趣，所以受赠"丛书"可以说是如获至宝，并集中精力认真拜读了"丛书"的全部内容。基于共同的研究兴趣，本人读后特别有话想说，故在此谈谈本人阅读"丛书"后的感触。

本人毫无掩饰地认为，作为系列成果，"丛书"不愧为实践刑法学研究成果中的扛鼎之作。

说其是扛鼎之作，首先是因为"丛书"当为实践刑法学中的典范之作。众所周知，刑法学是一门实践性极强的学科，因而相对理论刑法学、规范刑法学而言，实践刑法学作为刑法学知识转型的一环，受到了刑法学界越来越高度的重视。当然就刑法学的总体研究而言，学界对于刑法各论的研究尚不如研究刑法总论那样热情，而且就已有的研究成果来看，目前我国学者对刑法各论的研究大多以教科书或者以刑法分则所有罪名为对象的体系性研究成果形态体现，以分类罪名中的几个罪名或者专以某一个罪进行研究的专著并不多见。而显然，对刑法各论作体系性的研究，因篇幅所限，其不仅不能达到应有的理论深度，同时对司法认定中的疑难问题也难以作展开探讨。所以"丛书"的推出，不能不说是对刑法各论研究有力的补足与补强，也无疑为实践刑法学增添了一抹极具分量的色彩。另外需要特别指出的是，虽然"丛书"研究的对象具有明确的地域性和针对性，似乎属于"个案"的范畴，但其所涉罪名并非为中越边境所独有，因而其体现出的指导意义实质具有普适性。

其次是"丛书"当为实践刑法学中的力作。这可以从以下几个方面予以佐证：第一，从研究的对象和目标上看，"丛书"瞄准中越边境"上演"的诸如走私、妨害国境管理、毒品及组织卖淫等各种常见跨国犯罪。它们是从司法实务角度展开研究的创举之作。同时,"丛书"的目标直指各个罪在司法认定中诸多疑难问题的求解,作者为此竭尽精力地一一提供了切实可行的解决方案,可说是对中越边境跨国犯罪研究的一大贡献。

第二,从研究的方法上看,"丛书"中采用的诸多中越边境常见跨国犯罪的真实案例,作者对其并不做简单的堆砌,而是遵循"发现问题、解决问题"的思路,以需要解决的问题为导向挖掘案例,并与相应的刑法理论进行有机地统一,使二者既能各得其所,又能相得益彰,充分体现了理论与实践相结合的原则以及理论服务于实践的宗旨,从而形成了体系完美、逻辑周全的知识形态。因此,与以零散的刑事案例分别进行刑法学研究的单纯组合成果相比,其研究方法值得称道。

第三,从研究的内容上看,"丛书"体现出了相当的广度和深度。从广度上讲,其研究内容涉及了各个罪的构成要件分析以及犯罪停止形态、共同犯罪、罪数形态,同时还论及罪与罪的区分、刑罚适用等,几乎涉及了个罪司法适用中的所有问题。从深度上言,既对中越边境各种犯罪现象和形态作出了周到的总结和剖析,也对相应的刑法理论进行了详细的梳理和阐释;既结合司法实践对对应的法条进行了符合罪刑法定原则的详尽解释,也对相关司法解释在适用中所出现的问题作出了中肯的评价;不仅对所探讨问题明确表明了自己的立场,而且对之进行了充分而可靠的论证。总之,其对各个罪的研究可说是达到了细致入微的程度。例如,关于《中华人民共和国刑法》第 156 条规定的为走私罪犯提供"其他方便"的种类,根据中越边境走私违法犯罪活动的实践,作者共总结出了诸如清除隔离设施、破坏交通设施、私开道路或通道、为走私车辆带路、望风或探路、提供囤积走私物场所、提供《边民证》以及为走私人介绍或联系司机运输走私物八种情形，同时对这些行为的最终定性问题，作者均一一进行了详尽的探讨并予厘定。这无疑对当前的司法实践提供了及时而切实的指导。又如，为了论证中越边境妨害国境管理犯罪这一特定区域所确立的"重重轻轻、整体趋轻"的刑罚政策，作者共梳理出了诸如偷越国境者的目的大多为务工、旅游、探亲等反映中越边境妨害国境管理犯罪特点的九大方面的客观依据，同时根据目前的司法实践，就中越边境组织他人偷越国境、运送他人偷越国境及偷越国境三种犯罪各自的"重重"与"轻轻"的具体情形及其适用问题，分别作出了较为详尽的列举。再如，关于贩卖毒品罪既遂与未遂的划分标准问题，作者从买卖毒品双方接洽至最后交易成功这一过程中的每一个节点所呈现的理论主张均进行了梳理，依次序总结出"意思说""流通说""带入说""交易进行说""行为完成说"及"实际交付说"六种观点，同时又将"实际交付说"总结出"转让说""实害说""构成要件要素齐备说""行为犯说""结果犯说"及"占有说"六种观点。在结合司法实践对既有理论给予详细评析的基础上，作者最终赞同一般情形下（即不存在特情介入）贩卖毒品罪的既遂应当以毒品的实际交付为标准的主张，为此作者共提出了七大理由作为依据，其论证非常到位、可靠，与以往的研究成果相比，其论证的力度实属罕见。正是"丛书"所具有的广度与深度，充分显示出了作者在挖掘中越边境常见跨国犯罪判例资源进行刑法学研究中厚重的刑法理论功底和学术涵养。

第四，从研究的效果来看，"丛书"对长期以来困扰实务界的诸多司法认定疑难问题——进行了精心的思考并提供了解决或者参考方案,同时,对于实务界容易忽略的问题给予了巧妙的提示。例如:①关于走私"看路仔"的定性问题。作者认为"看路仔"的望风、探路或者提供信息的行为并不涉及具体如何逃避海关监管而使走私物顺利进出境的问题,因而应将其行为定性为走私的帮助犯而非实行犯。②关于运送已经偷越入境的人的定性问题。对于运送已经入境我国的偷越人员至境内务工的情形,由于"他人"偷越既遂,此时对运送人是否仍应以运送他人偷越国境罪论处?作者认为,对于已经入境我国的人员,只要最终对其应认定为偷越国境的,那么对于明知是偷越国境的人而实施运送到我国某地务工的行为人,均应以该罪追究刑事责任。③关于偷越国境的人中没有达到刑事责任年龄是否与他人构成"结伙"的问题。作者指出,虽然偷越国境的三人中有的不达到刑事责任年龄,但是只要能够肯定参与者的行为与结果之间具有因果性,就应肯定参与者行为的共同性,因而,只要有证据证实偷越时行为人进行了谋议,即可以认定为"结伙"。④关于组织他人偷越国境罪与运送他人偷越国境罪的区分问题。由于在组织他人偷越国境犯罪的过程中,其组织行为无疑也包括了运送行为,而在运送过程中也可能存在组织行为,因而二者究竟如何区分很值得研究,且司法实践中对此的处理颇不一致。作者认为,如果参与运送的行为人是单纯受组织者雇请的,那么对运送者和组织者就分别以运送他人偷越国境罪和组织他人偷越国境罪论处,即使运送者在运送中伴有组织行为,那也是其出于安全的目的考虑,但绝不能将其论为组织他人偷越国境罪。⑤关于罪数形态问题。罪数形态是刑法理论及刑事司法实践均绕不过的问题,这种无法规避性即意味着：面对以一罪处断抑或数罪并罚的提问，司法最终必须作出"二选一"的回答。然而在司法实践中，有的实务界人士往往因疏忽而对此没有考虑。比如在组织他人跨境卖淫的过程中，实际就是组织他人偷越国境的行为，因而此时组织卖淫罪与组织他人偷越国境罪就会发生竞合，但作者发现实践中有的案件的处理并没有考虑到二者的竞合关系，所得出的结果当然有待考究。为此，作者特别对此作了较为精细的研究，认为在中越边境跨国犯罪的场合二者可以按照牵连犯的理论处理（即择一重罪处置），这对司法界起到了很好的提示作用。

第五，从创新来看，"丛书"提出了不少创新观点。可以说，任何一项研究成果均以出新为目标，不出新的研究成果就不能体现其价值所在，而"丛书"就推出了不少经过充分论证的新观点，同时也表现出作者敢于向刑法强势理论及实务界的某些思维定式挑战的勇气。例如：①关于买卖毒品双方是否成立共同犯罪的问题。这个问题不仅理论上很少有人涉足，更重要的是，目前司法机关压倒性的观点是认为属于上下家关系，而一律否认共同犯罪的存在，被认为是不能探讨的"禁区"。作者反其道而行之，以"毒品买卖双方缺少任何一方，本罪无以存在"等为由，认为贩卖毒品的买卖双方是对向犯，应当成立共同犯罪。②关于走私罪的既遂与未遂问题。应当说，走私罪既遂与未遂的划分是司法实践中长期以来争议最大的问题之一。虽然2014年最高人民法院、最高人民检察院作出的司法解释明确了走私罪既遂与未遂的划分标准，争议似乎就此可以尘埃落定，但是在仔细考究之下，该司法解释所作出的规定，在理论上还是有进一步值得廓清的地方，同时该标准在实践运用中并不是完美无瑕，受质疑之处尚存，因而对此有继续进行探讨并进而厘清与厘定的必要。作者打破了司法解释以及实务界的一贯思维和做法，认为陆路方面的既遂应当一律以走私物实际是否逾越国境线为标准，海路方面应以是否逾越领海线为标准。③关于走私罪的共同犯罪问题。由于理论界与实务界对《中华人民共和国刑法》第156条规定的性质理解不一，因而"以走私罪的共犯论处"究竟是以走私的帮助犯（从犯）论处，还是看似为帮助走私的实行犯也可以适用于该条，实践中出现了不同的处理结论。作者发现实践中将许多实质为走私实行犯而作为帮助犯以从犯处理的情形，比如走私人雇请他人开车入境越南运输走私物，却将运输者依照《中华人民共和国刑法》第156条的规定认定为走私的帮助犯。作者认为，此种情形下，运输者实际实施了规避海关监管的行为，应当是走私的实行犯而非帮助犯，可以说这是给司法实务的一大纠偏。④关于组织他人偷越国境罪的既未遂标准问题。虽然最高人民法院为此专门作出了司法解释（即在他人偷越国境前或者在偷越国境过程中被查获的为未遂），也发布了指导性案例，但究竟如何理解"在他人偷越国境过程中"的"过程中"存在较大的争议，各司法机关在此问题上的理解与处理并不一致。同时从目前的司法实践来看，指导性案例并未能提供出具有普适性的司法规则，亦即，无论是发生在指导案例公布后的当时，还是之后一段时间、甚至最近，司法机关并没有一律按照指导案例给出的裁判理由作为认定该罪既遂与未遂的参照依据。为此，作者根据司法解释规定本罪未遂的背景分析，认为"偷越国境之前"和"偷越国境过程中"应当是两种并列的未遂情形，不仅其空间范围均定位在跨越国境前，而且只能适用于自我国组织他人偷越出境的情形，指导性案例所给出的判断该罪既遂的标准（即被组织人跨越国境后并突破边境管理区域）并不正确，应当以被组织人是否越过国境线为该罪既未遂的划分标准。⑤关于运输毒品罪"运输"的外延问题。作者认为只有在国（边）境范围内与贩卖、制造毒品有关联的运输行为，才能认定为该罪的"运输"，据此走私毒品中的运输行为即使发生在国（边）境内，也不能以运输毒品罪处置。同时，运输毒品罪的成立不应有运输距离的限制，运输的距离只与本罪的既未遂相关。⑥关于雇佣情形下组织卖淫罪与协助组织卖淫罪的区分问题。实践中，对于行为人受他人雇请从事与组织卖淫相关的活动，究竟是构成组织卖淫罪还是协助组织卖淫罪，往往成为争议的焦点，而且处理结论颇不一致。为此，作者借用了劳务关系所具有的本质特征作为定性受雇人的判断依据，其具有很强的可操作性和可靠性。即受雇人在组织卖淫犯罪活动中所从事的工作实质是组织者的替代行为，如果受雇人领受的工作是对卖淫人员及其具体的卖淫活动实施全面的管理或者控制，那么其应被认定为组织卖淫行为，否则，则被认定为协助组织卖淫行为。

总之，"丛书"案例丰富，内容充实，逻辑性强，文笔流畅，观点清晰，论证充分。尽管一些观点尚值得进一步完善或商榷，但绝对不失为一套在理论上和司法实务上均值得推荐的学习工具。

新时期大学生心理健康教育问题浅析

◎胡梦瑶[*]

引 言

随着高速发展的经济和科技推动的全社会的飞速前行,竞争日趋激烈,包括高校学生在内的社会主义建设者都在积极投身生产和生活,但是这一过程给大学生带来大量的心理压力。随着高校专业教育水平的持续进步,心理健康教育作为人才培养的一环,其重要性日益凸显。在全国高校思想政治工作会议上,习近平总书记指出要培育理性平和的健康心态,加强人文关怀和心理疏导。在党的十九大报告中,总书记明确提出要"加强社会心理服务体系建设,培育自尊自信、理性平和、积极向上的社会心态"。高校心理健康教育日臻成熟,但

---

[*] 胡梦瑶,法学硕士,中国政法大学讲师。

是需要认识到当前的高校学生心理健康教育还存在不足之处，高校应当进一步重视学生的心理健康教育工作的发展，从学生的"新"情况出发，顺应时代发展的潮流，创新心理健康教育工作的方法和干预方式，采用新的方法和策略来帮助形成新时期高校全面完善的心理教育体系，加强高校心理健康教育服务体系建设。

一、新时期大学生心理健康的现状和存在的问题

（一）网络的广泛使用为大学生带来了全方位的改变

科技的进步推动了互联网技术的迅猛发展，网络已经成为社会生活中每个人不可或缺的部分。高校学生作为互联网技术的最前沿接受者和使用者，互联网对于其冲击和影响深远。互联网的合理使用能够帮助学生接触到最新鲜的思想和技术，扩宽眼界并帮助全面成长，能迅速地融入飞速发展的社会，更便捷有效地学习、吸纳知识和文化。但是需要认识到互联网这把"双刃剑"对于大学生产生积极影响的同时，基于互联网本身的特征和其他多重因素的影响，网络也为大学生带来了不良的冲击。

一方面，大量的网络信息的涌入，使得不具备充分信息自我筛选和甄别能力的大学生容易被误导。大学生这一群体，对于信息有充分的摄取的热情和足够好奇心，容易受到舆论的影响，改变对于社会的看法，甚至改变世界观和价值观。在不良信息介入后，可能会在干扰下产生一些偏激的观点，甚至产生和主流道德观念不一致的想法，影响到其学习和持续的生活。

另一方面，新媒体的发展在便利和丰富日常生活的同时，互联网环境中的"黑暗"也充斥网络环境，网络暴力，网络信息安

全漏洞充斥其中。还处于成长期间，不能够完全进行甄别的大学生长期受到各种类型网络风险的困扰，由此产生的负面的心理健康问题长期存在。

此外，在网络时代，长期与网络的接触，在带来充分便利的同时，也为大学生自身的感知能力等造成了冲击。互联网的及时性和强大的信息检索能力，使得大学生能够极其迅速地获知大量信息，区别于传统时期对于信息的搜集和检索的耗时，这一信息获得方式极大地提高了效率。但是极其容易获得的信息使得大学生对于信息的记忆呈现短暂和瞬时，挫败大学生对于相关信息的记忆的积极性和主动性，产生"认知消极"[1]。

同时，网络环境中交往的匿名化和虚拟化，对于当代大学生的情感表达方式产生影响。在虚拟环境中的交往方式在回到现实时并不适用，容易使得长期沉浸在网络环境中的大学生，难以掌握现实交往的尺度和方式，产生情感和表达的异化与迷失。

(二) 心理健康工作者素质有待提升

目前，中国高校的心理健康工作主要由高校工作的辅导员来负责，辅有专业的心理健康咨询工作者。高校辅导员作为开展高校学生工作的第一线人员，直接负责处理大学生的心理健康问题。但是，高校辅导员并非专业的心理健康问题处理专家，在进行心理健康问题的处理时，缺乏专业人员所具备的科学性和有效性。采用传统的劝说和说教的形式进行心理危机干预时，甚至会制约心理健康问题的解决。此外，作为高校的学生工作的基层一员和关键环节，高校辅导员自身的压力也很多，作为心理健康教

---

[1] 张晔：《大学生网络心理健康教育问题探究》，载《智库时代》2018年第41期。

育的辅导者，甚至会自身出现心理问题，从而在对大学生的教育中直接或者间接干扰到学生的心理健康。

（三）心理健康教育制度引领不足

高校心理健康教育的发展离不开政策的引领和规范。教育部在 2018 年 7 月印发了《高等学校学生心理健康教育指导纲要》（教党〔2018〕41 号），进一步对高校心理健康教育的组织领导、工作机制、资源配置、人员配备等作出了制度安排，强调建设教育教学、实践活动、咨询服务、预防干预"四位一体"的心理健康教育工作格局。心理健康教育作为高校人才培养体系的重要组成部分，作为高校思政工作的一环，采取了多种的措施以推动高校心理健康教育的发展。但是需要认识到的是，大学生心理健康教育中存在的问题还有很多，要想更加有效和及时解决高校心理健康问题，需要进一步推动建立全面统筹的体系，形成全员、全过程、全方位心理健康教育育人格局。

（四）心理健康课程和心理健康宣传不足

对比高校的主流课程设计，心理健康教育在逐步被重视，但是重视程度仍然有待提高，高校心理健康教育的课程设置、教学方式、课时等多方面都较为有限。高校心理健康教育的氛围不够良好，心理教育课程目前主要在高校中以选修课和心理健康讲座的形式开展，辅有心理健康教育网络学习课程和阶段性的心理健康调查问卷。但是，心理健康教育的教育没有得到充分规划和重视，对于高校的专业知识课程学习、心理健康教育的学习和课程安排重视程度有限。对比高校学生心理问题产生的多元，心理健康课程学习和实践教学的领域和方式都有很大的提升空间。

二、新时期开展大学生心理健康的意义和重要性

（一）时代发展对高校学生的新要求

新中国成立七十周年的建设征程中，生产力水平逐步提升，各项事业取得举世瞩目的伟大成就，对于社会各领域都产生了影响。正在转型发展期的中国社会竞争加剧，在为国家现代化建设培育未来力量的高校中，大学生们所面临的挑战和承受的心理压力也日益增大，高校学生的学习方式、社交方式、生活方式和价值观等方方面面都发生了显著变化。当代大学生的心理健康程度有所提升，在面对心理压力和困扰时，普遍能够进行自我调节和适应。但是面临长期的心理问题和焦虑时，例如，对考试的焦虑、学习态度的消极、对择业的忧虑和对长远发展的迷茫、人际交往等问题长期困扰之下，可能产生"不同程度的心理障碍、心理疾病以及思想问题"[1]时，需要外部力量去发现并及时解决心理问题，去帮助高校学生破解积郁于心的困扰。

心理素质是学生综合素质的重要组成部分，健全的人格和健康的心理能够帮助学生在面对发展变化的新时期持续存在的风险和挑战时能够沉着应对，能充分发挥自己的潜能和优势，在挫折面前能够保持积极乐观的心态，促进学生的全面发展、可持续发展。开展大学生心理健康教育，能够在心理健康问题产生之前进行预防，在形成初始及时进行预防和情绪疏导，在发生心理健康事故后及时通过情感的交流和有效的应对来化解学生的心理问题，使大学生的心理问题和心理危机能被及时发现、及时解决，将心理健康教育的各项工作得到落实，从而才能更好地促进学生

---

〔1〕 耿娜：《基于大学生心理问题特点的心理健康教育路径研究》，载《佳木斯职业学院学报》2019年第9期。

的心理成长与人格完善。

（二）帮助学生形成正确的价值观和健康的人格

党的十八大首次提出"倡导富强、民主、文明、和谐，倡导自由、平等、公正、法治，倡导爱国、敬业、诚信、友善，积极培育和践行社会主义核心价值观"。社会主义核心价值观从国家、社会、公民三个层面确立了价值目标、价值取向和价值准则。习近平总书记在党的十九大报告中指出："要以培养担当民族复兴大任的时代新人为着眼点，强化教育引导、实践养成、制度保障，发挥社会主义核心价值观对国民教育、精神文明创建、精神文化产品创作生产传播的引领作用，把社会主义核心价值观融入社会发展各方面，转化为人们的情感认同和行为习惯。"[1] 高校的人才培养，需要重视专业技能的学习，也需要培养有坚定信仰和高尚情操，能够承担起"中国梦"实现任务的学生。"象牙塔"的高校学生处于世界观、人生观、价值观形成的关键时期，但是，互联网环境和急剧变化的社会为高校学生带来影响和冲击。在海量信息中，未加甄别的信息让充满好奇且难以进行有效之判断的高校学生，在多元选择中，在价值取向和发展路径的选择上，容易感到困惑甚至做出违背主流意识形态的价值选择，在善恶、对错、荣辱、进步与倒退、开放与封闭等问题上做出了错误的判断和吸收，而他们的错误选择会对培养"时代新人"目标造成极大的挑战和阻碍。[2]

---

〔1〕 习近平：《决胜全面建成小康社会 夺取新时代中国特色社会主义伟大胜利——在中国共产党第十九次全国代表大会上的报告》，载中国网：http://www.china.com.cn/19da/2017-10/27/content_41805113.htm。

〔2〕 王雯：《新时代高校文化教育与大学生文化责任的培养》，载《科教文汇（上旬刊）》2019年第12期。

(三) 推动大学生心理健康教育的新理念建立

中国的大学生心理健康教育自 20 世纪 80 年代中期发展至今，在短期内发展并逐步规范，成绩显著。心理健康教育工作的有序推进，帮助高校学生成长和成才，是学习专业技术的前提保障，能够帮助高校学生在面对问题时积极乐观地去面对和解决。面对社会竞争日益激烈，在互联网发展带来的交互新方式等的冲击之下，现代教育应当适应时代和社会的发展，培养全方位发展、具有综合竞争力的人才，对心理健康教育提出了新的要求。在当下，心理健康教育要在传统防范心理问题的产生和防止不良后果的目标基础上，致力于培养具有科学健康的世界观、人生观、价值观的全面人才。需要将心理健康教育和专业学科的教育做好衔接和协调，将两种教育的目标进一步统一起来，共同促进高校学生的身心成长，素质培养和能力提升。当前的高校心理健康教育应当结合实际情况，改变传统的教育理念，需要进一步明确心理健康教育的重要作用。在传统心理健康教育的基础上，创新和增加心理健康教育方式，提升理论教育和学习、生活实践的结合，帮助高校学生适应时代发展潮流，警惕日趋严重的高压力生活之下的普遍潜在的心理问题，预防心理问题导致的自我伤害和犯罪事件的发生，帮助高校学生形成健康的心理基础。

三、新时期大学生心理健康教育的工作理念和方法

（一）完善心理健康教育体制

大学生心理健康教育的持续推进，离不开制度层面的指引和推进，需要从大学生心理健康教育体制机制着手，"加强顶层设计和系统布局，强化示范引领和研究推动，促进高校心理健康教

育工作持续规范有序发展"[1]。需要在高校已经广泛开展心理健康教育的基础上,对于心理健康教育的方式、从业人员的专业水平、心理健康教育的反馈和数据监测等,进行进一步的规范。防止在没有统一的规范和指导的情况下,高校心理健康教育的混乱和"矫正"为主的方式。

一方面,要从组织领导方面着手,对高校学生的心理健康教育的人才队伍进行培训和规范,推动形成科学化和规范化的心理健康教育有序发展和有责可纠。另一方面,需要在全国各高校中开展调研和调查工作,结合实际工作成果发掘有效的心理健康教育工作成功,结合心理健康教育的理论创新和科学课程设计等,推进高校心理健康教育的科学发展。以及,需要把心理健康教育和专业知识的课程学习有机结合起来,建立有中国特色的心理健康教育学科体系。

(二) 完善心理危机预防干预方式

心理健康问题干预的重要方式是进行持续和及时的心理问题的筛查和前期预防,需要完善心理危机预防干预方式。传统的心理危机预防主要通过高校思政工作人员的观察和学生的报告。是在高校生源扩张且心理问题日趋严重和普遍的当下,需要进一步做好心理健康问题和相关问题的筛查和排除。因此,需要进一步加强早期干预,在传统的干预方式的基础上,进一步建立精确程度高、具有可靠性和科学性的心理健康问题筛查标准,在发现问题的第一时间进行重点学生的心理危机干预。包括建立心理健康问题案例库,推广有效心理危机干预方式,撰写高校心理健康教

---

[1] 教育部《关于政协十三届全国委员会第二次会议第1342号(教育类168号)提案答复的函》,载中华人民共和国教育部官网: http://www.moe.gov.cn/jyb_xxgk/xxgk_jyta/jyta_szs/201912/t20191206_411117.html.

育中的问题指南,设置更详细可信的基于大数据和海量信息基础上的调查问卷等,加强对于心理危机的预警和识别,防患于未然,尽量减少高校学生受心理问题困扰的人数,提升高校师生的心理危机识别和预防能力。

(三)加强高校心理健康教育队伍建设

长期以来,在教育途径上,我国的心理健康教育以心理健康教育讲座、心理教育课程、辅导员谈话等形式展开,教育的途径和教学方式较为单一。心理健康教育的课程和讲座能够在较大范围内对于尽量多的高校学生开展心理健康教育,但是由于所传授的心理健康知识缺乏针对性,且由于心理健康教育的课程和讲座无法像普通的课程一样进行考试和能力测试,心理健康教育的有效性难以被估量。在针对高校学生的一对一或者一对多的心理健康谈话中,大部分不具有心理学专业背景的辅导员对于心理健康问题只能进行最基本的交流和安抚,对于如何从根本上解决心理健康问题专业素养有限,在有效预防心理问题发生和及时解决方面能力不足。

一方面,需要从更广层面把心理健康教育与高校培养其他形式实现融合。在课程设置上,各学科的教师结合课程的特征,增加对于相应心理健康教育的训练,帮助高校学生在进入社会中开始真正使用专业知识时出现各种紧急事件时的适应性。高校专门的思政教育工作者,在进行思政教育的时候,要在分析普遍性心理问题的基础上,进一步注重个体的心理需求,能够在思政教育过程中,运用专业的心理学教育方法,帮助高校学生在学习的优秀的中外优秀精神财富真正地变为自身能够吸收和接纳并付诸实践的内心所有,成为能够帮助高校学生持久发展的内在动力。

另一方面，切实提高心理健康教育专业化水平，离不开高校心理健康教育队伍的建设。当下高校心理健康教育的一线工作者是高校辅导员，《普通高等学校辅导员队伍建设规定》第 5 条中对于辅导员的工作职责进行了明确："……⑤心理健康教育与咨询工作。协助学校心理健康教育机构开展心理健康教育，对学生心理问题进行初步排查和疏导，组织开展心理健康知识普及宣传活动，培育学生理性平和、乐观向上的健康心态。"[1] 辅导员在对学生进行管理工作的时候，需要对学生心理健康问题予以关注，通过对高校学生具体心理问题的有效掌握，通过对心理健康问题的干预，防止高校学生个人发展和校园安全潜在的隐患发生，促进高校学生健康成长，帮助高素质综合人才的培养。

作为高校的心理健康教育工作者，新时期辅导员需要在传统思政教育的基础上，需要在学校心理健康教育主管部门的指导下提升自身对于心理学专业知识的学习，进一步提升自身的能力，规范心理健康教育工作的方式和方法。同时，需要做好协作，包括与学校专门心理健康咨询部门的、与班委、与上级主管单位、与学生个体等的协同合作，弥补自身的心理专业知识的不足，共同帮助心理健康教育的有力持续推进。

（四）构建家庭—学校—社会联动的心理健康教育合作共同体

心理健康问题的产生和变化受个体所处的社会环境、社会关系等多方面因素的影响。因此，在对高校学生进行心理健康教育的过程中，需要认识到心理健康是一个联动、系统的工程，在心理健康教育中要通过家庭—学校—社会联动。首先，需要在学校

---

[1] 教育部《普通高等学校辅导员队伍建设规定》，载中华人民共和国教育部官网：http://www.moe.gov.cn/srcsite/A02/s5911/moe_621/201709/t20170929_315781.html。

和家庭之间搭建桥梁，畅通学校和高校学生家长之间的联系，让家长能够在学生进入高校后有途径去了解学生的发展，避免因为与学生发展现状脱节而无法进行有效的沟通和指导，助力亲子关系的和谐。此外，学校作为教书育人的场所，往往缺乏专业的心理健康指导和技术支撑，需要加强与医疗机构的合作，让高校的心理健康教育工作能够得到专业的医学指导。同时，在条件合适和方式得当的前提下，引入专业的社会心理健康机构，开展更为专业有效的心理健康教育数据统计和咨询服务。

（五）推进网络心理健康教育

传统的心理健康教育模式下，心理健康教育的方法较为单调，心理健康教育的范围有限，心理健康教育的反馈机制有短板。但是在新时期，互联网的发展，对高校的心理健康教育提出了新要求，也带来了新方法。与传统的心理健康教育模式相比较，网络心理健康教育具有教育主题多样化、教育手段灵活化、教育对象范围扩大化等优势。在高校的新时期网络心理健康教育中，一方面，可以充分利用自媒体的信息传达的优势，在高校的主要自媒体平台和专门化心理健康教育平台进行心理健康知识的宣传；另一方面，在心理咨询的方式上进行创新，有条件的可以在人员能够配置的前提下，建立在线的心理咨询工作，在专业人员的指引和开导下，减少高校学生的不良情绪，防止心理危机的产生和发展；此外，还可以充分利用自媒体平台，上传优质的心理健康教育课程，实现便捷有效的线上心理健康知识学习。

结　语

1985年6月，中国大陆第一家心理咨询服务中心在北京师范大学建立。1990年11月，在北京成立了"中国大学生心理卫生与心理咨询专业委员会"并召开第一次年会，对高校心理问题的各方面工作进行讨论。1990年，《青年心理咨询》在武汉创刊。1990年，《中国普通高等学校德育大纲（试行）》明确提出，要把"心育"作为高等学校德育的重要组成部分……中国的高校心理健康教育持续发展并取得了显著成就，但是有发展也有不足。面对新时期高速发展给高校学生心理健康教育带来的重大冲击和挑战下，需要充分地认识到高校学生心理健康教育对于人才培养和人才长远发展的重要作用。心理素质是学生综合素质的重要组成部分，健全的人格和健康的心理能够帮助学生在面对发展变化的新时期持续存在的风险和挑战时能够沉着应对，能充分发挥自己的潜能和优势，在挫折面前能够保持积极乐观的心态，帮助学生形成正确的价值观和健康的人格，促进学生的全面发展、可持续发展。需要综合调动多方面的力量，科学地利用新时期的资源和手段优势，贯彻落实心理健康教育制度规范，在校园内实现多层次的预防和纾解体系，从学生的实际心理需求和可能存在的问题出发，将专业的辅导工作和日常教学相结合，通过完善心理健康教育体制和心理危机预防干预方式，加强高校心理健康教育队伍建设，构建家庭—学校—社会联动的心理健康教育合作共同体，推进网络心理健康教育等方法，帮助高校学生心理问题的疏导和有效解决，从而帮助促进大学生的健康成长，为国家建设和发展培养高素质的合格人才。